作者简介

纪卫宁　山东莱阳人,青岛农业大学外国语学院教授,博士, 硕士生导师。澳大利亚悉尼大学高级访问学者。主要研究方向为话语分析,外语教学。2010年获山东省社会科学优秀成果二等奖。 先后主持省部级课题多项,地厅级以上科研奖励10余项。在外语类核心及其他刊物上发表论文20余篇。

　　山东省研究生创新教育项目（基于语料库的研究生学术英语写作能力培养研究），山东省社会科学规划课题（基于语料库的EAP语类分析及其教学资源开发研究）资助出版。

中国
社科 大学经典文库

# 语类与社会变迁

纪卫宁／著

光明日报出版社

**图书在版编目（CIP）数据**

语类与社会变迁 / 纪卫宁著 . -- 北京：光明日报
出版社，2016.11

ISBN 978 - 7 - 5194 - 2460 - 2

Ⅰ.①语… Ⅱ.①纪… Ⅲ.①语言学—研究

Ⅳ.①H0

中国版本图书馆 CIP 数据核字（2016）第 278628 号

**语类与社会变迁**

著　　者：纪卫宁

责任编辑：曹美娜　　　　　　　　责任校对：赵鸣鸣

封面设计：中联学林　　　　　　　责任印制：曹　净

出版发行：光明日报出版社

地　　址：北京市东城区珠市口东大街 5 号，100062

电　　话：010 - 67078251（咨询），67078870（发行），67019571（邮购）

传　　真：010 - 67078227，67078255

网　　址：http：//book. gmw. cn

E - mail：gmcbs@ gmw. cn　　caomeina@ gmw. cn

法律顾问：北京德恒律师事务所龚柳方律师

印　　刷：北京天正元印务有限公司

装　　订：北京天正元印务有限公司

本书如有破损、缺页、装订错误，请与本社联系调换

开　　本：710×1000　1/16

字　　数：228 千字　　　　　　　印　　张：14. 5

版　　次：2017 年 1 月第 1 版　　　印　　次：2017 年 1 月第 1 次印刷

书　　号：ISBN 978 - 7 - 5194 - 2460 - 2

定　　价：68. 00 元

# 前 言

　　语类互文性（generic intertextualiy）指的是特定语篇中不同语类规约的杂合。批评视角下的语类互文性研究代表了一种将语言的内在机制和外在推动力相结合的话语分析方向，具有重要的理论和实践意义。它不仅可以深化话语分析的理论，发展辩证的话语观，避免割裂语言结构和功能之间的辩证关系而导致的种种局限，同时有助于我们深入了解语类的动态性、多变性以及语类与社会文化语境之间的密切联系。语类商品化（commodification of genre）是语类互文性的一种典型形式，是广告促销语类越界进入原本与市场绝缘的非经济领域的话语秩序（order of discourse）中，导致新的、混合的、促销性的语类产生的结果。在最近的十几年来，语类商品化现象开始引起话语分析和语类分析领域的关注，但目前研究仅仅停留在对现象的界定和描述，没有获得系统的理论上的理解和阐释。它对理解现实生活中语言的广泛意义也远没有为人们所理解。

　　本研究将微观的语言学分析和宏观的社会分析结合起来，采用定性和定量、共时和历时相结合的方法对语类商品化的现象进行系统的描述、阐释和解释，深入了解这一现象的体现和本质，揭示语类变化与社会文化语境之间的密切联系。本书的主要研究工作包括理论研究和实证分析两大部分：

　　研究的理论部分论述了 Bakhtin 的社会杂语思想、Fairclough 的批评话语分析理论以及 Foucault 的话语观，指出语类互文性不仅仅是一种语类现象，而且是社会文化发展变化的标记，对语类互文性的分析必须要从社会文化和意识形态的角度寻求解释。此外，在理论部分我们整合批评话语分析和语类分析相关理论构建了语类互文性的批评分析模式，为从语类入手分析语篇的结构，考察语篇的生成机制和内在本质，揭示语篇中不同语类的混合及其背后的动机和原因提供了可资借鉴的范式。

在实证分析部分，我们以汉语教材前言为语料，对语类商品化现象进行了共时定性和历时定量分析。在共时定性分析中，我们选取典型样本进行系统的语言学分析和互文性分析。分析结果表明，样本的语言学形式呈现出劝说、人际化的特征；样本语类的人际风格、交际目的、活动类型、话语、主体位置 5 个范畴都是异质的、甚至是矛盾的，杂合着广告和促销语类的特征。在历时定量分析中，我们从国内 1965—1979、1980—1995、1996—2009 三个时期出版的高校教材前言中随机选取 60 个样本进行跨时期的对比分析，从宏观的语类结构潜势、微观的词汇评价资源和模态运用三个方面剖析样本语类的历时变化。分析的数据显示，教材前言的语类特征呈现出较明显的历时差异。1996—2009 年段出现的前言语类具有明显的商品化特征，并且在一定程度上呈现较普遍的趋势。与之相比，1980—1995 年段的前言语类也出现了商品化的特征，但这种变化是缓慢的，过渡性的；1965—1979 年段的前言则整体表现为传统、保守、客观的特征。分析的结果同时表明，语类商品化不是教材前言传统的、常规性的语类互文形式，而是一种创造性的征用语类资源的形式，具有明显的时代特征。与此同时，在历时定量分析中我们提炼出教材前言的语类结构潜势，并结合定性分析归纳总结了前言语类的促销策略潜势。

本研究最后从社会文化的角度对教材前言语类商品化的现象进行社会学解释，指出语类商品化是消费文化的社会语境、广告话语的强势地位和激烈竞争的行业环境共同作用的结果。语类商品化能够增强语言表达效果，补充原有语类相对静态的表达体系，促进语类的发展。但过度商品化能破坏语类的整体性，导致交际失败；过多的商品化则会引起语言伦理的问题。

从整体上讲，本研究是对语类互文现象进行的一次系统考察，是从理论阐释、分析模式、实证分析三个方面对语类商品化的一次探索，是用国外语言学理论分析汉语语篇的一次实证性研究。这一研究是对批评话语分析理论的尝试应用和发展，有助于拓展批评话语分析的研究视阈并推动其在中国的再语境化；同时也是对语类分析理论的尝试应用和发展，有助于引领人们从语类的整体性走向语类的多变性和复杂性，关注语类变化背后的社会和意识形态意义。本研究对其他领域和行业环境下的语类商品化现象以及其他语类变化的趋势的研究同样具有参考价值。语类互文性和语类商品化的研究在国内比较少见，本研究希望引发更多的人关注这一领域，促进这一领域向纵深发展。

# 目　录
## CONTENTS

# 文中图示

# 文中表格

# 第1章

# 绪 论

20世纪60年代以来，随着话语分析与功能语言学等研究的深入，人们不再局限于对语言本身的描述，而是逐渐转向对语篇的宏观结构及其交际功能的探讨，以期发现语言背后的社会文化、历史习俗等因素，从而从更深的层面上对语言运用进行阐释。在这种背景之下，语类的研究成为语篇分析领域中的热门话题之一。

语类是话语①的一种约定俗成的形式（Fairclough，1989：29），它是人类一切交际活动的媒介。我们通过特定的语类来说话，我们的话语拥有具体和相对稳定的构建整个世界的形式。研究人的不同活动领域使用的话语语类形式对于语言学来说具有重大意义。因为语言只有放在语类中进行研究，才能真正发现其中的社会内容和历史变化，才能真正发现语言的发展规律。正如Bakhtin所说，"在语言学的任何领域里，忽视表述的本质和各种言语语类的特点，都会导致形式主义和极端的抽象，损害研究的历史精义，削弱语言与生活的联系"（巴赫金，1998，第4卷：144）。

语类是一种社会符号，具有社会性。作为语类的文本既是某种社会状态的代码，又是对抗和矛盾的领域，"言语语类能比较直接地、敏锐地、灵活地反映

---

① 目前，国内学者对"话语"和"语篇"这两个术语的认识不尽相同。有些学者认为二者有区别，而有些则认为它们基本相同，只是说法不同。本研究不对这两个术语做严格意义的区分。相对于传统话语分析中把语言看作由语音、词汇和语法规则等构成的抽象实体，是交际的工具，本研究使用"话语"或"语篇"时，强调的是语言的社会属性，认为语言是社会实践的一个重要组成部分，是与社会、文化历史形态相关的语言使用方式。

出社会生活中发生的一切变化。表述及其类型即言语语类，是社会历史到语言历史的传送带。任何一个新现象（语音的、词汇的、语法的），如果不经过语类的和修辞的漫长而复杂的考验与加工，都不能进入到话语体系当中"（巴赫金，1998，第4卷：147）。语类是语言变化的载体，同时也是社会文化变化的窗口。新的思想、新的特征都会在语类的变化中体现出来。因此，语类的研究既具有语言学的研究意义，同时又具有重要的社会意义。Bakhtin提出修辞学分析应与言语语类及其变体紧密联系起来，只有在语类中才能正确分析语言的社会基调，掌握语言的重大历史变迁，才能正确理解语言的功能性、社会性、历史性。这也就是说，语类的研究可以引领我们探寻社会文化历史在语言系统上投射的痕迹，为我们提供一条探究语言和社会变化之间关系的路径。

语类进化、发展和消亡，与其相对应的研究焦点就是追溯某些语类在对语境的社会文化反应时的进化情况（Miller，1984），而语类的这种进化实际是"不同语类如何结合在一起的变化以及新的语类如何通过现有语类的结合发展而来的变化"（Fairclough，2003a：38），或者说，是"语类资源之间互相征用"而引起的变化（Bhatia，2004）。Bakhtin指出，"语言和各种语言（异质的话语类型）主要通过杂合的形式发生历史的变化，对混和的严峻考验总是使表述保留了下来"（Bakhtin，1981：358）。语篇中不同语类的结合或者互相征用便是语言学中所说的语类互文性（generic intertextuality）现象。语类互文性是语类的一种变体，或者说语类多变性和复杂性的表现。作为一种语言现象，语类互文性的研究具有重要的理论和社会价值，为我们观察语类变化、探究语类的社会性、揭示语类与社会文化语境之间关系提供了有效视角。本论文正是关于语类互文性的一次尝试性研究。

## 1.1　概念的界定

### 1.1.1　语类

语类是"genre"的对译。"Genre"本是法语词，传统上指文章样式，在修辞学、文体学、社会语言学、新闻传播学、话语分析等领域一直受到广泛的重视。在我国语言学领域，genre 有不同的译法，有的学者将其译为语篇类型（黄国文，1998）、语类（方琰，2002，张德禄，2002）、样类（周流溪，2004）、语类（秦秀白，2000）、话语类型（李美霞，2007），篇类（杨雪燕，2007）等。本研究采用"语类"的译法。

语类是一个"非常有吸引力"，但却"相当令人难以琢磨的词"（Swales，1990：33）。语言学家们从不同的角度界定语类、对语类的理解也各不相同。从目前接触到的文献来看，语言学家们对语类的定义大多都强调语类的规约化特征。他们从结构和语言特征的角度界定语类，认为语类具有图式化的、相对稳定的典型语言形式和结构。老弗斯学派成员 Mitchell、新弗斯学派的 Sinclair 与 Coulthard、系统功能语言学家 Hasan，以及美国语言学 Labov 都是这方面的典型代表。此外，许多学者从使用价值或交际目的的角度界定语类。Swales（1990：58）将语类定义为一组交际事件，"在交际事件中，交际成员共享某种交际目的，这些目的只能被原话语社团的专家成员所辨认，因而构成语类存在的基本理据"。

近年来，不少学者开始关注语类的社会属性，尤其强调语类与社会文化、情景类型、意识形态等密切相关。他们的观点为我们从更深层次上理解语类提供了依据。Fairclough 和 Bakhtin 都探讨了语类的社会性，认为语类是关于社会活动的规约化的表达形式。Fairclough（2003a：65）将语类界定为"发生在社会事件中的行为和交际方式的具体语言体现"，也就是把语类看作是表达社会行为和交际的方式，是相对稳定的一组规约（conventions），与社会承认的活动类型相关。Bakhtin 认为语类（言语语类）是类型固定、相对稳定的构成人物活动领域、语言运用领域的典型的表述形式。他在《言语语类问题》的著作中指出："语言的使用是在人类某一活动领域中参与者单个而具体的表述形式中实现的……每一个单个的表述，无疑是个人的，但使用语言的每一领域却锤炼出相对稳定的表述类型，我们称之为言语语类"（巴赫金，1998，第 2 卷：181 - 182）。Martin 与 Kress 则从社会文化历史的角度看待语类。Martin 认为语类是文化语境的产物。他从文化视角出发将语类定义为"语言使用者作为文化成员所参与的有步骤、受目标驱动的、有目的的社会活动"（Martin，1985：25）。Kress

（1987：42）认为，"语篇语类是动态的，随社会系统中其他部分的动态发展而发展。因此，语篇语类随历史的发展而发展变化；因此，随着时间的推移，新的语篇语类不断出现，也因此，在某一层面上看似'相同'的语篇语类形式在不同的社会群体中有着截然不同的形式"。

新修辞学派中的 Berkenkotter & Huchin（1995）综合了以往关于语类的观点，对语类做出了较全面的阐释。他们认为语类具有以下特点：（1）动态性。语类是依据使用者社会认知发展需求，并随着时空的变化而不断变化的动态修辞形式；（2）情景性。语类知识是人们通过参加日常生活或与自己专业相关的交际活动获得的；它是一种情景认识形式，并随着社会文化实践活动的发展而将不断地变化和发展；（3）具有形式和内容。语类是形式和内容的聚合体。形式指外在的表现手法，内容指恰当的主题、相关的细节；（4）结构的双重性。语类结构一方面隐含和体现社会结构，另一方面又生成社会结构；（5）社团所属性。语类承载着话语社团的规范、认识论、观念的形态和社会本体。

综合以上观点可以看出，对语类进行确切、全面的定义似乎很难。从研究的视角出发，我们认为，语类是规约化的社会活动和行为的表达形式，这种表达形式具有动态性、复杂性和社会性，与社会文化语境有着密切的联系。

### 1.1.2　语类互文性和话语类型互文性

语类互文性是非常重要的语言现象，要解释语类互文性，首先必须了解话语类型互文性（interdiscursivity）。"话语类型互文性"作为术语是由英国语言学家 Fairclough 于 1992 年提出，意指同一语篇中不同语类、话语或风格的混合交融。这一概念的渊源可追溯到 Bakhtin 的对话理论和社会杂语理论。Bakhtin 认为每个文本都具有多声话语，任何社会语境中所有话语都具有复调性。他指出，对话是普遍而基本的，可解释所有话语和其他话语间产生共振和话语组成意识、社会和文化的方式；同时他也认为，语言在其历史存在的任何时刻都是杂体的，因为"它表征了现在与过去之间、过去的不同时代之间、不同的社会意识形态群体之间、不同的倾向性、学派以及集团之间的社会意识形态的矛盾的共存"（Bakhtin，1981：291）。语言"只有作为由一系列规范的语法形式组成的抽象的语法体系、脱离其内在的具体的思想意识概念才具有统一性……现实的社会生活和历史变化带来语言内部各种各样且各自自成一体的、用言语表达出来的思想意识体系……构成这些思想意识体系的是充满多种意义和价值取向的语言成分，每一种语言成分都有其各自不同的声音"（Bakhtin，1981：281）。Bakhtin把上述"各自自成一体的、用言语表述出来的思想意识体系"解释为"社会杂语"（social languages of heteroglossia），即性质各异的社会声音。后来，Kristeva（1986）对 Bakhtin 的对话理论和社会杂语理论进行了深化，提出了互文性（intertextuality）这一术语，用来表达语篇生成过程中相互交叉的各种语料的复杂和异质的特性，并将互文性分为"水平互文性"（horizontal intertextuality）和"垂直互文性"（vertical intertextuality）。在水平互文性中，"文本中的词既属于写作主体也属于受话者"（Kristeva，1986：36），强调的是写作主体如何根据他人的话语来组织自己的话语以便更好地与他人展开对话。在垂直互文性中，"文本中的词指向先前或历史的文学语料库"（同上），强调的是一个语篇"充满了其他语篇的片断"（Fairclough，1992b：84），人们在理解该语篇时必须具备一定的关于其他语篇的知识。在此基础之上，法国话语分析家 Authier – Revuz 将互文性分为"显性互文性"（manifest intertextuality）与"构成互文性"（constitutive intertextuality）。显性互文性是指一个语篇中表明的与其他语篇的互文关系："在显性互文性中，其他语篇明显地存在于所分析的语篇中，他们被语篇的表层特征，如，引号，所明确标示或暗示"（Fairclough，1992b：104）；构成互文性是指一个语篇中各种语类或话语类型规范（conventions）的复杂关系，它是"一个语篇生成中涉及的那些话语规范的构型（configuration）（同上）。Fairclough（1992b）在继承上述理论的同时为强调构成互文性是把话语规约作为构成成分，提出了"话语类型互文性"这一术语来代替构成互文性，并将其定义为"一个语篇中各种话语类型规范的组合"，即语篇中不同语类、话语和风格的混合交融（Fairclough，1992b：104）。

话语类型互文性是从关于"话语秩序"（order of discourse）的理论出发的。话语秩序指的是一整套有序的语篇生成的实践，以及它们之间的界限和关系。这一概念的具体阐释我们将在理论基础部分论及，在此不再详述。话语秩序内部和不同话语秩序之间的侵殖便会产生话语类型互文性。也就是说，话语类型互文性可发生在话语秩序的不同层面，话语秩序内部不同话语类型（discourse type）之间，以及不同话语秩序之间都会产生话语类型互文性。需要说明的是，Fairclough 所说的"话语类型"是一个较为宽泛的术语，意指"出现在话语秩序中的，具有或多或少稳定性和常规性的语类和话语的构型"（Fairclough，1995b：76）。Fairclough 运用"话语类型"而不用"语类"一词，是为了强调语类总是与话语范畴密切相关，并且强调一种话语类型往往包括多种语类。据此，按照Fairclough 对话语类型互文性的定义，语篇中不同语类、不同话语、或不同风格的混合都属于话语类型互文性。Fairclough 对话语类型互文性的理解为我们研究互文性提供了启示，基于研究视角和表达的需要，我们把同一语篇中由不同语类的杂合所导致的文本互文关系称为"语类互文性"。这一概念是从语类的视角出发，强调的是以语类的混合为中心的文本互文关系以及围绕语类的杂合而导致的文本异质性。语类互文性实际上与话语类型互文性在表现形式上是一样的。Fairclough 的话语类型互文性是从话语秩序的视角出发的，他认为语类、话语和风格都是话语秩序的成分，这些成分的杂合都属于话语类型互文性。语类、话语和风格虽然都是话语秩序的成分，但地位却不相同，语类处于核心地位，对话语和风格起决定作用（Fairclough，1992b：125）。语类的变化必然会导致话语和风格发生变化，语类的杂合必然导致话语和风格的杂合。从这种意义上来说，话语类型互文性也可看作是语类互文性。但二者的研究视角并不相同。本研究提出语类互文性的概念是为了关注语类的变化引起的语类互文现象以及对语类各个范畴的影响，因为语类的视角能带给我们关于语言的更多更丰富的意义。

根据语类杂合的类型，语类互文性可分为三种：嵌入型（embedded）语类互文性、序列型（sequential）语类互文性和混合型（mixed）语类互文性。

嵌入型语类互文性是指一种语类清楚明显地包含在另一种语类之中。例如，在广告语篇中经常会出现诗歌、科研报告这样的语类。被嵌入的语类一般仍保持自己结构的稳定和自己的独立性，保持自己语言和修辞的特色。这种杂合极易辨别，被包含的语类清楚明了地嵌入到另一种语类之中，并与该语类界限分明。

序列型语类互文性是指由于不同的交际意图，一些语篇中会出现不同的语类，这些语类也是嵌入到各个语步之中，但呈序列分布。这些语类有着各自鲜明的特征，清楚地转换在不同的语步（move）之间。换句话说，每一语步中不同语类的语言特征是元式的（congruent），通常可根据这些典型的语言特征进行语步的区分，这些不同的语步是语类图式中可预见的各个部分。Van Leeuwen（1987）曾对语篇中出现的序列型语类互文性进行过研究。他指出新闻故事的社会目的是复杂和相互矛盾的，是半公开、半隐含的。同一故事的报道中会夹杂不同的交际目的（如表示公正、娱乐、社会控制、呈现立法性等），这些不同的交际目的会通过不同语类策略的选择对新闻故事实践施加限制，这就导致了同一新闻故事会在不同语类中（如叙述、说明）进行切换。

混合型语类互文性是不同语类以非常复杂和难以区分的方式混杂在同一语篇当中。这是一种更复杂、不易辨别的异质形式，其异质特征散现于一种语类的不同语步之中，因此不同语步的语言特征是非元式的（non - congruent）、矛盾的。例如，当今许多教育机构的语篇中，信息介绍性的语类中会夹杂着具有促销意图的广告或商业语类的特征。由于混合型语类互文性的复杂性和不易辨别性，通常对该类语类异质性的研究主要关注与语类相关的交际目的、风格、语式和话语等因素。Fairclough（1992b）所提出的当今话语变化的主要趋势（话语的技术化、民主化、商品化）就是混合型语类互文性的典型例子。本研究关注的便是混合型语类互文性。

### 1.1.3 语类商品化

商品化（commodification）作为语言学术语由 Fairclough 于 1992 年提出。商品化又称为市场化（marketization），是指原本与商品生产无关的社会领域和机构按照商品生产、流通和消费的模式进行组织和概念化的过程（Fairclough，1992b：207）。话语的商品化是商品化现象在语言层面的体现。话语商品化并不是新生事物，只是在近些年来变得越来越普遍。马克思就曾经谈到话语的商品化。他指出，在工业生产环境中，人被描述成"工具"（hands）就是将他们看作是能生产其他商品的商品。马克思说的"hands"一词就是话语商品化的体现，即人被按照商品生产的逻辑和模式来概念化。在当今社会的教育机构中，教学被看作是为"客户"（指学生）生产、并向其推销文化产品（教学内容）的过程也是商品化现象的体现。从话语秩序来看，话语商品化是原本与市场绝缘的一些机构的话语秩序被与商品生产相关的话语类型殖民（colonization）的过程（同上），换句话说，话语商品化是广告或促销话语类型进入非经济领域的话语秩序而引起话语秩序发生变化的结果。话语商品化是话语秩序的变化，而话语秩序变化的最重要的方面便是语类的变化，在话语秩序内部，语类是压倒一切的范畴，对其他范畴起到决定的作用（Fairclough，1992b）。

话语的商品化从语类视角来看是一种语类殖民（genre colonization）现象。语类殖民指的是一种话语的语类特征向其他语类的渗透，从而能够使属于后者的语篇在不同程度上具有了前者的语类特征。语类殖民通常反映当时社会中的权力关系和意识形态的主要发展变化趋势（辛斌，2005：157）。在当代社会，语类殖民已成为主要趋势。在所有这些对其他语类进行殖民的语类中，广告和促销话语已成为最有力的殖民工具（Bhatia，2004），它们越来越多地进入到学术、行业、机构语境的语类当中（如学术话语、新闻话语、法律话语等），广告或促销语类对非经济领域话语秩序的殖民使属于后者的语类不同程度地带有前者的语类特征，导致新的、混合的、促销性语类的产生，借鉴 Fairclough 的商品化的术语，我们将这种现象称之为"语类商品化"（commodification of genre）。语类商品化是语类互文性的一种典型形式，也是本论文的主要研究对象。

### 1.1.4 何谓"批评"

从论文的题目来看，我们对语类商品化现象的研究视角是"批评"（critical）的视角。所谓"批评"不是指评判谁对谁错，也不是普通意义上的"吹毛求疵"。在批评话语分析（critical discourse analysis，简称 CDA）中，批评是一个中性的概念。Wodak 指出："批评"不是指发现社会生活中语言交流过程中的负面东西，不是给社会绘一幅黑白分明的图画。相反，"批评"是对复杂现象的解释。它不是对复杂现象作简单的、二元对立的解释，而是把这些复杂矛盾的现象解释得非常透明（Wodak，1999：186）。Fairclough（2001：230）也对"批评"进行过阐述："批评试图明示语言与其他社会生活成分之间的关系，因为这种关系往往很晦涩。这种明示包括：解释语言与权力和支配等社会关系之间的关系；揭示语言的意识形态功能；解释语言如何构建个体及社会身份"。当然批评话语分析中的批评还含有更激进的含义，即批评还意味着导致社会变革，消除社会的不平等（田海龙，2008：340）。我们的社会实践和我们具体使用语言之间具有因果关系，而这种关系通常情况下为我们所意识不到。本研究中"批评"一词摒弃了批评话语分析中批评的激进含义，采用了其合理的内核："批评"就是去揭示语言和社会之间的关系，理解话语实践的变化是如何与更广泛的社会文化的变化联系到一起的。对语类商品化进行批评性分析不仅意味着要分析语类变化的典型语言学特征，更要考察语类以及语类互文形态的变化与社会文化语境之间的关系。正如斯坦（1996，引自丁建新，2007）所说，一个有关语类的理论，不仅要描写不同语类典型的语篇特征，也要承认这些特征实际上是社会语境的实现。而这种关系不是透明的，而是隐含的。"批评"就是揭示这种关系，使人们意识到二者之间息息相关的联系。

## 1.2 文献综述

### 1.2.1 语类互文性的研究现状及评述

语类互文性是非常重要的语言现象，最早在文学领域受到普遍的关注。文学领域的语类互文性研究硕果累累，主要集中在文体学的研究中。文体学视角下的语类互文性研究主要关注文学文本的结构特征，认为语类互文性是构成文学文本的框架和映射社会现实的方式。在语言学领域，语类互文性的研究近年来刚刚引起关注，研究成果并不多见，主要集中在语类分析和批评话语分析的研究领域。本研究主要关注语言学领域的语类互文性研究。

1.2.1.1 批评话语分析领域中的语类互文性研究

批评话语分析领域的语类互文性研究主要根源于 Fairclough 的互文性研究。Fairclough 将互文性作为切入点进行社会研究，将语言的变化与社会变迁联系起来，其主要研究成果集中在 Fairclough（1992a，1992b，1995a，1995b，2000，2001b，2003a）的文献和论著中。Fairclough（1992b）提出了以互文性分析为媒介把社会理论和具体的语言分析结合起来探究语言和社会之间关系的方法。他认为互文性体现为不同语类、话语和风格的混合交融。语篇中不同话语、语类和风格的混合交融一方面可以体现在不同领域之间边界的转换，另一方面体现在文本中词汇、语义和语法的异质性（heterogeneities）。互文性中语类层面的分析主要是分析文本中是否出现了新的语类特征；话语层面分析对组织、机构或成员使用了什么样的表征；风格层面则分析构建了什么样的权威身份。话语、语类、风格既是文本的成分，又是社会成分。作为文本成分，它们在文本中以互文性的关系组织在一起，在这种关系中，不同的话语、语类和风格以具体的方式混合在一起。作为社会因素，它们通过话语秩序以具体的方式交织呈现在一起（Faircough，2003a）。在互文性的这些表现形式中，Fairclough 主要关注语类混合导致的语类互文性。Fairclough 认为语类互文性不仅仅是一种文体现象，其对社会实践具有重要的启示意义。文本中的语类互文性以及不断变化的互文关系是理解社会变化过程的关键，具有重要的社会文化意义。Fairclough 在话语秩序概念的基础上界定语类互文性，并利用 Gramsci 的霸权理论和 Habermas 的殖民理论来解释语类互文性的现象，认为语类互文性是社会意识形态斗争的结果，是霸权斗争在语言层面的表现（我们将在第三章的理论基础部分详细论及 Fairclough 的观点，在此只是概括介绍）。

许多分析家借鉴 Fairclough 的研究成果对语类互文性进行了研究。Sarangri 与 Slembrouck（1996）从"殖民化和转用"（colonization and appropriation）的视角分析了官僚话语对新领域的殖民现象。Kenway 与 Epstein（1996）考察了教育话语与商业话语的语类杂合现象。Musson 与 Cohen（1996）在研究英国医疗话语实践的过程中发现医疗话语正逐步被企业话语殖民，出现了医疗和企业话语混合产生的语类互文性。他们认为这一现象反映了政府投资的医疗事业向私有制的医疗实践的转变。另外，Candilin & Plum（1997）利用澳大利亚现实生活中的法律调节语篇语料库分析了法律调节语篇中讨价还价、咨询和诊断三种不同语类之间的混合。他们认为语篇中的语类互文现象表明了文本中采纳不同行业领域策略的意图以及不同的意识形态取向。Scollon（1998，2000a，2000b，2002）将语类互文性的分析与人类文化学的研究结合起来研究新闻话语这一社会实践。Scollon 发现新闻话语实践中含有复杂的互文性层次：新闻话语和娱乐话语混合所产生的互文性；由于日常会话的渗透所产生的新闻话语的口语化（conversationalization）；因转用记者、娱乐者和相关人员的话语而导致的新闻语类互文性。Scollon 在分析中指出，新闻话语中社会身份的构建是在语类互文的过程中实现的。

Chouliaraki 与 Fairclough（1999）也对语类互文性进行了探讨。他们认为日常交际和文本中无处不在的话语的杂合性（语类互文性）已经成为后现代社会生活的典型特征。鉴于后现代性蕴含着社会生活之间的界限的不确定性，尤其是社会语言运用的各领域之间界限的不稳定性，在后现代实践形式的复杂性和杂合性中，语类互文性最能突显社会变化的潜势，因此语类互文性的分析是分析各种"场"（field）之间关系的重要手段。此外，Chouliaraki 和 Fairclough 还将语类互文性的分析看作是解决社会问题的有效途径。

作为批评话语分析的领军人物之一，Wodak（2001）对语类互文性也进行过研究。她把文本中的语类互文现象看作研究种族主义、官僚主义（bureaucratism）和性别主义等社会问题的切入点。她将互文性和社会转型的再语境化、历史演变联系起来，探讨新语类混合产生的语类互文现象与历史语境之间的关系。Sarangji（2000）研究了遗传咨询话语中的语类互文性，并认为这一现象是各种不同的语类在咨询活动中的混合和嵌入所导致的。他发现遗传咨询活动由三种关键要素（moments）构成：提供信息、寻求建议和做出决定，而每一要素都与特定的语类相关。Sarangji 认为这些不同语类的借用和合成的背后具有策略性的动机，应该从机构语境和社会政治的变化等层面来解释它们。此外，Flowerdew（2004）利用批评话语分析的理论、语类分析理论和品牌效应理论（branding theory）分析了香港政府如何利用语类和语言资源控制咨询过程（consultation process）将香港推销为世界性的城市。Flowerdew 的这一研究可以看作是对语类互文性的跨学科研究。

关于互文性，Lemke（1992）与 Fairclough 有着相同的思想架构。他认为互文性不仅仅是文本之间相互联系的手段，而且是一种社会实践，体现着特定的规范和生产、阐释话语的方式。Lemke 强调话语社团中文本相互联系的惯例，他认为"互文性关系并不是文本间客观存在的形式关系，而是读者意识到的、并且受到社团规范所支持的关系，一个文本的互文本是我们在理解文本时所使用的所有的其它文本"（Lemke，1992：259）。

综上所述，批评话语分析对语类互文性的研究做出了主要贡献。批评话语分析学者奠定了语类互文性研究的理论基石，他们通过表面的语言学分析将语类的动态性、复杂性和多变性置于广阔的社会文化语境之中，将语言分析与社会分析联系起来，具有重要的社会意义，也加深了我们对语类互文性这一语类现象的理解。不同于文学领域的语类互文性的研究，批评话语分析的研究语料都是源自经验的、真实语境中的话语，反映了现实世界中语类变化的状况和意义，有助于我们理解生活世界中的话语。但批评话语分析目前对语类互文性的研究也存在着许多不足，这些缺陷也是本研究的出发点和致力于解决的问题。首先，批评话语分析迄今没有发展出一套行之有效的对语类互文性进行全面分析的方法和分析模式，对具体语篇的分析表现出很大的随意性，缺乏系统性和一致性。Fairclough虽然提出了语类互文性的现象，以及通过该现象进行社会研究的理论框架。但如何凭借这一框架来推导社会意义的实际过程却没有讲清楚，人们无从知道应该如何有系统地遵循着该框架来从文本分析一步步达到社会文化实践分析。而且虽然批评话语分析强调详尽的语言学分析，但对语类互文性现象的语言学分析却都非常单薄、零散。其次，批评话语分析提出语类互文性具体表现为语篇的异质性，但是没有提供从语类的角度分析、测算语篇异质性的方法（Stubbs，1998），人们不知道选择哪些语言资源分析语类互文性的运行机制，揭示语类互文性的语言实现方式。再次，批评话语分析的语类互文性分析没有真正的历史分析。语类互文性是一个语类变化的过程，仅仅有共时的分析无法有信服力地表明变化的发生。互文性本身虽然也具有历史性的特点，这种历史性体现在现在的文本与过去文本的混合交融，是将过去的已存在的规范或前文本转换到现在的文本中，文本中体现着过去的痕迹。但是互文性本身是无法溯源的，对于揭示变化的系统分析来说共时分析是不够的，还需要进行历时的比较，一个时期的话语事件①与另一个时期进行历时比较，则更具说服力。最后，批评语言学家们对语类互文性的分析缺乏对语言形式之外的其他符号资源的分析。图像、图表等视觉符号与语言符号一样携带意义，是文本分析不可缺少的成分。

1.2.1.2 语类研究领域的语类互文性研究

根据对语类的理解，语类分析领域的语类分析大致可分为两类：图式观和

---

① Fairclough把具体的文本看作是一个话语事件。

异质观。语类分析的图式观把语类看作是规约性的、图式化的结构，具有相对稳定的成分。这种观点认为语类是一种活动类型（activity type），语步或是必须的，或是可选择性的，语步的顺序是固定的，或是部分固定的。语类分析领域的主流研究大多是这一类的研究。新弗斯学派、澳大利亚系统功能语言学派和Swales 学派都是针对语类的表层结构的图式化特征进行研究。Labov & Waletzky对会话叙事的分析也是此类研究的典型例子。语类分析的图式观强调的是语类的整体性、统一性。它能清楚地展示文本的语类结构，将相对复杂的事件的多样性简约为相对固定的格式，其研究成果对于教学具有很好的指导意义。然而许多语类分析者发现语类往往不是单一的、纯粹的，一些语类是不同类型的语类的杂合，是异质的。这些异质的语类便是本研究所说的语类互文性。

语类互文性的研究或语类异质观相对于语类的图式观来说，还是近年来刚刚引起关注的现象，相关研究不是很多。传统的语类研究大多注重语类的图式结构和交际目的的分析，很少关注语类的动态性、复杂性和多变性，不同语类杂合所导致的语类互文性更是长期置于被忽略的角落。回溯该领域相关文献，虽然 Swales（1990）、Berkenkotter & Hurckin（1995）等提及到语类的混合现象，但都是附带的散论。现仅见 Swales 学派的 Bhatia（1995，1997，2004）对语类互文性进行过较详细的探讨。

Bhatia 把语类互文性看作语类的一种变体，是语类之间的杂合或语类资源的转用（appropriation）的结果。Bhatia 利用"语类群"（genre colony）的概念来解释语类之间的这种转用。语类群是一组密切相关的语类（Bhatia，2004：57）。这些语类因为共享特定交际目的归属为一个群体，群体中的成员可能来自不同的机构或学科领域，例如，商业广告、公益宣传、推荐信、项目申请、甚至学术著作的评述或引言等一系列语类因为共享向潜在"消费者"推广宣传某种产品、服务、项目、理念或事业，并期待某种"言后行为"发生的劝说性交际目的而被归类为"促销性语类群"（promotional genre colony），尽管各成员可能归属不同修辞社团和修辞情境。Bhatia 认为，语类互文性是语类群中的外围成员由于情景的发展变化不断征用中心成员语类资源的结果。例如，在"促销语类群"中，以"修辞劝说"的交际目的为核心，中心成员是包括商业/促销广告等典型的"劝说、促销性"语类，在中心成员的外围，是随情境不断发展、变化、越来越多地"征用"了中心成员"促销性"话语资源的一些语类，如项目申请、推荐信、公益宣传等；另外还有一些语类，传统上被认为是客观、信息性的，如学术论文引言、公司年度报告、书刊/影视评介等，也会由于修辞社团语境竞争的不断加剧和话语生产者个人交际意图的表达，越来越多地出现"动态促销性"。Bhatia 所说的这种现象就是我们讨论的语类互文性。可见，Bhatia 理解的语类互文性是由于交际目的和情境的变化而出现的语类资源转用的现象，同时也是语类群中的不同语类之间的一种殖民化现象，即一种语类的整体性被另一种语类或语类规约侵入，导致杂合语类的产生，并使前者带有后者的一些特征（Bhatia，2004：58），那些杂合语类是语类群中的次级成员（secondary members）。

在实际分析中，Bhatia 主要关注新闻报道、法律文本、学术话语、行政话语中的语类互文现象。Bhatia 通过语步分析揭示语类结构的异质性，并认为语类结构的异质性表明了社会公认的交际意图与个体意图的混合。他认为正是个体意图与社会公认的交际意图的混合导致语类互文性的产生（Bhatia，1995）。Bhatia 对语类互文性的研究呼吁人们关注现实世界中语类的动态性、复杂性和不可预测性，对我们的研究具有较好的启发意义。他强调语类互文性的交际意图和语步结构的分析。这种对语类结构的详细解剖和交际意图的刻画丰富了语类互文性语言学分析的层面，充实了语类分析的范畴，为分析语类互文性运行机制的语言资源提供了更多的选择。但 Bhatia 对语类互文性的理解没有超越出他所属的 Swales 学派的本身。他用"语类群"这一模糊范畴解释研究语类的动态性或语类互文性，仅停留在从交际目的的角度来解释语类互文性，没有延伸到影响语类动态性的更高层面。

### 1.2.1.3 国内相关研究

在国内，语类互文性的研究还刚刚起步，相关文献比较少见，主要集中在辛斌（2000a，2000b，2001，2002，2005）的论著中。辛斌（2002，2005）概述了语类互文性概念的由来，并通过对非文学语篇的分析指出语类互文性是语篇的基本特征，是特定时代社会意识形态发展变化的产物，也是新语类产生的根源。此外，辛斌（2001）还探讨了语类互文性与主体位置之间的关系，他通过实例分析表明：每一种语类都有自己独特的意义潜势和主体位置；语篇的语类互文性意味着发话人通常需要在同一语篇中经常变换其主体位置以实现不同语类的意义潜势。此外，国内还有其他少数几位研究者涉及过语类互文性的研究，但视角各不相同。武建国（2006）借用 Verschueren 的顺应论从认知和语用的角度对语类互文性这一语言现象进行了分析和解释。丁建新（2007）利用 Fairclough 的批评话语分析的理论，对一篇儿童文学作品的语类互文现象进行批评性解析，揭示了其中意识形态运作及对儿童读者主体位置（subject position）构建的潜在影响。黄大网、朱佳（2007）从语类分析的视角分析了促销海报语类中的语类内嵌现象。李桔元（2008）利用 Fairclough 关于语类互文性的理论分析了广告语篇中语类的混合现象，揭示其中隐含的霸权关系。张滟（2008）从强调渐变性和家族相似性的拓扑（topology）视角分析了语类杂合现象，认为语类杂合是语类动态性的反映和语类的本质属性，是语类群中同一交际目的的语类相互征用话语资源所造成的。可以看出，我国国内关于语类互文性的研究大多比较分散，并且缺乏结合中国社会实际的实证性研究。

综上所述，目前语类互文性的研究已取得一定的成果，但还没有形成系统的、大规模的态势，这是由于语类互文性现象自身的复杂性，以及语类互文性在语言学领域的研究历史不够长久。但语类互文性的研究无疑是极具发展空间的，富有前瞻性的研究课题。语类互文性根植于社会文化之中，表现在社会交际的过程中，又体现在语言的意义和形式上，是从语言入手揭示语篇作为社会实践的一部分再现社会现实、构建社会关系等语篇社会功能的有效视角。语类互文性的现有研究的成就和不足既为我们今后的研究提供了支持，同时又留下了广阔的研究空间。


### 1.2.2 语类商品化的研究现状及评述

语类商品化是语类互文现象的一种典型形式，其现有研究也主要分布在语类分析和批评话语分析两个领域。

1.2.2.1 批评话语分析领域语类商品化的研究

Fairclough 早在 1989 年提出，在消费主义的影响之下，当代社会的社会话语秩序出现了广告语类对其他机构话语秩序的殖民趋势。他以公共信息话语、撒切尔的政治话语为例分析二者都借助广告话语的模式实现"销售"（sell）的目的。但当时 Fairclough 并没有使用"商品化"一词。我们在概念的界定一节中已经论及商品化的概念，在此不再赘述。Fairclough 对商品化的研究受到 Habermas 话语殖民说的启发。Habermas 认为现代社会的突出特点是公共领域对私人生活领域的干预有不断扩大、加强的趋势，"各种形式的经济和行政理性化渗透到那些抵制金钱和权力控制的行为领域，这些领域专门从事文化的传播、社会的统一和谐以及儿童的教育培养，它们始终依赖相互理解作为协调行为的机制"（Habermas，1984：330）。他将这种趋势表述为国家和经济制度对生活领域的殖民化（colonization）。Fairclough 借鉴了这一观点，把商品化看作是广告或促销语类对非经济领域话语类型殖民的过程。

Fairclough（1992b）专门论述了话语变化与社会文化变化之间的关系。他根据 Gidden 的后现代性和 Wernick 的促销文化理论，总结了当代话语秩序变化的三大趋势：（1）后传统的当代社会（post - traditional）：传统受到挑战，权威的地位正在下降，关系和身份不再是固定不变的，而是需要不断通过对话进行协商，从而导致当代社会生活对人的对话交际能力的重视。这一特征体现在话语秩序上，便出现会话化（conversationlization）的倾向。（2）反身性：系统地利用社会生活知识来改变和组织生活成为当代社会的一个基本特征。这种变化体现在话语秩序上，便出现技术化（technologization）的趋势。（3）促销或消费文化成为当代文化的主要特点：商品化和市场化对文化产生影响，商品市场的模式进入到新的社会领域，社会生活在市场的基础上重新构建。这一特征体现在话语秩序上便出现话语商品化的趋势。Fairclough 尤其强调了话语商品化的趋势，指出商品化是后现代社会的典型特征。他以教育话语为例指出：商品化一方面体现在商品和市场词汇在教育话语秩序中的重新词化，"课程"或"学习项目"被词化为"商品"或"产品"，教育话语中充斥着一些关于"技术"（skill）的词汇等等；另一方面，广告话语秩序对其他机构话语秩序的殖民体现在语类的杂合上。Fairclough（1992b）以现实中的话语为例，分析了财政规章制度、学校招生简章等话语所具有的广告语类特征。他认为当代话语秩序的这种商品化趋势与当代社会话语秩序中许多机构和领域话语规则和规约的相对断裂（fragmentation）的性质相一致。断裂是指区域性话语秩序的某种失陷（breakdown）或功能的缺失（loss of efficacy），使之易于被普遍的趋势所渗透（Fairclough，1992b：220）。Fairclough 利用 Gramsci 的霸权理论解释商品化的原因，认为商品化是商品经济在全社会中争夺霸权地位的体现。

Fairclough（1993）将批评话语分析的理论模式用于公共话语商品化的分析，以表明批评话语分析对于社会研究的意义和作用。他以当代英国高等教育的话语实践（人才招聘广告、会议资料、述职报告和学校简介）为例，按照文本分析 – 话语实践分析 – 社会实践分析的框架分析了公共话语的商品化特征，指出所分析的文本含有信息和促销功能的混合，并总结了当代话语秩序中促销的普遍化导致的三个后果：（1）话语秩序和话语实践之间界限的重建；（2）话语工具化（instrumentalization）：意义和意义的控制都从属于工具性效果；（3）意指模式（mode of signification）的改变（Fairclough，1993：141）。

Fairclough 对商品化现象的分析是从宏观的、话语秩序的层面进行的分析，重点分析主体位置的建构和相关技术词汇的使用。Fairclough 的分析有理论模式、有实例分析，是关于商品化的有限研究中较系统、全面的分析，对我们的研究具有很好的借鉴意义。然而，Fairclough 虽然谈及了语类在话语秩序变化中的重要性，但没有详细、系统的语类分析，只是简单地从图像、图表的使用、句子、词汇等表层特征方面分析语篇中劝说与信息的融合现象，对语类这一联结话语和社会的纽带的关注不能令人满意，远不能揭示语类的实质和精髓。另外，Fairclough 关于语料分析都是典型个案分析，这对于验证商品化的趋势或普遍性是不充分的。Fairclough（1993）自己也承认仅仅依靠个案分析证明这种现象是当代社会话语秩序的趋势是不充分的，指出这有待于更长期、更多的研究。

在另一有关"商品化"的研究中，Chouliaraki & Fairclough 讨论了 *Big Issue* 杂志上的一则广告，揭示原本具有社会性和政治性的文本的语言和指号过程（semiosis）是如何被纳入到广告和市场商品化语言的轨道之中（Chouliaraki & Fairclough，1999）。话语商品化的研究还吸引了许多其他批评话语分析的研究者。Mulderrig（2003）分析了两则新工党咨询文件中教育参与者和教育实践的表征中市场修辞（rhetoric）和价值（value）的普遍性。Bastone（2000）与 Goatly（2002）分别探讨了教育话语商品化中隐喻图式的使用。

Michael Peace（2004）在批评话语分析的理论框架下利用及物性、社会主体、语义效仿（semantic prosody）和背景假设（background assumption）等分析工具，从共时和历时两个维度揭示了英国有关教育的政治话语（选举宣言）中所出现的商品化现象。Karmen Erjavec（2004）结合 Fairclough 的批评话语分析的框架和人种学的方法分析了新闻话语的促销特征。Erjavec 的分析分为两个阶段：在第一阶段中，Erjavec 利用人种学的实地调查方法（field work）考察了新闻报道话语实践中的"互为实践"（interpractice）过程，揭示了其中的利益动机；在第二阶段，Erjavec 进行了细致的语言学分析，从视角、主题、消息来源、词汇来源、衔接、过程和参与者多个角度剖析了新闻报道语篇中促销因素的体现。Erjavec 的这一研究可以说是对 Fairclough 的研究的扩展。Shirley Leitch 与 Juliet Roper（1998）从语类殖民的角度出发，利用构建的语类殖民框架对比分析了电视上的广告谈论节目和电台谈话节目，揭示了前者的商品化特征。Zhu Yunxia（1999）分析了销售通知语类的历时变化，指出通知这一语类在新的时期出现了较明显的促销意图。Inger Askehave（2007）利用 Fairclough 的批评话语分析理论框架分析了市场化对国际招生简章语类的影响，指出这一语类在概念意义表征和人际意义表征方面都发生了变化，浸染着促销的意图。

可以看出，以上这些研究几乎都是在批评话语分析的理论框架下，大多围绕教育的商品化进行研究。这些研究为我们更好地研究语类商品化现象提供了帮助，但是这些研究的不足在于语言特征的分析都较零散，从语类的视角系统地探究商品化这一主题的文献目前还未见到。

1.2.2.2 语类研究领域的语类商品化研究

在语类研究领域，语类商品化的研究主要出现在 Bhatia（1995，2004）的著作中。Bhatia 认为语类是高度结构化和常规化的构建体，在所要表达的意图以及所采用的词汇语法资源方面都有限制。所有学科与行业语类具有它们自己的一致性，它们在具体的学术、社会、机构和行业语境下由社会构建、阐释和使用，并具有各自独立的身份。近年来，在许多学术、机构和行业语境下的语类中，出现了语类资源转用（appropriation of generic resources）的现象，即一种语类借用其他毫无亲缘关系的语类的资源（如，语法词汇资源、修辞资源、语类结构资源）或其他语类规约而产生新的杂合语类。受 Fairclough 的影响，Bhatia 把这种现象看作是语类群中的不同语类之间的一种殖民化现象。这种语类殖民化的趋势在所有的学术和行业话语领域越来越普遍，在所有侵殖大多数行业和学术语类整体性的语类当中，"广告显然成为最突出、最有力的殖民工具"（Bhatia，2005：220）。Bhatia（2004）指出，学术介绍类的语类群中促销的因素越来越透明、直接，甚至有时候处于主导地位，从而使学术性的介绍含有双重交际目的——介绍和促销。这在当今的实践中已不是什么个例而已成为非常普遍的现象。在这双重的交际目的中，信息介绍是社会公认的交际目的（socially recognized communicative purpose），促销则是个人意图（private intention）。Bhatia（1995）发现这种现象不只局限于学术性介绍类语类当中，其他行业语类中如招聘广告、学术介绍、慈善募捐文书、新闻报道和法律文件也很普遍。他发现这些传统上被看作是纯粹信息性的或至多是劝说性的但绝不是市场意义上的促销的语类中含有非常明显的促销因素，换句话说，语类的信息功能被促销功能所殖民。

语类资源的转用清楚地表明了语类的动态性（Swales，1990；Bhatia，1993，1995；Berkenkotter & Huckin，1995）。虽然所有的语类都会随着时间而发生变化，但学术和行业语境下的促销语类的殖民化具有特殊的意义（Bhatia，2004：83）。Bhatia（1995）对该现象进行了解释，他认为促销语类的殖民化是由以下几个因素造成的：多媒介使用的日趋增多、信息技术的爆炸和新技术的应用使公共话语被全球范围内的广大听众接受成为可能，这促使许多话语的生产者对传统的话语形式进行多种不同的阐释（interpretation）从而产生新的话语形式；多学科的工作语境，竞争越来越激烈的行业环境，以及广告和促销活动铺天盖地的影响，使促销成为话语的一种重要功能。Bhatia 的解释显然受到了 Fairclough 的影响，将语类资源转用所导致的语类商品化置于机构语境和社会语境中进行解释。但 Bhatia 没有关注导致语类变化出现和持续存在的权力关系、语类的出现和存在所产生的意识形态效果，以及语类构建它们所表现或所突出的社会身份、文化观念的方式。这从批评话语分析的角度来看是不完全的。而且 Bhatia 对这种因由的解释也只是片言只语，语焉不详。此外，Bhatia 把促销语类的殖民化现象看作是语类的一种进化或变化，分析只是简单地从传统的语类分析角度分析了混合语类的语步结构，说明混合语类中促销语类的影响，而没有具体从语法词汇、修辞、话语等层面进行详细的文本分析，也没有涉及语类的其他范畴，更没有对这一现象进行系统的互文性分析和研究。促销语类的殖民化实际是语类互文性的一种，互文性的分析是依赖分析者经验和判断的阐释艺术（Fairclough，1995b：77），因此往往被质疑阐释得不够客观。最令人满意的互文性分析中，语类、话语、及文本中的其他范畴的认定应有文本语言特征的支持。对语类互文性的分析要详尽分析文本中所出现的语类和话语的语言特征，揭示混合语类中不同语类和话语在文本中的具体体现。Bhatia 对此方面的研究显然是不能令人满意的。

除了 Bhatia，Swales 在研究单个语类时也注意到了语类商品化的现象。Swales（1990）在提到科研论文引言时指出，科研论文的引言中出现了一种非常微妙的间接促销论文的意图。但 Swales 在这方面的研究也只是简单提及，没有深入研究。此外，Connor 和 Maurahen（1999）指出基金申请书（grant proposal）、研究论文引言中出现了促销性语类互文现象。虽然二者没有对这种现象进行详细的研究，但却指出，语类的这种杂合将成为语类研究中颇具吸引力的研究方向。

### 1.2.2.3 国内语类商品化的研究

在我国语类商品化的研究更是十分少见。辛斌（2005：157 – 158）分析了教育语篇中出现的商业语篇词汇特征，并认为这种现象反映了商业在现代社会中的主导地位以及由此导致的商业语篇的霸权地位和对其他语篇类型的殖民趋势。丁建新、彭晓丹（2008），彭晓丹（2008）利用 Fairclough 的批评话语分析理论分析了名人博客的商品化现象。从以上研究来看，我国国内对语类商品化的分析基本上都是基于 Fairclough 的批评话语分析理论的简单介绍和应用，对语类研究的这一前沿方向还远没有形成系统、全面的研究。

## 1.3　研究问题的提出及研究意义

从文献综述的情况来看，语类互文性和语类商品化现象已开始引起话语分析和语类分析领域的关注，成为这两个领域研究的前沿方向（方琰，2002；丁建新，2007）。然而从整体上看，语类商品化的目前研究仅仅停留在对现象的界定和简单描述，没有获得系统的理论上的理解和阐释。它对理解现实生活中语言的广泛意义也远没有为人们所理解，具体不足主要表现在：

（1）语类互文性和语类商品化的现有研究缺乏深入全面的探讨，已有分析都比较零散，具有很强的随意性，缺乏系统的理论阐释，更没有提供可资借鉴的分析模式。

（2）语类商品化的现有研究都是从单一视角进行的研究：要么从批评话语分析的视角，要么从语类的视角，缺乏对这一现象细致全面的剖析和解释，而且这两种视角都存在一定的缺陷。批评话语分析视角下的语类商品化研究虽然强调详细的文本分析，但却都没有对语类的变化进行细致的剖析。语类分析视角下的语类商品化研究虽然对语类结构进行了剖析，但对语类的其他体现形式以及语类商品化的深层社会意义缺乏深入探讨。

（3）缺乏结合当代中国社会实际的实证性研究。目前语类互文性和语类商品化的研究大都出现在西方社会，研究的是资本主义社会大背景下的语类变化，且大都是以英语语篇为分析对象。然而西方社会与中国社会存在着很大不同，中国社会的语境中是否出现商品化现象？又具有什么样的特征？如何将国外的语言学理论本土化、再语境化？这些都是值得深入探讨的课题。尽管近年来国内众多学者呼吁"洋为中用"、呼吁"话语研究的本土化"，但目前我们还未发现针对汉语语篇的语类商品化或语类互文性的系统研究。

（4）目前接触的语类商品化的研究在研究方法上都存在一定的缺陷，普遍都是以共时的个案分析为主。鉴于互文性自身的复杂性，个案定性分析虽然能够表明变化的产生，但无法说明变化的可能性有多大，也无法对其变化的性质做出结论性的论断。

Fairclough（1992b）、Wernick（1991）早在上世纪 90 年代就断言，话语商品化已成为当今社会话语的主要特征之一。虽然他们不是从语类的视角来观察这一现象，但异曲同工，都明确指明语类商品化在当代社会已不是个别现象。随着消费文化和促销文化的进一步发展，语类商品化的现象将会变得越来越普遍。中国改革开放三十年来发生了巨大变化。当代中国正处于一个急速和持续变化的社会文化环境之中，不同领域之间的界限变得模糊而不稳定，尤其是商品经济处于前所未有的强势地位，使整个社会领域都受到其影响和冲击。这些变化不可避免地对人们的语言表达方式产生影响。语类商品化现象也不断出现在我们的现实生活之中。如何从语言学的角度对这一现象系统剖析和解释是本论文致力于研究的问题。

　　语类商品化是语类的复杂性、动态性的具体体现。语类自身的社会属性（语类与意识形态、语类与社会变革之间的关系）决定语类商品化与社会意识形态乃至整个社会的社会文化语境有着千丝万缕的联系。语类的商品化使促销、劝说成为话语的主要交际功能之一，使话语的工具性、策略性突出，与之伴随，话语的表征、构建的参与者之间的关系及身份都发生了变化。这些变化在语篇中是如何体现的？如何系统地从语言学视角确立并分析、考察语类商品化这一语言现象？语类商品化在语类的各个层面有什么样的体现形式？它与社会文化语境之间存在什么样的关系？又具有什么样的社会功能特征？这些都是值得探讨的问题。

　　基于以上考虑，本研究拟从语类互文性的视角出发，在当代中国社会发展的大语境下，对语类商品化现象进行系统的理论阐释和实证分析，揭示这一现象的体现形式和深层本质。主要研究内容包括：（1）梳理 Bakhtin 的社会杂语理论、Fairclough 的批评话语分析思想以及 Foucault 的话语观，从理论上对语类互文性现象进行阐释。（2）借鉴、整合并发展批评话语分析和语类分析理论，构建语类互文性的批评分析模式。（3）以汉语语篇为语料利用构建的模式对当代中国语境下语类商品化的现象进行实证研究。（4）从社会文化的角度对语类商品化现象进行社会学的解释，并对这一现象进行综合评价。

　　语类互文性的研究具有重要的理论意义和实践意义。它将微观的语言学分析和宏观的社会分析结合起来，代表了一种把语篇的内在机制和外在推动力结合起来的理论方向。它不仅可以深化话语分析的理论，发展辩证的话语观，避免割裂语言结构和功能之间的辩证关系而导致的种种局限，同时有助于我们深入了解语类的动态性、多变性以及语类与社会文化语境之间的密切联系。语类商品化为语类这一历久弥新的研究提供了新的课题，对这一课题的研究有助于我们对这一现象的体现和深层本质有着更深刻的了解，并对其做出更准确的评价。语类商品化既是一种语言现象，也是社会实践的一部分。对语类商品化的描述和分析，也必然是对具体社会过程的描述和分析。语类商品化的研究不仅可以揭示语类变化的社会推动力，还可以呈现语类变化形成的具体过程和体现，有利于我们了解语言与社会之间更丰富、更细致的画面。结合中国社会的实际以汉语语篇为分析对象的研究，有助于实现国外语言学理论在中国的再语境化，同时为当代中国社会现象的研究提供语言学的理论源泉和分析手段。

## 1.4　研究方法与语料收集

本研究采用定性和定量、共时和历时、宏观和微观相结合的研究方法。语类商品化是一种语类变化的趋势或现象。从整体上看，本研究对这一现象的考察采用微观的语言学分析和宏观的社会分析相结合的研究方法。在对现象进行系统描述和阐释时，本研究采用历时定量和共时定性分析相结合的方法。借助于共时定性分析，细致剖析语类商品化的语言学实现形式和互文生成形式；借助于历时定量分析，通过对比发现不同时期语类的历时变化，为共时定性分析提供佐证，并分析变化的可能性有多大，是否形成一定的趋势。

本研究所选的语料是国内公开发行出版的高校教材的前言。"前言"是重要的、应用广泛的一种语类形式，刊印在图书正文前面，用以说明写作目的、经过和资料来源等或对图书内容加以介绍。就语类分类而言，前言属于学术和行业语境下的学术话语的亚类—"学术介绍类"（academic introduction）语类群中的书籍介绍类语类，以信息介绍为主要交际目的（Bhatia，1997，2004）。语类的划分是层次性的，书籍前言又可细分为教科书前言、学术专著前言、文学书籍前言、科普类书籍前言等。不同类别的前言在语类结构和特征上存在着差异。为了操作的可行性，本研究选取高校教材前言作为分析语料。然而，在实际考察的过程中，我们发现汉语教科书前言的形式较多，一些教材中的前言以"译者前言"，"说明"、"编者说明"等形式出现，这些文本虽然也具有前言的功能特征，但内容和语类特征有很大不同，因此我们的研究不考虑这一类的前言。互文性分析的重点应该是社会文化的变化在话语实践中是如何体现的，语料来源应该选择具有稳定性、但又能反映变化的领域。本研究之所以选择前言作为分析语料是因为前言是规约化程度较高、正式、相对稳定的语类，这一类语类的商品化特征具有典型性和说服力。此外，在学术性语类中，长期以来研究者的目光大多关注学术论文，前言的研究未能在语言学界引起足够的重视。而汉语书籍前言更是很少有人专门研究，本研究希望对这一类学术介绍性语类的研究做出初步的贡献。

在语料的收集过程中，我们将样本来源划分为三个时期：1965—1979、1980—1995、1996—2009。这三个时间段的划分的考虑主要是：首先，语类的变化经过一段相对较长的时间才能够变得明显并确立（Bhatia，1997），年段相隔太短，语类难以体现出变化。其次，语类的变化与社会文化语境密切相关。我国当代社会发展尤其是经济发展的历史通常是以1978年改革开放为分界线。改革开放后我国发生了巨大变化，到今天我们社会的发展已有三十多年的历史。我们把这期间平均分为两个阶段：1980—1995、1996—2009，大约每十五年为一个阶段。改革开放前我国处于计划经济时期，这一时期为一个阶段：1965—1979，这样三个时段的划分分别为：1965—1979、1980—1995、1996—2009。

我国每年出版教材数量众多，为使样本具有代表性和典型性，样本选择从以下几个因素进行考量：（1）为避免学科差异和作者自身因素影响分析结果，样本来源内容涉及自然和人文社科领域的不同学科；全部选自不同的作者。（2）教材的出版机构尽量选取具有权威和主导性、历史悠久的专门教育出版机构（高等教育出版社、人民教育出版社、各著名大学出版社等），这些出版机构是我国高校教材出版的"国家队"或"主力军"，其出版的教材前言的话语模式能代表我国高校教材前言发展和变化的主流特征和方向。（3）尽量选取在相关领域具有影响力的知名编者所写前言。与普通作者相比，这些"名家"因普遍被作为模仿和学习的对象，往往能起到引领时代话语模式的作用。

在综合考虑以上几个因素的基础上，在选取样本时，我们首先利用图书馆的超星和读秀两大电子图书数据库的综合查询功能，按年代划分进行查询，从数据库提供的列表中随机抽样选取，每个时期选取60个，三个时期总计180个样本。按年代选取时，尽量使样本出版时间的分布均衡。在此基础上，剔除其中作者重复的样本，在使样本兼顾自然和人文社科两个领域、源自较知名作者的基础上，尽量选取出自大型出版社的样本，然后按照比较性研究和实验性研究所需样本数一般不小于15的原则（张廷国，郝树壮，2008），在剩余样本中每个时期随机选取20个样本，三个时期共计60个样本进行对比分析。需要说明的是，1965—1979年我国高等教育事业发展缓慢，教材出版也受到影响，因此此时期组样本出版年代分布相对来说不是很均衡，但由于本研究是将 1965—
1979 年段看作一个历史时期，更重要的是语类往往历经较长时间才会发生变化，
因此该组样本的情况不会影响分析的结果。

## 1.5　研究框架

全文共分七章。第一章为绪论，对论文中出现的主要概念进行了界定，梳
理了语类互文性和语类商品化的研究现状，在此基础上提出了本论文要研究的
问题，介绍了研究意义、研究方法和语料收集、以及研究的框架。第二章为理
论基础，论述了 Bakhtin 的社会杂语理论、Fairclough 的批评话语分析思想以及
Foucault 的话语观，为语类互文性的分析提供理论的阐释。第三章为分析模式的
构建。借鉴、整合并发展 Fairclough 的互文性分析理论、Swales 学派的语类分析
观、语类的多面观，构建了语类互文性的批评性分析模式。第四、五章为实例
分析，以教材前言为语料，从共时定性和历时定量两个角度对教材前言的语类
商品化现象进行剖析。第四章在构建的批评性语类互文性分析模式的路径下，
对语类商品化现象进行了系统的定性分析。在语言学层面，从词汇语法、语类
结构、修辞资源三个方面对语篇的语言学特征进行了详细分析；在语类作为话
语实践的互文性分析层面，剖析了话语、活动类型、交际目的、人际风格、主
体位置 5 个范畴，确立了文本的语类商品化特征和互文生成机制。第五章的历
时定量分析从 1965—1979、1980—1995、1996—2009 三个时期出版的教材前言
中随机选取 60 个样本进行对比分析，剖析三个时期的样本在语类结构潜势、词
汇评价资源、模态的运用三个方面的历时变化。第六章是对教材前言语类商品
化的社会分析，从社会学的角度解释前言语类商品化产生的原因以及对社会产
生的影响，并对语类商品化这一现象进行了综合评价。最后一章为总结，归纳
了本论文研究的主要内容、研究的贡献和创新之处，指出了论文存在的不足和
对未来研究的展望。

# 第 2 章

# 理论基础

语言是人类最重要的交际系统，它对于社会就像空气一样须臾不可分离，因而语言系统本身必然成为一个社会、历史、文化的映射系统。语言随社会的发展而发展，它映射出社会历史前进的足迹，展现出丰富的社会文化景象（申小龙，2000：118）。具体的文本或语篇是过去历史的编码，是应对现在复杂的社会情形而对过去历史因素的重新调整。如果语言研究要考察当代语言使用的实际情况，就必须有社会的、批评的、历史的转向（Fairclough，1993：138）。本研究的主要目的在于从批评的视角对语类互文性和语类商品化现象进行系统的语言学的描述和解释。Bakhtin 的社会杂语理论、Fairclough 的批评话语分析以及社会科学领域 Foucault 的话语理论为我们提供了诸多的思想营养和坚实的理论基础。本章对三者的理论分而述之。

## 2.1 Bakhtin 的社会杂语理论

Bakhtin 被誉为 20 世纪的理论富矿，哲学家、社会学家、人类学家、文学理论家、语言学家都可从他那里挖掘出自己需要的东西（宁一中，2000：169）。在语言学方面，Bakhtin 建立了超语言学的理论，提出了"语言的对话化""社会杂语""言语语类"等思想，推动了"话语""文本"成为语言学界普遍关注的问题。Bakhtin 的超语言学思想尤其是社会杂语思想为本研究提供了丰富的思想源泉，他从社会学的角度看待杂语的观点给与了我们深刻的启示。

### 2.1.1　Bakhtin 的超语言学

Bakhtin 的超语言学（translinguistics）是在批判以洪堡为开端的"个人主义的主观主义"和以索绪尔及其日内瓦学派为代表的"抽象的客观主义"的过程中构建的。Bakhtin 反对洪堡和日内瓦学派运用抽象的规范体系来解释人类行为，认为把语言看作抽象的形式系统，"在理论上和实践上仅仅能够适合于破译和教授外来的死语言。在语言事实的生命和形成中，这种系统不可能成为理解和解释它们的基础"（巴赫金，1998，第 2 卷：431）。Bakhtin 主张，语言、形式、结构不能独立存在，"形式和内容在语言中得到统一，而这个语言应理解为是一种社会现象；它所活动的一切方面，它的一切成素，从声音形象直至极为抽象的意义层次，都是社会性的"（巴赫金，1998，第 3 卷：37）。语言的研究必须指向其身后的外部世界，将语言与语境、历史和文化联系起来，对语言、文本与社会之间的联系做阐释学的解释。他指出，需要建立一种新的理论，从历史和社会的角度对语言进行研究，以社会学方法解释语言的历史和意识形态内涵，同时揭示意识形态的功能。1929 年，Bakhtin 在《马克思主义和语言哲学》一书中系统地阐述了自己的语言哲学思想，对索绪尔的结构主义语言学进行了批判。后来，在《陀斯妥耶夫斯基诗学问题》一书中，Bakhtin 把他所主张的语言学称为"超语言学"："我们的分析，可以归之于超语言学：这里的超语言学，研究的是活的语言中超出语言学范围的那些方面，而这种研究尚未形成特定的独立学科"（巴赫金，1998，第 5 卷：239）。

在超语言学的学术视野之下，Bakhtin 指出，语言作为一种社会符号，是一定的特殊的意识形态体系。它不仅仅是交流的工具，而且从来都折射价值、意义和观点，"实际上，我们任何时候都不是在说话和听话，而是在听真实或虚假，善良或丑恶，重要或不重要，接受或不接受等等。话语永远都充满着意识形态或生活的内容和意义"（巴赫金，1998，第 2 卷：416）。话语在其生产的过程中，不可分割地与意识形态联系在一起。语言的意义完全为一定的社会意识形态所决定，并进而折射它外部的社会存在。"在宏观的、全世界的历史范围内，古生物学考察了语言的意义，揭示了还无法分辨的现实进入原始人社会视野的过程，无论在这一方面，还是在微观的局限于现代的范围内，在语言中都反映了意识形态形成的这一过程，正如我们所知道的那样，因为话语最敏感地反映着社会存在最细微的运动"（巴赫金，1998，第 2 卷：364－365）。因此只有把语言看作是意识形态的载体，看作是一种世界观，才能保证在意识形态生活的所有领域中使人们最大限度地相互理解与沟通。

　　语言是承载着意识形态的社会现象，语言的研究不能脱离社会语境。Bakhtin 不是像索绪尔那样在语言体系中研究语言，而是在语言的真实生命之中，也就是语言的对话交际中研究语言，这必然要去揭示语言的具体的社会语境。正是这个社会语境，决定着语言的整个修辞结构。Bakhtin 指出，"在与具体环境这一联系之外，言语交际任何时候都是不可理解与说清楚的"（巴赫金，1998，第 2 卷：448）。社会语境决定话语的形式，话语形式是社会语境在文本中的体现。基于话语与社会文化语境之间的密切关系，Bakhtin 指出话语是最敏感的社会变化的标记。语言中的一切要素都会对社会语境做出反应。他利用文学语类来解释话语的这一特性：例如，诗歌的形式会反映较长的社会过程，而长篇小说则非常敏感，会对社会的细小变化都做出反应。因此，Bakhtin 认为应该动态地、历时地研究语言。

　　简而言之，Bakhtin 强调语言形式与内容的统一，不拘泥于语言内部研究语言，而是重视语言的身外指向，解释语言形式中所蕴含的社会意义和意识形态功能。Bakhtin 的这种超语言学的研究方法具有开放性、综合性和科学性。他强调语言与社会本身不可分离，强调语言的社会性和意识形态性、语言的历史性和实践性，对研究语言和社会之间的关系具有高度的现实意义和指导意义，同时为话语分析提供了丰富的营养。

　　Bakhtin 强调话语的社会性和意识形态性，却没有止步于此，而是从中挖掘出话语的对话关系。Bakhtin 认为人们进行交际和言语活动时不是以语音、词或句子为单位，而是以话语为单位。他在《马克思主义与语言哲学》的论著中指出，"马克思主义语言哲学应以作为语言—言语实际现象的话语为基础，'话语'应是语言研究的基础。作为言语交际单位的话语，小的可以是一个词、音构成的句子，大的包括长篇小说、学术专著等。每一个具体话语当然都是个人发出的，但又是"社会相互作用的产物"（巴赫金，1998，第 3 卷：257）。以话语为理论研究的出发点，Bakhtin 指出任何话语都具有对话性，所谓对话性是指语篇或话语中存在两个以上相互作用的声音，形成同意和反对、肯定和补充、问和答等相互回应的关系。所有的话语都是对他人话语的回应，并期待自身也得到回应。一切言语交际都是以交际的形式出现，也就是以对话的方式出现，对话性是一切言语交际的本质。

Bakhtin 的话语对话性不仅仅在于研究交际中话语的相互作用，更重要的是要揭示对话蕴涵的不同意义。他的对话性渗透于语言交际的各个层面，既包括语言层次上的对话性又包括意识层面上的对话性，"对话……也可以从广义上理解，不仅可以指人与人之间直接的、面对面的口头交际，也可以指任何一种形式的言语交际。比如，一本书，或者出版的言语行为，也是言语交际的一部分……［它］不可避免地参考在同一个领域以前发生的行为来给自己定位……因此出版的言语行为好像在进行大范围的意识形态的对话：它回应、确认、预料可能的反应和异议，寻求支持等等"（Voloshinov，1995：139）。我们可以从多个层次对 Bakhtin 的对话关系进行阐发：首先，对话关系是指具体话语间的语义关系，是不同说话者的话语中具体思想和情感、见解、信息的相互交流和相互作用；其次，对话关系又是说话者和他人思维之间的相互依存和影响；最后，个人话语之间的对话体现着人的社会存在和精神生活，对话关系实际成了个人同社会思想和文化环境的关系（白春仁，2000）。可见，Bakhtin 的对话理论不仅是指微观的说者和他者之间的交流，同时还指宏观的说者与社会意识形态、文化语境之间的相互影响关系。

### 2.1.2 社会杂语理论

#### 2.1.2.1 社会杂语理论内涵

在对话性理论的基础上，Bakhtin 提出了社会杂语理论（social languages of heteroglossia）。Bakhtin 认为语言在对话的过程中同时受到向心力和离心力两种力量的影响，这两种力量都体现社会力量的作用。语言的向心力使语言使用趋于统一和稳定，而离心力则使语言发生创造性的变化，产生异质的、杂和的语言。作用于语言的这两种力量总是同时在发生作用，但语言的向心力对于统一语言的重要性不是 Bakhtin 话语研究的主题，其真正的研究用意是离心力所导致的杂语及其意义。

Bakhtin 认为，传统的语言学上所谓的统一的语言实际上是不存在的，实际生活中的语言是芜杂、多样的。在前文的术语界定中我们也提到 Bakhtin 对社会杂语的描述："语言只有作为由一系列规范的语法形式组成的抽象的语法体系、脱离其内在的具体的思想意识概念才具有统一性……现实的社会生活和历史变化带来［语言内部］各式各样且各自自成一体的、用言语表述出来的思想意识体系……［构成这些思想意识体系的］是充满多种语义意义和价值取向的语言成分，每一种语言成分都有其各自不同的声音（Bakhtin，1981：281）。这种"各自自成一体的、用言语表述出来的思想意识体系"便是"社会杂语"。在 Bakhtin 看来，不同语类、不同职业、不同时代的语言甚至是不同个人的话语，以及官方语言、文学和政治运动语言都是不同的"语言"，都是纷繁世界中的杂语。

为了更好地理解社会杂语，Bakhtin 对标准语的社会分化进行了阐释。Bakhtin 指出，语言在任何时候都不是统一的，标准语虽然因占据统治地位而具有统一的社会性，但其内部也存在着社会性的分化，形成各不相同的杂语，Bakhtin 称之为"分野"。Bakhtin 指出，这些分野首先是不同语类的特殊机体所决定的。语言的某些成分与这种或那种的语类的意向和总的情调体系紧密联系在一起。它们会带有各自所属语类的特殊韵味，并同这些语类的观点、角度、思维方法和基调融合在一起（巴赫金，1998，第 3 卷：69）。其次，同语类的分野交错相连的是职业分野，也就是根据职业划分的语言，如教师、警察、医生、商人的语言等。这些语言都有着各自特定的表达和评价方式。除了语类、职业造成语言的社会性分化，任何具有重要社会价值的世界观，也都能把语言中的不同"意向潜力"分解出来，并通过独特的方式实现它。不同的流派、报刊甚至个人都能凭借自己的社会价值使语言分化，利用自己典型的表达特征使语言的词语和形式复杂化，从而使语言出现混杂的局面。因此，杂语是现实社会生活不可避免的产物。语言在自己历史存在中的每一具体时刻，都是杂样言语同在的；因为这是现今和过去之间，以往不同时代之间，今天的不同社会意识集团之间、流派组织等等之间各种社会意义相互矛盾又同时共存的体现（巴赫金，1998，第 3 卷：71）。Bakhtin 指出，现实语言的上述种种区分和杂语现象，"不仅仅是语言生活的静态状况，又是它的动态状况，因为语言只要生存发展着，区分和杂语现象就会扩大、加深。与向心力同时，还有一股离心力在不断起作用；与语言思想的结合和集中的同时，还有一个四散和分离的过程在进行（巴赫金，1998，第 3 卷：50）。

Bakhtin 的社会杂语依据不同的原则进行区别：语类、职业、功能、社会价值等等。不论根据什么原则划分，它们的共同之处在于：杂语中一切语言，"都是观察世界的独特的视点，是通过语言理解世界的不同形式，是反映事物涵义和价值的特殊视野"（巴赫金，1998，第 3 卷：72）。进入同一文本中的不同杂语相互补充、相互对应，形成一首"合奏曲"，共同折射式地表现作者的意向和评价。因此，Bakhtin 指出，对杂语的关注重要的不是杂语所导致的混杂的语言学特征，而是杂语的身外指向，也就是杂语所蕴含的社会思想的对话性。所有的杂语都是各自具有目的、意义和价值观念的、关于外部世界的特定的观点，是用词语将外部世界概念化的形式和特定的世界观（Bakhtin，1981：291 - 292），它们体现了过去和现在的社会意识冲突的并存。为了更好地阐释这一意义，Bakhtin 用镜子作比方："杂语中的各种语言仿佛是相对而挂的镜子，其中每一面镜子都独特地映出世界的一角、一部分；这些语言迫使人们通过它们互相映照出来的种种方面，揣测和把握较之一种语言、一面镜子所反映的远为广阔的、多层次的、多视角的世界"（巴赫金，1998，第 3 卷：206）。Bakhtin 的这个比喻形象地解释了杂语中的各种语言之间的关系。他进一步指出，在日常生活中，每一个人都参与到无数的异质的语言，每一种异质的语言都代表着具体的经验的体验。语言之间的竞争实际是世界观之间的对话，是不同社会性观点的对话，是深层次上的不同思想的对话。在社会杂语中，"对话的回声不是喧响在话语的意义顶峰上，而是渗入话语的深层，使语言本身对话化，使语言观照（话语的内部形式）对话化；这里，他人表述开始变成社会上的他种语言；这里话语在他人表述中的定位，变为在全民族范围内对社会上其他语言的定位"（巴赫金，1998，第 3 卷：64）。

可见，充斥着杂语的文本从表面看其"形"是杂乱的，但其"神"却是有序的。杂语对作者来说均属他人话语，有序杂语便建筑在作者话语与他人话语的对话关系上，小说主旨也便完成在作者话语与他人话语的交汇点上（凌建候，1999：46）。因此，杂语从语法和文章标记来看属于一个人的话语，但实际上却含有两种话语、两种说话方式、两种风格、两种语义系统和信念系统，有时甚至同一个词会同时含有两种信念系统，从而使该词具有矛盾的两种意义。进入同一表述的杂语现象是为了表达作者的意图而采取的非直接的表达方式。这种语言现象是一种特殊的双声语，表达不同的交际意图，是不同的社会声音、不同观念和思想的体现，"引入小说（不论引入的形式如何）的杂语，是用他人语言说出的他人话语；它服务于折射地表现作者的意向。这样的话语，是一种特殊的双声语。它一下子服务于两个说话者，同时表现两种不同的意向，一个是人物说话的直接意向，另一个是作者说话的折射意向。双声语总具有内在的对话性。幽默的语言、讽刺的语言、讽拟的语言是这样；引用语式的话语同样是这样。所有这一切都是双声的具有内在对话性的话语"（巴赫金，1998，第3卷：111）。因此，任何杂语都是特定形式和世界观的聚合体，文本中的杂合形式是复杂的外部世界的不同观念形态的物质形式，是性质各异的社会声音在语篇中的体现。但是杂语不是杂乱无章地堆砌在语篇中，杂语可以说是"形散而神不散"。杂语进入文本中，便会按照作者的意图组织成统一的整体，成为"有序的杂语"，共同为文本的主旨服务，服务于一个统一的意向整体。同时，不同的语言交错形成的杂语在语篇中结合，反映着作者的观点和思想。Bakhtin 在谈论小说中的杂语时说道："栖身于语言（它的一切词语和形式）之中的各种社会和历史的声音，即赋予语言以特定的具体含义的声音，在小说中组合成严密的修辞体系；这个修辞体系反映出作者在时代中的社会和思想立场"（巴赫金，1998，第3卷：82）。

在谈到了杂语的特征和属性之后，Bakhtin 进而指出，杂语不仅仅是形式上的杂合，还是社会文化变化的线索，"语言和各种语言（异质的话语类型）主要通过杂合的形式发生历史的变化……对混合的严峻考验总是使表述保留了下来"（Bakhtin，1981：358-359）。语言的异质性是研究意识形态变化和社会历史变化的有效线索。语言主要通过杂合的方式发生变化，研究语言是以何种形式或方式在语篇中杂合的，可寻找到社会变化的线索。换句话说，我们也可从社会的变化中寻求解释语言杂合方式的原因。

2.1.2.2 社会杂语与言语语类的杂合

Bakhtin 是在分析文学语类长篇小说时提出的社会杂语理论，并用该理论分析了菲尔丁、斯特恩、狄更斯、萨克雷等作家作品中的杂语现象。在 Bakhtin 看来，小说家引进和组织社会杂语，用以折射自己的创作意图的方法是多样的，有语言杂交、由非作者讲述故事、插入不同语类等（李战子，2007：22）。Bakhtin 认为语类的杂合是小说引进和组织杂语最重要、最基本的形式，"长篇小说允许插进来各种不同的语类（插入故事、抒情剧、长诗、短戏等，还有非文学语类、演说、科学语类、宗教语类等等），从原则上说，任何一种语类都能镶嵌到小说结构中去；从实际看，很难找到一种语类是没被任何人、在任何时候插到小说中去"（巴赫金，1998，第 4 卷：218）。因此，Bakhtin 指出，作为语类的长篇小说是"各种基本言语语类的百科全书"（同上）。应该说，Bakhtin 在研究长篇小说时，就已窥探到了远远超出文学语类的言语现象，即语类的杂合是文本生产的一种重要形式。Bakhtin 指出，民族语言发展到今天，各种复杂语类的话语呈现出"小说化"的趋势，即许多语类的文本都不同程度地吸收其他语类，形成了语类的杂语。

Bakhtin 在后来关于言语语类的研究中又详细地谈到了语类杂合所导致社会杂语现象。在《言语语类问题》（1954）的论著中，Bakhtin 把具有相同相似的交际领域、场合和条件的相对稳定的话语类型称为言语语类，并将言语语类分为两大类：简单语类和复杂语类（巴赫金，1998，第 4 卷）。简单语类是指反映日常生活中的对话情景的对话式语类。复杂语类是指形式上独白化了的专门性语类，反映有组织的文化交际的种种复杂情境，一般是从简单语类派生而来。在 Bakhtin 的研究视野中，对语类的这样相对划分是为了更好地研究"简单语类"与"复杂语类"之间的交错关系和相互作用，揭示出不同语类的杂合形成的杂语在其中的运作机制。Bakhtin 指出，简单语类和复杂语类会相互作用，相互渗透。他分析了复杂语类吸收简单语类的两种情形：一是保留简单语类的对话结构，不破坏自己的独白特征；二是不采用简单语类的结构形式，却保留其强烈的针对性和意向性。Bakhtin 指出，在语类的相互作用甚至是相互斗争中，存在有意识地引申转用语类的问题。语类的引申转用是指某一活动领域的语类被有意识地转用到另一种活动领域之中，目的是为了达到幽默、戏谑、讽刺、嘲弄、滑稽或反讽的文意。Bakhtin 所说的语类引申转用的描述实际就是语言学领域话语分析和语类分析中的语类杂合或语类互文性。

与社会杂语的基本理念一样，Bakhtin 认为语类的引申转用会使原语类沾染不同的言语语类的基调和意向。言语语类是典型的话语形式，包容着一定的典型的为该语类所固有的情态（巴赫金，1998，第 4 卷）。每个言语语类都代表着人们对现实世界的一种视角、一种思考方式，隐含着根据语境而选用语类的价值评判，换言之，语类本身就代表着群体对事物或现象的共同的社会评价（凌建候，2007：171）。人们在进行表达的时候，每一个语境都会暗示交际者选择适当的言语语类。语类自身的属性（价值取向和基调）会提供给交际者所需要的交际效果。文本中作者选择不同的语类正是由于语类自身所特有的属性和价值取向，"当我们在建构话语的过程中选择词语时，我们远非总是从语言体系中撷取它们，不是选择词典里中态的形式。我们通常是从其他的话语中撷取它们的。首先是与我们在语类上相近的话语，即题材、布局、风格（语体）相近的话语：也就是说，我们选择词语时根据它们的语类属性"（巴赫金，1998，第 4 卷：173）。选择了某种语类，便意味着选择了某种群体价值取向和属性。话语是个人的，但创造者并不能任意妄为，而需遵循言语语类所包含的共同的社会评价。进入同一文本中的不同语类都携带着自身所固有的价值取向和基调，被作者组织成有序的杂语，共同为文本的最终文意服务。

在语言生活中任何交际的类型都是言语的语类。任何的言语尽管都体现为个人的话语，却无一例外地带有语类特性。不存在不属于任何言语语类的话语。正如不存在不属于任何功能语体的言语（凌建候，2000：48）。言语语类是语言形式和现实生活之间不可或缺的媒介。言语语类是适应主题和情景的典型话语，是过去交际行为的存留，是准备未来行为的一种言语积累。Bakhtin 认为，言语语类是"程式化了的、凝固了的旧内容（熟悉的内容）。形式是通向新东西、通向尚不为内容所知的新东西的必备桥梁。形式可说曾是熟悉易解的、凝滞了的旧世界观"（巴赫金，1998，第 4 卷：386）。但语类不是一成不变的。语类既老又新，过着现今的生活，却总记着过去。语类是社会历史到语言历史的传送带（Bakhtin，1986：65）。如同语言的变化，语类也主要通过杂合的方式发生变化，从语类的杂合中我们不仅可以观察到不同价值取向、视角和世界观的融合，同时也可探究到社会变化的轨迹。

### 2.1.3 社会杂语理论总结

词生活在自身之外，生活在对事物的真实指向中，"所有的词语，无不散发着职业、语类、流派、党派、特定作品、特定人物、某一代人、某种年龄、某日某时等等的气味。每一个词都散发着它那紧张的社会生活所处的语境的气味；所有的词语和形式，全充满了各种意向"（巴赫金，1998，第 3 卷：74）。在语言的自身中研究语言，忽视它的身外的指向，是没有任何意义的。对杂语的研究必须指向杂语身后蕴含的社会意义，以及由此产生的后果。杂语意味着对话，意味着不同观点、立场、信念的交织。Bakhtin 赋予杂语以价值的分量，认为语篇通过杂语的交错透射出不同意向和立场的对话。作者采用不同的语言都是用于折射式地表现他的意向和评价，同时也能折射出它所处的社会语境的气味。Bakhtin 的社会杂语是话语对话分析的另一个视角，它强调任何一种文化都存在纷繁各异的社会立场和世界观，所有的语篇都反映了某一个社会现实或意识形态的立场，语篇明确地或至少是隐含地承认与其所持立场在不同程度上趋同或趋异的社会意义，这些不同的意义被看作是已在以前的语篇中表达过或在未来的语篇中期望被实现，并且从它和那些不同意义一同进入的趋同或趋异的关系中获得它的社会意义（唐丽萍，2005：3）。透过对社会杂语的分析，可以透视出其中观念形态，透视出不同社会声音的对话和交错，以及不同社会生活语境的特征。

Bakhtin 的社会杂语理论表明了一种把语篇的内在机制和外在推动力结合起来的理论方向。虽然以小说语类为研究对象，但 Bakhtin 的社会杂语理论的意义和影响是深远的，远远超出了小说语类的范围。他关于社会杂语的理论不仅为文学语类的研究提供了新的视角，同时也为非文学语篇的话语分析，尤其对话语分析领域的语类互文性的分析具有重要的理论意义和指导作用。Bakhtin 的社会杂语理论为我们提供了分析语类杂合的思路，使我们能够真正理解语篇语类互文性的核心，理解不同的语类背后所形成的不同世界观和意识形态的对话，以及与之相关的时代和社会文化发展进程。Bakhtin 认为这一点只有在一定的社会历史条件下才能实现。中国改革开放后，社会发生的巨大变化以及语言的变化为话语分析提供了重要的历史时刻。在这样的历史背景下，语篇中的社会杂语呈现了什么样的新特点？具有什么样的重大意义？产生了什么样的后果？这些都可以在 Bakhtin 的杂语理论的指导下进行研究。按照 Bakhtin 的社会杂语理论，本研究所探讨的"语类商品化"现象中促销语类和学术话语语类的混合实际是不同观念形态的混合和对话，是传统的学术态度和市场经济观念的对话，这体现了市场经济的外部环境对语言的内部环境的影响。然而 Bakhtin 只是从宏观的角度提出了社会杂语的概念和意义，却并没有提出具体的从语言学分析入手研究社会杂语的框架。但 Bakhtin 超语言学及其社会杂语的思想却对语言学界的话语分析和语类分析的研究提供了丰富的思想营养，随后出现的互文性研究大都是建立在 Bakhtin 的这种语言学思想之上。

## 2.2　Fairclough 的批评话语分析思想

受当代西方语言哲学和后现代主义的影响，20 世纪末期出现了社会科学的"语言学转向"，这种转向将"现实""世界""文化""历史""人"等社会科学研究的对象看作与语言和其他社会符号的构建活动密切相关，并把语言素材作为一种手段去获取其中或背后的"信息"、"知识"和"事实"。正是在这种转向的影响下，Fairclough 建立了自己独树一帜的批评话语分析理论，将语言分析与社会分析结合起来，探究语言在社会发展变化中的作用。

Fairclough 自 20 世纪 80 年代初开始致力于批评话语分析的研究，出版和发表了大量的专著和文章，在国外话语分析尤其是批评话语分析领域产生了广泛的影响。Fairclough 的批评话语分析走的是一条兼容并蓄，超学科的研究道路，是在批判性地吸收别人理论，揉合语言学和社会理论的精华而成。在语言学理论上，他的批评话语分析与 Halliday 的系统功能思想有着密切的联系，其三维分析框架得益于 Firth、Halliday 的关于语言的多层次系统观。他强调批评话语分析包括文本的语言学分析、还包括更广阔的社会文化语境分析，而这正是 Firth、Halliday 的语言系统思想的核心。另外，他认为话语具有构建知识和信仰体系、社会关系和身份的作用。该观点受益于 Halliday 关于语言的三大功能观，所不同的是他把话语的人际功能分为了关系和身份功能，他说的构建知识和信仰体系的功能就是 Halliday 所说的概念功能。在社会理论方面，Fairclough 的话语分析思想则广泛吸收了当代西方社会科学思想，一方面接受了西方马克思主义中的 Gramsci、Althusser 的批评社会理论；另一方面，秉承了符号、语言和话语理论领域后结构主义和后现代主义的传统。此外 Fairclough 还借鉴和发展了 Bakhtin 和批评现实主义的哲学思想。Fairclough 话语分析思想最突出的特点之一就是努力把社会理论思潮的各种要素综合到他的话语分析中去。Foucault 的话语秩序理论、Berstein 的再语境化、框架、分类等概念、Bakhtin 的互文性、Bourdieu 的场（field）理论和社会理论学家 Pecheux、Habermas 等的观点等都为其解读话语和社会实践之间的辩证关系提供了思想火花和理论源泉。但 Fairclough 不是被动地吸收他们的理论，而是批判地继承。他与社会理论家们的最大区别便是提供了以文本分析为基础的系统的理论模式和方法论工具，通过具体的文本分析来揭示话语和社会文化实践之间的关系，将语言学理论和社会理论有机地结合了起来。

概括地说，Fairclough 的批评话语分析是关于话语和其他社会实践因素之间辩证关系的分析，主要关注当代社会生活的激烈变化，探讨话语在社会变化过程中的体现与作用，以及话语与其他社会实践因素之间关系的变化。他的批评话语分析不是以语言的内在结构和功能为最终目标，而是通过语言剖析社会生活中各种实际问题，如全球化、新资本主义等。通过近三十年的发展，Fairclough 已经构建了独树一帜的较系统的话语分析思想。

### 2.2.1 关于话语

话语这一术语在不同的学科中理解是不同的。我们大致可把话语的理解分为两种：一种是语言研究中普遍采用的观点，把话语看作是人们在真实的社会语境中进行交际的社会行为和社会交际；另一种是后现代社会理论普遍采用的观点，把话语看作是对现实的社会建构，是知识的一种形式。Fairclough 对话语的理解糅合了上述两种观点。他认为话语是一个广义的概念，包括语言符号、视觉符号以及口头和书面话语。并从三个层次来界定这一概念。首先，从抽象的意义上讲，话语是指作为社会实践的语言的使用。其次，话语被理解为某一具体领域的话语的使用，如政治话语、商业话语等。最后，话语还可被用作可数名词，指最具体的话语的运用，即言说的方式，或从具体视角表达经验意义的方式。因此，Fairclough 理解的话语既是指那些语言中实实在在的现象，同时又是对那些现象的高度概括。

对于话语的内涵，Fairclough 认为话语既是一种表征的方式，同时又是一种社会实践，一种行为方式。但这种行为方式是社会和历史情境中的行为方式，与社会的其他层面有着不可分割的、辩证的关系。社会生活是各种社会实践互相交织的网络。每一种社会实践都包括以下要素：活动、主体及其社会关系、工具、客体、时间和地点、意识形式（forms of consciousness）、价值和话语。话语是社会实践的一个要素（moment），与其它社会实践要素处于辩证、互相内在化（internalized）的关系（Fairclough，2003）。也就是说，话语和社会实践的其它要素都是社会实践独立的、不同的成分，但它们彼此之间又是密切相联的，互相不能还原、代替。所谓的辩证关系是指话语不仅受社会实践的制约，同时也具有建构性。Fairclough 认为社会世界和个体是被言语实践不断建构的，语言不是客观实在的反映，而是建构的积极媒介。因此对话语的关注不是要从话语中透视出某种客观实体的存在，而是要分析话语如何不断建构社会世界。在建构的过程中，语言实现着各种各样的功能，产生各种各样的后果。话语具有构建社会身份、社会关系以及知识和意义体系的作用，分别与语言的三大功能和语言的意义层面相对应，Fairclough 将之称为语言的身份功能、关系功能和概念功能。身份功能关系到社会身份在话语中的构建方式；关系功能关系到话语参与者之间的关系协商、确立的方式；概念功能关系到文本意指（signify）世界及其过程、实体和关系的方式（Fairclough，1992b：64）。话语的构建性通过两种方式实现：常规性和创造性（creative）。常规性的构建方式是指话语实践再生产已有的话语结构，维持现存的社会身份、关系和知识信仰体系。创造性的构建方式是指话语通过创造性地运用结构之外的语词来改变话语结构，从而改变原有的社会关系、身份和知识信仰体系。需要说明的是，"创造性"一词是根据社会情形判断的结果，而不是指个人的创造性才能（Fairclough，1995b：61）。与 Foucault 的话语建构论相比，Faiclough 的这种创造性地运用话语实践的构建方式突出了社会主体的能动性。但无论是创造性还是规约式的构建都依赖于社会语境，依赖于语言在其中的功能。Fairclough 认为把话语和社会结构之间关系理解为辩证关系是非常重要的。他指出，既不能过分强调社会对话语的决定性，也不能过分强调话语的建构性。前者会将话语推向只是社会现实的反映的境地，后者会导致理想化地把话语看作是社会的来源，而后者会导致更加危险的后果。Fairclough 这种辩证的话语观为其整个话语分析思想奠定了基础。

### 2. 2. 2　关于语言与社会变化

Fairclough 批评话语分析思想的核心主题是关注话语和社会变化之间的关系。Fairclough 认为，批评话语分析应该关注现代历史中的话语，变化的话语实践是更广泛的社会文化变化的一部分。现代社会生活的各个领域正不断发生变化，而这些变化很大程度上是由话语实践的变化所构建的。脱离对话语实践的变化的正确理解便无法确切地理解整个社会变化的矩阵（matrix）。因此话语的变化是研究社会文化变化的关键，它为分析者提供了探究社会文化变化的线索和路径。

基于辩证的话语观，Fairclough 认为话语和社会文化变化之间的关系也是辩证的。社会变化会导致话语的变化，话语反过来也会对社会变化产生影响。话语的变化是社会变化的一部分。社会变化包括社会事件、社会实践和社会结构特征的变化，也包括文本特征的变化，以及语言的话语秩序的变化。当具体的社会实体进入到某种变化的过程中，社会实体的机构和组织就会发生变化，其社会实践也会发生变化，相应地话语秩序也都会发生变化，新的实践和话语就会产生。新的话语实际上是对社会的其它元素过程的转写和选择性的浓缩，是通过语言对现实的把握（grasping）（Fairclough，2006：33），而这些变化反过来又会促进社会变化。因为语言创造性的构建功能会使主体的社会身份、社会关系以及知识信仰体系发生变化，这些都是社会变化的具体体现。

Fairclough 的批评话语分析具有强烈的历史变化的取向：关注变化的话语实践以及它们在更广泛的社会文化变化过程中的作用。话语和其他社会层面之间的关系不是一成不变的，而是具有历史变化性。不同历史时期话语的社会功能既有连续性，同时又存在着质的差异（Fairclough，1993：138）。Fairclough 认为历史变化应成为批评话语分析关注的首要重点。关注变化可从两个方面入手：一方面，以语言为媒介关注具体的话语实践与变化的社会文化语境之间的关系；

另一方面，关注话语秩序，关注社会领域和机构之间话语实践变化与社会变化之间的关系。

Fairclough 探讨话语与社会变化的研究视角是关系性（relational）的。这一点对我们理解他的话语分析视角非常重要。Fairclough 认为研究这一命题最为关键的是不同机构和组织之间、不同实践之间、不同话语秩序之间、不同话语、语类、风格之间关系的变化。这并不是说实体内部的变化并不重要，或实体自身没有发生变化，而是 Fairclough 把实体内部的变化看作是实体之间关系变化的结果，把实体之间的变化看作是研究变化的切入点。Fairclough 用 Berstein 的再语境化（recontextualization）的观点来进一步阐释这种关系性的视角。他指出，任何实体的变化都涉及再语境化的问题。当社会实体处于某种变化的过程中，实体的内部和外部就会建立起某种关系。实体外部的实践、实践网络、话语秩序、语类、话语、和风格会进入到实体内部。这种实体内部和外部之间的关系就是一种再语境化的关系。再语境化是一种逻辑辩证的关系，它既是一种殖民化的关系，同时又是一种征用或转用（appropriation）的关系。殖民是 Habermas 的概念。Habermas 认为，社会体系具体说经济体系在当今社会处于强势的地位，其影响和力量进入到生活世界的领域和实践当中，对其中的生活和言说方式产生了影响。Habermas 用殖民的概念来指社会体系的实践和生活世界的实践之间的这种关系—即生活世界普遍被体系殖民。殖民和征用涉及语类和话语从一种社会实践移动到另一种社会实践。这种"移动"可被解释为一种实践对另一种实践的殖民，或者是后一种实践对前一种实践的征用。也就是说，任何的殖民同时都意味着征用。一方面，外部实体扩展到新的领域，另一方面，再语境化是现有领域主动征用外部实体的过程。外部实体的吸纳依据具体环境或是主动或是被动的。另外，Fairclough 指出，外部实体不是简单地流入到新的领域，它们是被"传播"（carried）到新的领域。更确切地说，外部实体是在被内部社会机构和行为者运用策略成功征用的情况下再语境化的，"在许多情况下，社会实践的再语境化首先是关于社会变化的话语的再语境化。只要这些话语被成功征用，它们就有可能被用于实施，在新的行为和交际方式中获得规定，在新的社会和个人身份中获得建立、在自然世界中物质化"（Fairclough，2006：34）。这就涉及权力的问题和杂合的问题，一种话语和语类从一种实践进入到另一种实践蕴含着这一话语和实践在后者中的再语境化，以及新的要素重新组合形成新的杂合。

Fairclough 对话语与社会之间关系的解释与其辩证的话语观是一致的。只要话语成功地被再语境化，话语就会被转换成（translate）新的社会关系、权力形式、仪式和机构、信仰、价值和期望的载体，以及被转换到物质世界中。但是社会变化不是由单一的因素造成的，而是一个复杂的过程。话语对社会变化的影响效果同样也取决于很多因素：征用的策略是否成功；已有社会实践和话语秩序根深蒂固的程度；与社会生活中人们的实际经验共鸣的程度；是否事先存在一定的政治、经济和文化条件（同上）。

### 2.2.3　关于话语的社会理论

在辩证、建构的话语观的引领下，Fairclough 构建了其关于话语的社会理论，将以语言学为取向的话语分析与社会思想结合起来进行社会科学研究，尤其是社会变化的研究。Fairclough 把批评话语分析看作批评社会科学的一种形式。批评社会科学的研究目的是为了更好地了解社会是如何运作的，以及如何缓和或消除社会产生的危害性后果。批评社会科学总是回应时代的重大问题和变化。批评话语分析也是如此。作为一种分析的方法，批评话语分析聚焦于语言，通过语言的分析揭示社会变化和问题。这一研究方法的出发点在于：既然社会变化改变了社会生活的方方面面，那么语言作为与社会生活其他因素辨证相关的一个成分也会发生变化；更重要的是，语言在当今社会的作用越来越突出，实际上已成为社会转型至关重要的一个方面。知识和信息在当代经济社会发展和变化过程中的突出地位充分体现了语言和话语的重要地位，因为语言和话语是知识生产、流通和消费的形式。我们需要从话语分析的角度研究这些效果是如何产生的。批评社会学家对语言在社会生活的因素提出了有益的批评性的洞见，但他们没有提供具体和详细的语言分析的方法，没有详细具体的分析就无法展示语言的这种作用。批评话语分析解决了这一问题，成为社会研究的有力工具。批评话语分析认为，话语分析是富有成效的进行社会研究的方式。话语分析和社会研究二者缺一不可。一方面，文本的分析必须与有关话语的理论问题相连，另一方面，不考察人们真正是如何说和写的就无法理解话语的社会效果（Fairclough，2003a：3）。

　　上文我们提到，Fairclough 认为话语是社会生活的一个要素，并与社会生活的其他要素密切相关。在社会科学研究中，话语是社会关系、权力和意识形态、机构、社会变化、社会身份研究的重要方面。Fairclough 把社会分析分为三个抽象层面：社会结构、社会实践、社会事件。社会结构是最抽象的层面，也是社会最普遍、最具有持久性的特征。例如，资本主义生产方式、阶级结构是资本主义社会的社会结构。社会事件是指实际所发生的事情。社会结构和社会事件的区别在于前者设定什么是可能的，而后者则是真实发生的事件。二者之间的关系不是直接的，社会事件不是以简单和直接的方式成为社会结构的结果。社会实践是社会结构和社会事件之间的中介。社会实践是在社会具体领域行事或事件发生的方式，是与具体的社会机构或社会组织相关的习惯性的、仪式化或制度化（institutionalized）的行为方式（Fairclough，2006：30），是在社会生活特定领域选择某些结构性可能而排除其他可能的控制方式，也是在一定时期内保持这种选择的控制方式（Fairclough，2006：23）。例如，教学、医疗会诊作为行为方式都是社会实践。这些行为方式与具体的机构相连。教学与学校教育机构相连，医疗会诊与医院机构相连。这些机构中的行为方式作为社会实践都是按照一定规则进行的社会活动。需要指出的是，任何一个机构和组织都不会局限于某种单一的社会实践，其往往是多种社会实践的交织构成的网络。社会实践是一个复杂的系统。人们在社会生活中以自己特有的方式运用物质的和符号的资源在特定的时间和地点进行某种活动，形成某种社会实践。社会实践包含有多个要素（moments），这些要素互相作用共同构成社会实践的方方面面。Harvey 划分了社会实践的六个要素：社会关系、权力、物质关系、信仰/价值观/欲望、机构/仪规、语篇（引自，田海龙，2009）。受其影响，Fairclough（2003a）将社会实践的要素划分为：活动、主体及其社会关系、工具、客体、时间和地点、意识形式（forms of consciousness）、价值和话语。社会实践的这些要素不是孤立的，而是互相联系，辩证相关的。Fairclough 的批评话语分析关注的是话语和社会实践其他要素之间的辩证关系。

　　社会结构、社会实践和社会事件三个层面都有其符号要素（semiotic moment），并与其他要素辩证相关。语言或语言体系是社会结构的符号要素，具体的文本是社会事件的符号要素，话语秩序（order of discourse）则是社会实践的符号要素。它们之间的关系可如图2.1所示。话语秩序是话语、语类和风格三种实体的构型：话语（在这里是具体的话语，可用作复数形式）是从一定的视角表现某一特定的社会实践的语言使用方式；语类是与社会活动类型相关联的语言使用方式；风格则是表达社会或个人身份的方式，是身份的话语元素（Fairclough，2006）。语类、话语和风格既是社会实践层面和话语秩序层面的范畴，又是社会事件层面文本的范畴，我们通常可以在具体文本中辨别出具体的话语、语类和风格。文本和话语秩序之间不是简单的对应关系。文本会按照话语秩序进行组织，运用传统的、习惯性的话语、语类和风格。但文本有时也会以复杂和非常规的方式进行生产，来自不同话语秩序的话语、语类和风格会混合在同一语篇当中，导致出现文本的互类杂合性（interdiscursivity hybridity），而这种互类杂合性就是Fairclough所说的话语类型互文性，包含本论文所研究的语类互文性（具体解释见绪论部分）。话语秩序概念和互文性的概念共同构成了Fairclough关于语言和社会变化的话语分析思想的核心内容，也是本研究重要的理论源泉，我们在下面的章节中专门论述。

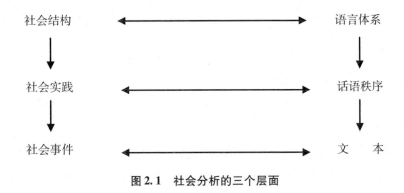

**图2.1 社会分析的三个层面**

### 2.2.3.1 话语秩序的思想

话语秩序这一概念来自于Foucault。Foucault在《话语的秩序》一文中指出，每个时期的人们为了认识世界都要运用某种标准和原则对周围的事物加以分类，其结果必定是形成"秩序"的概念。话语系统同样受到秩序的约束，话语生产总是按照一定程序受到控制、选择、组织和分配（Foucault，1984：

109)。具体的语篇受潜在的常规惯例约束，这些常规惯例是相互联系的组合，包括社会条件和社会结构，其总成为话语秩序。借用 Foucault 的观点，Fairclough 认为作为社会主体，人无时无刻不在各种社会机构中存在和发展。这些社会机构界限分明，职能不同，有各自的体系和相关的实践。它们共同构成了井然有序而又错综复杂的社会秩序（social order），"话语秩序是在语篇层面表现的社会秩序，是社会文化实践在语篇上的历史印迹"（Fairclough，1995a：10）。Fairclough 把话语秩序分为两大类：区域性的话语秩序和社会性的话语秩序。区域性的话语秩序是一个社会机构或领域的所有话语实践以及它们之间所存在的各种关系（如互补关系，互含关系/排斥关系，对立关系），而社会性的话语秩序包含了不同的区域性话语秩序以及它们之间的各类关系（如家庭话语秩序和教育话语秩序之间的关系）（Fairclough，1995a：132）。区域性的话语秩序以具体方式决定其内部话语的结构。社会性的话语秩序则以具体方式决定各社会机构的话语秩序的结构。话语秩序不是单纯地由诸如词和句子之间的语言范畴组成，而是由介于语言与非语言成分之间的话语实践构成，其要素也就是上文我们谈到的语类、话语和风格。话语秩序既是结构又是实践。它控制交际中语类和话语的使用，设定什么样的语类和话语可用，规定什么可说、不可说。

　　某一领域的话语秩序是指该领域所有话语实践的总和以及它们之间的关系。社会机构或社会领域的话语秩序由所有在该领域内使用的话语类型构成，如，学校这一机构领域可包括教室话语类型和操场中所使用的话语类型。话语秩序的核心是突出话语类型的集合中不同话语类型之间的关系，考察不同话语类型在具体的文本中是维持严格的界限，还是混合在一起。同样的情形也适用于不同话语秩序之间的关系。不同话语秩序可能互相重合、混杂在一起，也可能严格维持各自的界限，坚守在各自被应用的领域。换句话说，话语秩序不是封闭或僵硬的，而是开放的、不断变化的。同一机构或社会领域内部不同话语类型之间会发生混合，不同机构和社会领域之间的话语类型也会发生变化。例如，在教育机构领域，教师、操场和教室都拥有各自所属的不同话语类型，这些话语类型的界限可能会随着时间和空间不同而发生变化，变得融合。

　　每一个话语事件（discourse event）都以社会实践的方式对话语秩序进行再生产或挑战。话语事件不仅再生产话语秩序而且通过创造性的语言使用（语言的使用者以新的方式从其他话语秩序中吸收不同的语类和话语）改变话语秩序。话语事件变化的直接原因是规约的问题化（problematization of conventions）（Fairclough，1992b：96），也就是因新的情况出现传统的规约受到新的规约的挑战。当问题出现时，话语生产者或阐释者通常会处于两难的境地，他们通常会通过创造性地运用新的方式适应现有的规约来解决这一问题，从而导致话语的变化。变化会涉及形式的改变、越界，例如以新的方式将现有的规约结合在一起，或吸收原本被排斥的情景中的规约。这就会导致文本中矛盾的、不一致的因素共同出现在同一个文本当中，如正式和非正式风格、技术词汇和非技术词汇、书面语和口语混合交杂在一起。当变化的趋势固定化为新的规约，原本矛盾的风格就失去其拼凑的效果，变得"天衣无缝"（seamless）（Fairclough，1992b：97）。当话语生产者利用新的方式组合话语规约或元素，这会导致话语秩序发生结构性的变化：原有的话语秩序被拆解，新的话语秩序被重绘和建立。这些结构性的变化可能会影响地方话语秩序，并会延及不同的机构影响整个社会的话语秩序。社会和文化的变化常常就体现在话语秩序内部和话语秩序之间界限的重绘（redrawing）之上（Fairclough，1995b：56）。因此，在研究社会变化时，应将话语事件和话语秩序结构变化联系起来。不考虑话语秩序结构的变化就无法理解社会变化过程中话语事件的变化，而不研究话语事件的变化就无法洞察话语对社会变化的影响（Fairclough，1992b）。

　　Fairclough 认为话语秩序的结构变化都有其社会根源，与机构和社会层面的矛盾和斗争密切相关。话语在权力关系和权力斗争中处于非常重要的位置：社会机构或社会的权力拥有者对话语秩序的控制是维持他们权力的手段之一。控制了话语秩序，就控制了话语，从而控制了整个社会结构。话语秩序内部或话语秩序之间界限的重组是权力斗争和社会文化变化在话语层面上的体现。Fairclough 非常擅长利用社会理论来解释话语现象，他利用 Gramsci 的霸权概念来解释话语秩序的斗争。霸权这一概念是 Gramsci 在考察资本主义发展规律的过程中提出的。霸权本是政治术语，指在经济上取得决定性支配地位的社会群体把其影响和控制扩张到整个公民社会或国家，并在政治文化领域占据领导地位的过程（Gramsci，1971，引自辛斌，2005：156）。霸权也叫"盟主权"，其实质是建立同盟，是通过做出让步或采用意识形态手段来谋取从属阶级对控制和支配的认可。霸权体现在社会生活的方方面面。教育、商业、家庭都存在着霸权。社会生活和社会领域中的霸权能在话语中被再生产和改变。霸权涉及将一种道德价值体系推广到整个社会文化中去，它通常反映当时社会中的权力关系和意识形态的主要发展变化趋势。话语秩序的界限是潜在的文化霸权斗争的领域，有时会成为权力斗争和矛盾的焦点，在领域内，控制集团努力强调和维持他们内部和它们之间具体的结构（Fairclough，1995b：56）。话语秩序的变化实际是新的霸权在话语领域建立的过程。霸权是一种不稳定的平衡。某种具体的话语秩序会暂时处于霸权地位，维持现有的权力关系并使之合法化。但是霸权总是不断受到挑战和对抗。处于霸权地位的话语秩序发生什么样的变化取决于当时社会的权力关系和社会变化发展的主要趋势。话语在其特定的话语秩序中如何形成结构的（structured）以及这些结构如何随着时间的变化而发生变化归根到底都是由社会结构层面或社会层面的权力关系的变化决定的（Fairclough，1989：30），而权力关系的改变所导致的话语秩序的变化反过来又会影响社会权力关系的改变（Fairclough，1992b）。

综上所述，话语秩序内部或话语秩序之间界限的重组是社会和文化的变化在话语层面上的体现，是社会结构、社会权力关系发生变化的结果。Fairclough提出话语秩序这一概念的意义在于强调区域性话语秩序内部不同的话语实践之间以及不同的区域性话语秩序之间的关系，看它们是严格地维持各自的界限还是越界混杂在一起，并认为话语秩序的状态与社会权力关系的状态存在着辩证相关的关系。在吸取Foucault和Gramsci的社会理论的基础上，Fairclough的话语秩序的概念和思想为研究话语的变化提供了视角、思路和理论阐释，使话语变化这一庞杂的主题变得轮廓清晰。

### 2.2.3.2 话语类型互文性的思想

在社会界限越来越模糊的当代社会，互文性现象在社会生活中越来越突出。互文性有着鲜明的历史取向。Kristeval（1986：39）认为互文性意味着"历史或社会对文本的插入和文本对历史的插入"。"历史插入文本"是指文本吸收过去的文本并构建于过去的文本（文本是构建历史的主要方式（artifact）），而"文本插入历史"则意味着文本通过对过去的文本做出反应和重新加工来制造历史，促进变化的过程，并塑造影响后来的文本。在社会文化变化剧烈的当代社会，文本传统和话语秩序正发生激烈转换和重组，文本的历史性使文本的重要性益发凸显出来，这意味着互文性应该成为话语分析的焦点（Fairclough，1992a）。

Fairclough 对互文性的研究重点也是考查互文性的历史性，他关于互文性的观点建立在 Bakhtin 的对话论基础之上。Bakhtin（1981）认为人的语言的运用吸纳了其所处的社会和文化的多种声音。Fairclough 发展了 Bakhtin 的关于话语的对话性的观点，关注互文性、杂合性、语类混合等概念。他指出，文本传统和话语秩序的快速转换和重组是当代社会的突出现象，与此相适应，互文性应该成为话语分析的重心："一种话语分析的视角之所以聚焦互文性、话语类型互文性以及话语的异质性就是因为社会话语秩序中充满了杂合的语篇"（Fairclough，1992b：222）。互文性、话语类型互文性、异质性、语类杂合是 Fairclough 的话语分析理论中非常重要的元素，是 Fairclough 从语言入手，研究社会、研究话语的变化和社会文化变化之间辩证关系的重要范畴。

在绪论部分中，我们探讨过 Fairclough 把互文性分为具体互文性和话语类型互文性（构成互文性）。Fairclough 的互文性研究中主要关注话语类型互文性。话语类型互文性是抽象的、整体层面的分析，涉及不同话语类型之间的关系，而不是具体的语篇标记之间的关系。这一概念是 Fairclough 在话语秩序概念的基础之上提出的，用以界定话语秩序变化所导致的语言混杂现象。在他看来，区域性话语秩序内部和不同区域性话语秩序之间不同的话语和语类的有机结合就构成了话语类型的互文性，即某一领域的语篇打破原有的话语秩序之间的界限杂合着不同领域的语类、话语、风格，从而导致不同的话语、风格和语类呈现交织在同一个交际事件中。通过话语新的组合和交织，话语秩序内部和话语秩序之间的界限发生变化，话语秩序也随之发生改变。根据 Fairclough 对话语秩序的论述，这种创造性的话语实践既是话语和社会文化变化的信号，又是话语和社会文化变化的驱动力。因此，互文性可被看作是切入点或工具来分析话语秩序是否发生了变化，进而探究社会文化的变化。具体说来，通过互文性的分析，分析者可以观察到话语的再生产（没有引用新的要素），也可以通过话语新的结合来探究话语的变化，观察话语秩序是否发生了变化，进而将话语秩序的变化与社会文化的变化联系起来。这样"互文性"，具体说"话语类型互文性"，就连接了话语实践和社会实践，实现了通过语言来研究社会的终极目标。

　　根据 Fairclough 对话语秩序的论述，话语秩序的越界与社会权力关系密切相关，也就是说，语篇的互文性或互文格局变化的可能性会受到权力关系的限制。从互文性的概念来看，互文性指的是文本的生产性，即文本如何转换前文本、重组现有的规约来产生新的文本。从理论上讲，话语实践具有无限创造的可能性：语类和话语可以无休无止地结合和再结合。但是这种创造性实际上是受社会局限以及权力关系和权力斗争的状况所限制（Fairclough，1992b：134）。一种话语形态所包含的那些具体意义是由它与其他话语形态之间的关系来决定的，特定时期的某一特定互文话语的状态，即它包括哪些话语形态以及这些话语形态之间存在什么样的关系则取决于当时的意识形态国家机器（ideological state apparatus）中的意识形态斗争状况。意识形态的霸权斗争相对稳定，话语创造的可能性会受到很大的局限。霸权争斗越突出，话语层面上的语类和话语的混合交融就会越明显。例如，在 20 世纪 50 年代，欧洲和美国社会的男女之间的交际都运用标准、传统的话语实践，而在反对男性霸权的女性主义运动盛行的 20 世纪七八十年代，跨性别之间的语言交际却暴发性地出现创造性地运用话语秩序的现象，男女之间的传统交际模式受到了强烈的冲击。体现在文本中，50 年代的文本表现出相对同质的语义构型，而后者则表现出相对异质的语义构型（Fairclough，1992a）。因此，社会语境、社会结构中的霸权关系状况会对话语实践的运用产生决定性的影响，决定话语实践的具体状态。霸权斗争的内涵与话语结构和实践之间的辩证关系十分吻合。话语结构被看作是具有不稳定性的话语秩序的内部各种元素的构型。话语秩序被看作是处于霸权地位的"不稳定的平衡"（unstable equilibrium）的话语层面，话语秩序的表述和再表述便是霸权斗争的标杆（stake）（Fairclough，1992b）。互文性的过程和对抗、重组话语秩序的过程被看作是话语领域霸权斗争的过程，这些过程受到社会领域霸权斗争的影响，同时也会对霸权斗争产生影响。

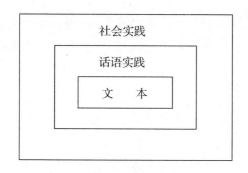

**图 2.2** Fairclough 的三维话语分析框架（源自 Fairclough，1992b：73）

Fairclough 的话语分析都是在其著名的三维分析框架下实现的（如图 2.2）。Fairclough 把任何"话语事件"看作是一个文本、一个话语实践的例子、一个社会实践的实例（Fairclough，1992b）。话语分析也相应地在三个向度上展开：文本、话语实践、社会实践。文本向度是对文本内容和形式的语言学分析。社会实践向度关注社会分析，将话语置于意识形态关系中，分析话语实践是否再生产或重新建构已有的话语秩序，以及其对于社会实践产生了什么后果，揭示意识形态和霸权以各种方式对话语的介入和话语对意识形态和霸权的维护、批判和重构作用。话语实践分析注重文本生产者如何利用已有的话语和语类来创作文本，以及文本接受者如何运用已有的话语和语类知识来消费、解读文本，它关系到对文本生产和解释的社会认知。话语实践向度是文本和社会实践之间的中介。文本和社会文化之间的关系是间接的，社会文化对文本的影响是通过对话语实践性质的影响来间接实现的，即影响文本生产和消费的方式，这种影响进而又体现在文本的语言学特征上。传统的话语实践体现于相对同质的语言形式和意义，创造性的话语实践体现于相对异质的语言形式和意义。正是这种创造性的话语实践以及文本的异质性是具体分析的重点，并具有现实和理论意义，它可以揭示语言的变化与社会文化变化之间的辩证关系。

话语实践的分析是文本分析非常重要的部分。它涉及参与者如何生产和阐释文本；涉及话语事件与话语秩序之间的关系，采用哪一种话语实践，以及这些话语实践又是以什么样的方式结合在一起。Fairclough 的话语分析主要关注后者，即关注话语实践的性质。如前文所说，话语实践的性质指的是话语过程是相对传统还是相对创新，涉及采用常规的话语类型，还是创造性混合的话语类型。创造性的话语实践涉及话语类型的互文性，对创造性话语实践研究的主要视点是：分析为什么常规的话语类型缺失？现有的混合的话语类型是如何形成的，意义是什么？

这样，话语实践的分析便涉及话语秩序的分析。话语秩序是社会秩序在话语层面的体现，是社会文化实践在话语上的历史印迹（historical impress）；任何话语事件都是在与这种历史遗产的关系中确定自己的位置，再生产或改变话语秩序；具体的社会文化实践是通过话语事件如何运用话语秩序的方式来实现的，继而又体现在文本的语言特征中。话语秩序内部和话语秩序之间的界限是不断变化的，话语秩序的变化自身是社会文化变化的一部分（Fairclough，1995b：16）。话语秩序分析的问题包括：交际事件如何采用话语秩序？是传统的、常规性的还是创造性的？对话语秩序产生了什么样的影响？是再生产还是重建话语秩序之间的界限和关系？与话语实践分析一样，话语秩序分析同样重点关注创造性的话语秩序的采用，创造性地采用话语秩序会导致不同语类和话语的混合，导致文本的形式和意义的异质性。因此，互文性分析实际是从话语实践视角进行的分析。它既是话语秩序分析的主要内容，也是话语实践分析的主要内容，处于文本分析与话语实践分析相交叉、重合的地带。基于此，Fairclough（1995b，2003a）提出了包含语言学分析、互文性分析、社会实践分析的互文性分析框架，如图2.3所示：

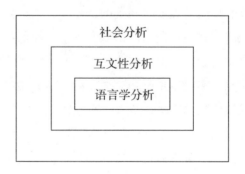

图 2.3  Fairclough 的互文性分析模式

在这个框架中，语言学分析揭示文本如何有选择性地采用语言体系；互文性分析则揭示文本如何有选择地采用话语秩序，即语类、话语等规约组成什么样的构型。互文性分析是对语言学分析的必要补充。语类是社会历史到语言历史的驱动带（Bakhtin, 1986: 65），互文性分析关注语类、话语这些话语秩序的资源，关注文本对社会和历史的依赖。互文性是动态和辩证的，互文性分析重点要关注文本如何改变这些社会和历史的资源，如何重新强调一些语类，以及语类如何在文本中混合。互文性分析是语言和社会语境之间联系的媒介，填补了文本和语境之间的空壑。文本的互文特性由语言学特征来实现。由于语类的动态性，具体的文本可能会融合多个语类，文本也就会具有异质的语言学特征，一些成分会具有不同的甚至是矛盾的风格和语义价值。实际上，现实的文本在语言特征上或者是相对同质的、或者是相对异质的。文本的语言学和互文性的异质性具有历史性：社会和文化变化剧烈的历史时期和领域，互文性和异质性会相对突出。文本的异质性是社会文化矛盾的物化形式（materialization），是研究这些矛盾及其进化的重要证据（Fairclough, 1995b: 60）。互文性分析主要是寻找文本中话语实践的踪迹，目的是阐明文本内互相混合的语类和话语。语类和话语的混合所导致的互文复杂性在语言特征上体现为意义与形式的异质性。这些异质性需要通过具体的文本分析来体现。文本分析为互文性分析提供依据，互文性分析是对这些依据的阐释，同时又是文化的阐释，因为它把具体的文本放置在话语秩序所构成的文化层面，话语秩序又是社会秩序在话语层面的体现。这样互文性分析把语言与社会文化有机地结合了起来，而在二者之间架起了一座桥梁。

简而言之，互文性分析关注文本生产者加工话语的过程，考察生产者如何采用话语秩序中的语类、话语等资源生产新的资源的构型。互文性分析是以话语秩序的成分或资源为关注点，考察这些成分如何被选择、组成新的构型。文本如何生成、语类和话语如何被采用、结合则依赖于社会语境。因此，对互文性的解释要从社会实践的角度阐述其与社会文化语境之间的关系。我们可以用Halliday 的系统功能理论来进一步解释互文性。系统功能语法认为，文本是一系列选择的结果。文本是从可选择的体系中（潜势）进行具体的选择。首先，文本在可行的语言形式中进行选择，即在词汇和语法潜势中进行选择。这些形式上的选择构成了意义上的选择：即从如何表征事件、参与者之间的关系以及身份这些意义潜势中进行选择。这些选择依次又与话语秩序层面上的选择——语类和话语层面的选择密切相连：选择了什么样的语类，以及选择什么样的话语。语言的这种选择观使分析者对文本中的缺失（absence）变得敏感，也就是说对文本中那些本应该选择但却没有选择的形式进行关注，同时也对文本中已有的选择进行考察：为什么进行这样的选择而不是其他可行的选择？对于互文性分析来说，这种语言观使分析者关注不同语类的选择以及选择背后的社会意义。"选择即是意义"，特定社会特定时期带有普遍性的选择的状态归根到底是由社会文化语境来决定的。

关于互文性，Fairclough 还指出，互文性具有稳定性和不稳定性双重性质，既具有持续性，又会产生变化，正是互文性的这种不稳定性具有研究的意义。需要指出的是，互文性是文本的一个基本特征，任何文本都不同程度地与其他文本或话语发生联系。"每个语篇因其与另一语篇相关，都是互文的"（Barthes，1979：77）。由于互文性是文本的基本属性，而且互文性本身无法溯源。杂合性并不是一种从纯粹到混合的实践，实际上，人们经常接触的是"已经杂合"了的实践。例如，政治话语中通常杂合着学术语言和日常生活语言。互文性研究的焦点是重新组合（rearticulation）和组合的变化（Laclau & Mouffe，1985，引自 Fairclough，1999：13）。这种杂合性内在于所有的语言的社会运用之中。但是在特定的社会环境中会产生特定组合的特定程度的稳定性和持久性，以及特定的、以新的方式组合实践的潜力（Laclau & Mouffe；Bernstein，引自 Fairclough，1999：13）。在后现代社会，社会领域和社会实践之间的界限普遍被弱化和重新划分，杂合被普遍看作是后现代的一种特性。但是不同社会生活领域的重新组合会受到社会的种种限制，特定社会领域组合变化的潜力依赖于该领域内社会主体的行为（Fairclough，1999：14）。杂合性是一切话语的潜力，但特定的社会环境中话语的杂合性体现为特定的形式。因此从互文性角度探讨话语变化，或者说研究互文性的变化更为可行的是，关注互文格局的变化所导致的意义。换句话说，关注本应出现但没有出现的互文格局，以及变化后的互文格局的现实意义。

此外，互文性是文本的基本属性，但是话语类型互文性不一定是文本的基本属性，有的文本是由多个语类组成的，而有的则是单个语类构成，这样互文性的变化具体分为语类自身的变化和语类互文格局的变化两种情况。这两种变化情况都需要通过历时比较进行确定。本研究提到话语类型互文性以及后文提到的语类互文性涵盖上述两种变化，不再单独注明。

### 2.2.4　与其他话语分析方法的区别

Fairclough 的话语分析方法是批评话语分析的一个分支。批评话语分析是一个综合的研究领域，它不是单个的学科流派，而是从批评视角研究"话语和社会不平等"之间关系的不同分析方法的总称。批评话语分析的主要分支可归纳如下：1. 以 Fowler Kress 为代表的批评语言学 2. 以 Fairclough 为代表的社会文化分析法 3. 以 Van Dijk 为代表的社会认知分析法 4. 以 Ruth Wodak 为代表的的语篇—历史方法 5. Paul Chilton 为代表的认知话语分析法 6. Ron Scollon 的媒介话语分析学说 7. 以 Wetherell 为代表的拉夫堡学派（Loughborough school）的话语心理学 8 Eric Johnson 的批评隐喻分析法（critical metaphor analysis）。这些分支各有特色，不同程度地巩固和加强了批评话语分析的理论基础，为批评话语分析提供了更广阔的应用空间。目前影响较大的是前四个分支。Fairclough 的社会文化分析法与其他三个分支就有联系吗又有显著的区别。

（1）批评语言学

批评语言学由东英吉利大学的福勒、克鲁斯和霍奇于 20 世纪 70 年代末发展而来，是批评话语分析中以语言学为走向的最具影响力的分支之一，也是批评话语分析最早的一个发展阶段。（Van Dijk，引自陈中竺，1995：26）批评语言学的产生深受 20 世纪下半叶在西方兴起的后现代主义思潮的影响，其理论来源主要是 Halliday 的系统功能语法和萨丕尔—沃尔夫假说。Halliday 把语言视为一个可供选择的系统，认为任何语言形式的选择都受社会条件的制约。批评语言学秉承了这一话语观，认为语言体现着特定的世界观，特定的文本体现着特定的意识形态或价值。它们主张"借助于语言结构的相互作用，借助于更加宽泛的社会背景，将文本与社会分析结合起来，并通过这样的分析来揭示话语表达中的社会意义"。（Fowler，1979：195－6）同时，批评语言学认为语篇分析不能仅停留在表明社会结构对语言运用的影响这一层面，而应研究语言运用如何

确认和加强社会结构，如何建立和保持社会结构。（Fowler & Kress，1979：190）

批评语言学强调从语言学的角度出发，用适当的语言学方法，联系相关的历史和社会语境，揭示语言形式背后隐藏的意识形态，研究课题涉及诸如不平等，种族歧视等社会问题。批评语言学的主要分析工具是现代语言学，但系统功能语法在其中占主导地位。具体的分析工具包括 1. 状态过程的及物性分析 2. 言者与听者的相互关系的情态分析 3. 语言材料的转换分析 4. 语言顺序的分类分析 5. 语篇的连贯性分析（Fowler & Kress 1979：198－213）批评语言学尤其注重文本中的被动语态结构和名词化现象，它们认为这两种语言形式是一种特殊的篇章掩盖，是将现实模糊化（obscure）的主要手段，隐含着意识形态。

与以往的话语分析方法不同的是，批评语言学强调了社会因素在语言背后力量，是"批评性"的。它开创了话语分析批评学派的先河，为批评话语分析的发展奠定了基础。它的一些分析方法后来被批评话语分析其他流派所借鉴，最典型的是 Fairclough 的社会文化分析。但是这种话语分析方法也存在不完整的地方。Fairclough（1991，殷晓蓉译，27）认为批评语言学过于强调作为产品的文本，却很少关注文本生产和解释的过程和问题，不管是分析者—解释者的解释过程还是参与者—解释者的过程都是如此。它们将文本特征和社会意义之间的关系描绘为简单透明的和固定的。"重要的价值以相当机械的方式被归于特殊的结构，似乎语言形式和社会意义之间在可以预见的一对一的联系，而这种联系一旦建立就被认为是理所当然的、一成不变"。（Fairclough，1991，殷晓蓉译，27）近年来，批评语言学者们发现了自己早期工作的不足，开始关注文本生产和解释的过程，研究各种各样的符号系统之间的相互作用，并将之称为"社会符号学"方法。（Kress，1999，Fowler，1988）

（2）Van Dijk 的社会认知法

Van Dijk 是荷兰阿姆斯特丹大学语言学系教授，也是当今话语分析学最突出的代表之一。Van Dijk 的话语分析研究分为三个阶段（文学语言研究，篇章语法研究和话语认知模式的研究）。他在批评话语分析方面的主要贡献出现在第三阶段。

Van Dijk 非常重视个人及社会知识信仰在文本阅读及理解中的作用，认为人们在研究话语时通常关注形式、意义，但常常忽略了听者或读者认知图式的重要性。而认知图式又与社会性别，种族和文化，年龄，阶级等社会因素密切相连。因此他强调从认知的角度来解释话语所表现出来的社会性。这也正是他与Fairclough的不同之处是：把社会认知看作是连结话语结构和社会结构的中介体。他认为"社会结构只有通过社会成员对社会结构的心里构建和解读才能与话语结构直接联系起来。"（Van Dijk，1998）那么什么是社会认知？VanDijk将社会结构，群体关系以及诸如解释、思维和争辩、推理和学习等思维活动的"社会公认的再生产形式"定义为社会认知，（Van Dijk，1993）它包括整个社会公认的知识，态度以及思想，代表社会和文化的整体。也就是说，社会认知是思想、信仰体系或意识形态。Vandijk从社会认知这个媒介入手，解读话语结构与社会结构的关系，分析具体的话语结构怎样决定具体的心理过程或促进具体社会再现的形式。（田海龙，2006）他提出了话语分析框架的五个步骤或层次：（Wodak&Meyer，2001：26）

第一、宏观分析—文本的宏观语义结构分析或文本主题的分析。

第二、微观分析—对文本局部意义的分析，包括词汇意义、命题结构，命题之间的一致性分析以及文本中隐含意义的分析，如对含意，预设，暗示等语言手段的分析。

第三、对细微形式结构的分析。如对语调，句法结构，命题结构修辞以及谈话中的话轮转换、停顿、犹豫、修改等现象的分析。

第四、整体和局部话语形式或格式（format）的分析。

第五、语境的分析。是指对话语及话语产生和理解社会文化情景中社会互动行为的认知过程进行描述。从源文本入手分析文本加工的过程，从心理学、认知学的角度研究受众在接触文本时的认知过程。

实际上，Van Dijk的话语分析框架分为两个角度：1.对宏观和微观层次上的话语结构从文本视角进行描述；2把这些结构的描述和语境的各种特征（认知过程，再现，社会文化因素等）联系起来从语境视角加以考查。VanDijk的话语分析方法也是一个多学科的交叉融合，涉及语言学、社会学、心理学、社会心理学及大众传播学等各方面的知识和研究方法。这种方法为话语研究提供了立体式的多维视角。另外，他从层次的角度来生产和解说语篇的方法独具心意，在话语界产生了重大影响。但也有人认为"这种做法做起来相当繁琐"（廖秋

忠，1992）

（3）Ruth Wodak 的语篇—历史法

Wodak 是兰卡斯特大学的语言学教授，研究方向涉及政治、话语和身份的研究。她提出的语篇－历史法的理论框架可分为两个层面：文本生产和文本理解。关于文本生产，Wodak 提出了揭示说话者意图和文本生产的语言外因素的（extralinguistic）"文本规划"理论（text planning）。她认为除了语言活动，言语的情景、说话者的地位、时间、地点、各种社会变项（组织成员，年龄，职业）以及心理决定因素（经验、惯例）在文本生产过程也起着至关重要的作用。她将这些因素都合并到文本规划理论中，使自己的话语分析理论框架具有了社会心理学的视角。Wodak 把文本生产的过程（文本规划）分为三个向度：认知向度、社会心理向度、语言向度。社会心理向度包含社会化的各种策略（strategy）。她指出，说话者往往没有有意识的注意到自己在使用某种策略。文化、性别、阶级成员、言语情形以及个性都是社会心理的先决条件（precondition），关于现实的概念和结构的框架（frame）和图式（schemata）就是从这些先决条件中产生。关于文本理解，Wodak 指出文本理解同样也依赖于社会心理因素的影响。听话者和阅读者首先是根据框架来对文本进行分类，利用各种策略解读原始文本，然后在此基础上对文本进行解释以构建"文本基础"（textual basis），并最终达到对文本的理解。可以看出，文本理解是一个循环的和解释的过程。Wodak 的文本规划和文本理解理论不仅能帮助分析者呈现在形成主题，语境和文本变项时的系统差异以及口语语式和书面语式之间的差异，而且能帮助分析者了解文本接受者在文本理解时的系统差异。因此对 Wodak 来说，话语也是一种社会实践。

语篇－历史法的具体分析模式也分为三个向度或步骤：内容，话语策略和文本的语言学表达形式。内容向度是指确立所要研究的某一话语的具体内容或话题。话语策略向度研究文本中使用的各种策略包括论证策略，它应用在交际的不同层面，是连接不同交际者的意图和实现形式的中介体。文本的语言表达形式向度则在语篇、句子和词汇各个层面上展开，探讨歧视"原型"的语言学实现形式和语言手段。这三个向度不是孤立的而是循环的，并与整体背景知识紧密相连。在具体的分析中语篇—历史法强调在理论和实际数据之间，社会和文本之间反复不断地进行联系与思考以解释所做出的结论。

Wodak 的话语分析的基本原则可归纳如下（Wodak，et al，2001）

第一，背景知识和语境应尽可能地"记录"精确，因为语篇只有在具体的语境中才能被描述，理解和解释。

第二，对文本的分析要结合历史语境。

第三，分析要涉及各种体裁，各种公共领域的语料和互文性和互为话语关系。

第四，文本应由其他领域的专家（如社会学，历史学，心理学）来解释。跨学科性是语篇历史法的重要特点。

第五，语言层面的文本描述应尽可能地精确（precisely）。

第六，实用性是语篇–历史法的最终目标。分析结果应适用于各领域的专家，并能被用于社会和话语实践的改变。

语篇—历史法最突出的特点是在各种实际数据和大量背景知识的基础上运用多种方法和多种的角度进行分析。这也是 Wodak 对自己的话语分析方法引以为豪的地方。在探讨历史的、组织的和政治主题及其文本时，她强调将大量关于历史背景的知识和话语事件得以嵌入（embedded）的社会和政治领域的背景知识结合起来。再通过具体话语类型历时变化的方式来分析话语行动的历史变化。最后，在此基础上，结合各种社会理论来解释语境。为了最大限度地减少分析的"偏见"，Wodak 认为应采用"三角法"（triangulation）原则，从不同的来源，利用不同的方式收集数据，对现象提供更全面的理解过程。最近 Wodak 又发展了她的理论，完善了一些关于话语分析的概念，如批评、语境、话语、行为领域（field of action）再语境化（recontextualization）等概念。 （Wodak &Reisigh，1999）

（4）比较

总的说来，在分析方法上批评话语分析的这些分支采用不同的模式利用不同的中介体（Fairclough 的话语实践，Van Dijk 和 Wodak 的社会认知）来分析话语和社会结构之间的关系，但他们之间也存在一些共同的特征：

第一，所有的分析都是以问题为导向的（problem–oriented），而不是以对文本中的具体语言形式为导向。

　　第二，都强调语境的含义和互文性的重要作用，都将关于社会和历史条件和历史链条的综合信息看作是任何分析的先决条件。都认为所有的语篇皆是历史的，只有通过语境才能正确地理解

　　第三，都强调语言学的主体地位，强调对文本进行精确的语言学描述。

　　第四，方法论上都具有兼收并蓄、博采众长的特点。都运用跨学科的多种方法来分析语篇，并强调分析结果的实用性和相关性。

　　第五，语料的收集没有公认的标准或准则。

### 2.2.5　Fairclough 话语分析思想的总结及特征

　　Fairclough 整个话语分析思想是围绕话语和社会展开的，辩证的话语观为研究话语与社会变化之间的关系奠定了基础，互文性分析为研究话语变化与社会文化变化之间的关系提供了方法和分析工具。Fairclough 关于话语和社会文化变化的理论框架的特点是基于互文性概念的话语实践理论和基于 Gramsci 的霸权概念的权力理论相结合。文本和社会实践之间以话语实践为中介：一方面，文本生产和阐释的过程受社会实践性质的影响；另一方面，生产的过程会塑造、影响文本，在文本中留下痕迹，阐释过程便依据这些痕迹进行。话语实践理论强调话语实践的生产性和创造性，以及在形式和意义都是异质的文本中的实现形式、因互文性而产生的异质性。借助 Gramsci 的霸权理论强调话语实践中权力关系如何限制和控制生产性和创造性，以及相对稳定的话语秩序的构型（话语秩序）如何构建某一领域的霸权。在该理论框架中，不稳定的社会文化实践、语类和话语重新组合所导致的复杂和创造性的话语实践、文本在形式和意义上的异质性，都是考察变化的方式和视点。文本的异质性是社会文化矛盾敏感的指示器，也是社会文化进化敏感的晴雨表（Fairclough，1995b：2）。文本的异质性可通过不同文本之间或不同文本类型之间的互文性分析进行揭示，互文性分析是语言学分析的必要补充。现有的大多数话语分析的方法对互文性分析重视不足，对互文性的社会意义缺乏足够的关注。Fairclough 的话语分析理论为揭示互文性的社会意义提供了基本思路。

　　Fairclough 的批评话语分析自始至终以文本分析为取向，遵循着话语和社会实践辩证相关这一主线。他的分析模式清楚地描画了语言和语境之间的关系，

强调文本不能孤立地进行分析和理解，必须置于其他文本网络的关系中以及与社会语境的关系中进行分析。这种分析模式从语言的微观层面出发，围绕文本的互文特性是如何通过文本的语义、语法和词汇特征在文本组织的各个层面体现、展开，通过话语秩序把抽象的社会结构与具体的社会事件联系起来，从而把语言分析和社会分析有机地结合了起来，为通过语言探究社会提供了很好的切入点。Fairclough 的话语分析思想的特征我们可以归纳为以下几点：1）是多向度的分析。把话语分析分为文本、话语实践和社会实践三个向度，将话语事件的分析与社会实践的分析紧密结合起来。2）多功能的分析。将系统功能的语言多功能观，（语言具有同时表征知识与社会现实，构建社会关系和社会身份的功能）与 Foucault 的话语建构观成功地结合起来，既关注话语受社会变化的影响，又研究话语对社会变化的影响。3）是一种历史的分析。从互文性的角度来看待文本的构建或生产，认为文本是以具体的方式融合其他文本构建而成的，而融合的方式依赖于社会环境并随着社会环境的变化而变化；在话语秩序层面，机构或社会的话语实践之间的关系以及话语实践之间的界限不断发生变化，其变化的方式社会文化变化的方向相一致。4）是一种"批评性"的分析。强调话语和社会文化之间的关系不是透明的。批评是揭示它们之间的隐藏的联系和原因，同时也意味着介入（intervention），为在变化中处于劣势的参与者提供相关的资源或手段以适应变化的发生。

话语分析领域方法众多，而大多数方法要么注重语言特征分析，忽略社会理论，要么注重社会理论研究，而忽略文本分析。Fairclough 从辩证、建构的语言观出发，打通了语言学与其他社会科学的联系，提供了整合人文科学和社会科学的基本原则，为社会学、媒体、政治、教育、经济等领域的研究提供了以文本为基础的实证研究方法，将理论与实践、语言与社会分析互相割裂的两个方面有机地结合了起来。这种超学科（transdisplinary）的研究手法既丰富了社会科学的研究，也为话语分析的研究扩展了航道。Fairclough 的话语分析模式为研究话语变化以及考察特定文本中不同的话语和特定文本中话语秩序的各个成分提供了思路。他的话语分析模式是批评话语分析学派中最系统和最完善的（Blommaert，2005），为大众语篇的研究提供了非常有价值的参考成果。

## 2.3 Foucault 的话语观

法国哲学家和历史学家 Foucault 在社会科学领域和人文科学领域都具有重要的地位。话语的概念和话语分析的发展都一定程度地受到 Foucault 的影响。他对话语的研究"在所有话语分析的流派中都会被引用、被评论、同时也会被改写、被批评"（Jorgensen & Phillips，2002：12）。Foucault 的著作对话语的社会理论做出了卓越的贡献，他关于话语和权力、话语对社会主体和知识的建构作用，话语在社会变化中的作用的论述给我们提供了诸多启示。

Foucault 关注知识所产生的"考古学"（archaeology）和"谱系学"（genealogy）。Foucault 的考古学研究主要关注话语的建构作用，而谱系学的研究主要关注话语与权力。他的研究主旨在于探索并挖掘在特定历史时期渗透于人们思维中的知识体系之间的断层以及一定的知识和实践被认同或拒绝的社会背景。换句话说，Foucault 的研究重点是某些话语实践如何影响并形成支配人们理解自身和外部世界的意义体系，以及另外一些话语实践如何受到排斥和压制。

Foucault 的考古学和谱系学研究蕴含了话语的两个主要观点，对话语分析具有极其重要的启示意义：1）强调话语的建构作用。Foucault 把话语看作是从各个方面积极建构社会的过程：话语构建知识客体、社会主体和"自我"（self）形式，构建社会关系和概念框架，并具有赋予权力的功能。2）强调社会或机构话语实践的相互依赖性（即对话语互文关系的强调）。Foucault 认为文本总是利用和改变其他同时代的以及历史上已有的文本，任何特定类型的话语实践都产生于与其他话语实践的结合，并受到它与其他话语实践的关系的限制。

### 2.3.1 话语的建构性

在 Foucault 眼中，话语是历史的"遗迹"，是被保留、被改变，并仍影响现今人们思维和认知的物质表现形式（Foucault，1972）。话语不仅是"知识考古学"的"档案"，同时还是构成话语对象的实践。在 Foucault 看来，话语是包括言语或者语言的"可能的言说方式"组成的网络，或是维系社会常规的存在与占有和权力分配方式的网络。所有语言、话语、文本等并非自有其意义，也不是被简单给予的，而是在现代制度场景中，通过大量的制度性实践被社会建构的（陈卫星，2004：179）。话语始终与社会制度和社会实践联系在一起。话语也是一种社会实践，参与社会主体的构建。人与世界的关系是一种"话语"关系，话语决定人在世界中的位置。Foucault 非常强调话语对社会主体的构建作用。他认为社会主体不是独立于表述（statements）之外的实体（只是表述的来源），相反，他是表述的结果，表述通过具体方式设定主体的位置。所谓"表述"是对某一事实或问题的说明或陈述。表述有不同的陈述方式（enunciative modality）。Foucault 所说的"陈述方式"实际是话语活动的类型，如、描述、教学、制定规则等每一种话语活动类型都有其为主体设定的相关的主体位置，例如，教学这一活动类型就为"教"者设定了教师的位置，而为"学"者设定好了学生的位置。Foucault 认为主体性问题、社会身份、自我问题应该成为话语和话语分析理论研究的重要内容。但 Foucault 把社会主体看作是话语实践构建的结果本质上具有浓重的结构主义色彩，他忽略社会行为者的能动性（Fairclough，1992b：45）。Fairclough 在 Foucault 的基础上又提出：社会主体不仅构建话语实践，而且能重新塑造和改造话语实践（Fairclough，1992b）。

话语的建构性还表现在话语与权力之间的关系上。权力对 Foucault 来说是一个重要的概念。他认为权力不是压迫而是创造，"权力之所以好，之所以被接受，是因为一个简单的事实：权力并非是与我们格格不入的强迫力量，相反，权力改变和创造事物，诱发快乐，形成知识，产生话语。权力应该被认为是一个贯通整个社会肌体的创造性网络，而不是一个具有压迫功能的否定力量（Foucault，引自田海龙，2009：44）。权力具有非常重要的作用。首先，权力可以创造条件使社会的各种可能性得以实现。其次，权力可以将事物区别开来，而且权力可以维持事物各自的特点以及彼此之间的关系。在谱系学的研究中，Foucault 认为话语具有赋予权力的功能：第一，话语是情景性权力的载体，它能在人与人之间分配权力，因而具有塑造社会关系的功能。第二，话语是结构性权力的载体，这时话语蜕化成习惯、惯例和制度，成为一种结构性的力量。第三，话语为权力的根基进行辩护，这时"话语"涉及意义的建构和真理的生产。（庄琴芳，2007：95）。权力隐含在所有社会生活的日常社会实践中，现代权力不是自上而下由具体的集体行为者施于群体或个人的，而是自下而上在某种微技术中发展而来。这些技术蕴含着现代社会权力和知识之间的双重关系：一方面权力技术是在产生于社会科学知识的基础上发展而来；另一方面，技术是在采集知识的过程中实施权力。也就是说，知识和权力总是紧密地结合在一起，"每一种权力关系都构成一个相应的知识领域，同时任何知识都构成相应的权力关系"（Foucault，1977：27）。为了清楚地表达权力与技术之间的关系，Foucault 分析了规训（discipline）和倾诉（confession）两种权力技术，并将这种现代权力形式称作生物权力（bio‐power）。Foucault 关于权力的观点指出了权力的话语本质，现代生物权力实践和技术很大程度上是话语的。他所注重的实践和技术很大程度上都是话语实践。这意味着语言和话语在现代社会发展过程中处于非常重要的地位。对机构和组织的权力的分析就需要理解和分析它们的话语实践。

Foucault 便是在研究话语与权力之间的关系时提出了话语秩序的概念。一个话语秩序即是在社会等级中形成的话语实践，它构成诸如政治、媒体或教育这些社会领域中社会秩序的话语端口（Chouliaraki & Fairclough，1999：114）。Foucault（1984：109）指出："在每一个社会中，话语的生产要受到一些程序的控制、选择、组织及再分配。"这些程序既包括话语外部的程序也包括话语内部和自身的控制程序。这些程序都对话语实践进行限制、规定，规定着人们什么可以说，什么不可以说，以及以什么方式言说。话语秩序就像一种无形的力量在不同领域、机构的关系中发挥作用，并在其中间不断地易主，结果形成权力不被任何人拥有，也不属于任何人的局面（田海龙，2009：45）。

Foucault 的话语理论没有具体的文本分析，但却揭示了话语在知识形成中的作用，强调创造知识的是话语，而不是事物自身。Foucault 把话语看作是社会语境中对现实重新建构的一种知识。这种知识构建在考古学研究中被认为是由事物之间的联系决定；在后来的谱系学中，Foucault 则认为权力在知识构建中起着决定性的作用。

### 2.3.2  互文性

Foucault 指出，话语分析不等同于语言学分析，话语也不等同于语言。话语分析不是去解释说明哪些句子是符合语法或可用的，而是要从社会历史的角度具体说明变化的话语形态（discourse formation）。他所理解的"话语形态"是一系列使某些陈述而不是其他表述可能在特定的时间、地点和机构情景下出现的规则体系，是"使各种思想体系有可能存在的条件"（Alcoff，1993：99）。Foucault 这样描述话语形态，"不论何时只要我们可以在一些陈述之间描述一个离散的系统，不论何时，只要我们可以在事物之间描述陈述的各种类别，各种概念以及各种主题选择，我们就可以定义一个规则（一个秩序、彼此的关系、位置和功能转换）。简单来讲，我们这就是做话语形态"（Foucault，1972：38）。也就是说，话语形态是在特定历史时期、特定社会背景下决定人们能够从认知上理解正确的知识体系存在的现实的规则，这些规则决定各种社会的、认知的、文化的、政治的和语言的事实和实践。话语形态包括一系列限定属于其范围之内的具体表述形态的规则：客体形态规则、陈述方式规则、概念形态规则以及策略形态规则。所谓"客体"是指某种领域或学科的研究对象。所谓"概念"是特定学科中的范畴、成分或种类。所谓"陈述方式"是指话语活动的不同类别。所谓"策略"是客体、概念和陈述方式在话语形成过程中形成的主题或理论。在上述规则中陈述方式规则非常重要，Foucault 详细阐述了陈述方式的作用。他在知识考古学中写道："质的描述、自传叙事、测定、解释和符号聚合、类比推理、演绎、统计估计、试验证明，还有更多的其他陈述形式，都是我们在 19 世纪医生的话语中可以找到的陈述形式"（福柯，2007：54）。如前文所说，陈述方式实际是话语活动的类型，也就是我们所理解的语类。Foucault 认为不同的话语实践与不同的语类或话语类型相联系，例如，会话和咨询作为话语实践分别与检查和倾诉（confession）相联系。这些交际形式都具有自己典型的以具体方式组织的结构和相应的参与者，它们可被应用于不同的学科或机构中，并与不同的话语形态相对应（医疗会话，采访对话等）。Foucault 认为陈述方式是通过一系列复杂的关系被构建的，"陈述方式与具体历史相关，并且随着历史的变化而发生变化，关注陈述方式表述的变化的条件以及变化的机制是研究话语变化与社会变化关系的非常重要的内容"（Fairclough，1992b：44）。话语形态的上述四规则由前话语和非话语因素共同构建，对这些因素的表述过程使话语成为社会实践。话语形态是这一系列规则构成的表达领域或关系网络。这种关系网络从总体上确定在各种环境中一种表述相对于其他表述的使用规则，也就是说，各种表述的使用都是遵循某种典型的模式（即话语实践）在一系列规则下形成彼此联系的体系。

在 Foucault 看来，话语分析是对表述的分析。对于表述，Foucault 认为，"应该描述离散的各种系统，而不是像人们在科学和哲学发展史中做的那样再建推理的链条，亦不是像语言学家那样画各种图表来表示区别"（Foucault，1972：38）。特定时期产生的特定话语实践内部有各种各样的表述，这些表述之间的关系是解释各种思想体系可能存在的条件时所必须依赖的因素。作为话语形态的基本成分，表述不单纯是语法、逻辑学或语言学中所说的句子、命题或言语行为，它是"一种确切地属于符号范畴，使其存在的功能……一种超越诸多结构和可能的整合形式，在时间和空间上赋予其具体内涵的功能"（Foucault，1972：86 - 87）。对某一表述的理解取决于它与其他表述之间的关系。Foucault 对话语形态的论述强调了表述之间的联系对事物形成的决定作用。在某一事物的形成过程中，起关键作用的是该事物与它所联系的事物之间的关系，而不是事物本身（田海龙，2009：42）。Foucault 认为，某一特定的表述在对其他表述进行重复、改变、调整、批判的过程中，直接或间接地与它们产生联系，从而构成由诸多表述所构成的错综复杂的关系网络。用 Foucault 的话说，"从根本上讲，表述存在并弥散于一定的表达领域中。这一领域使它有可能与过去产生联系，并有可能为它打开未来之门……没有不受约束、概念中立的独立的表述；一种表述总是属于一个系列或一个整体，在其他表述中产生功效，是整个表述网络的一个部分……没有一种表述不是包含有其他表述的，没有一种表述不是被多种表述共存的网络包围、受一连串因素的影响、发挥各种各样的作用的。如果人们能以这样的方式理解一种表述，那是因为一个句子或命题是在一定时期、一定的位置出现在它所处的表达领域中的"（Foucault，1972：99）。Foucault 所说的表述和其他表述之间的关系其实就是话语间的互文关系。Foucault 用医学话语的例子对上述关系进行了阐述：

"如果说在我们的社会中，在一定时期中，轻罪犯被心理化和病理化的话，如果说违抗行为能够引发出一整套知识对象序列的话，这是因为在精神病话语中启用了确定的关系整体。这些关系是：规格的层面，如刑罚的种类和责任感减少程度和心理特征化层面之间的关系；医学诊断审定与法律裁决审定之间的关系；情报、调查以及整个司法信息机构组成的网络与由医疗询问、临床检查、病史研究以及个人病历构成的医学网络之间的关系……正是这些关系在精神病话语中发挥着作用，促成了包罗各种各样对象整体的形成"（福柯，2007：47）。

Foucault 的这段话充分体现了他对语篇中互文关系的理解。话语形态以一种"极其受约束"（highly constrained）的方式构建客体，话语形态内的具体情形是不同话语形态之间互文关系以及构成话语形态的话语实践和非话语实践之间关系所导致的。虽然 Foucault 并没有使用互文关系这个词语，但 Foucault 对话语形态之间关系的强调对话语分析具有重要的启示，使机构和社会话语秩序内部话语形态之间的结构和格局成为话语研究的核心。这一视角涉及文本内和文本间的各种关系。其中一种关系是文本内表述之间的关系，另一种关系是不同话语形态或不同文本之间的关系（也就是我们所说的话语类型互文性和语类互文性）。Foucault 指出，"没有一种表述不是以一种或者另一种方式对其他表述做出反应的"（Foucault，1972：98）。Foucault 对表述之间关系的这种观点与 Bakhtin 关于语类和话语的对话性的观点十分相似。虽然 Foucault 对互文关系的各种区分不是十分清楚，但他关于互文性的观点将不同文本之间和不同话语类型之间的互文关系推向了话语分析的前台，使我们的眼光投向这种语言现象及其意义。

在对互文性的理解上，Foucault（1972：97 - 8）进一步强调要在语境中解释文本中的互文关系。Foucault 把语境分为情景语境和言语语境（上下文语境）。情景语境和言语语境决定表述的形式和对表述的解释。但是，话语和情景语境和言语语境之间的关系不是透明的，语境对表述的方式以及表述解释的方式的影响因话语形态的不同而不同。因此 Foucault 指出，"我们不能简单地诉诸语境来解释表述的内容和解释表述的方式，人们必须回到话语秩序中的话语形态和话语形态的表征中来解释语境 - 文本 - 意义的关系"（引自 Fairclough，1992b：48）。Foucault 对表述与语境之间关系的解释强调了话语秩序和话语形态的重要性，并通过二者建立了微观的语言使用与它所处的宏观的社会结构之间的关联。

虽然 Foucault 的研究视点是人类科学的话语，但他对话语的研究视角和观点对各种类型的话语研究都具有指导性的意义。

## 2.4 本章小结

综上所述，我们可以看出，Bakhtin、Fairclough、Fouacult 呈现了相似的理论架构。他们都以语言问题为关注中心，都指向了语言之外的东西。三者都把话语看作是一种社会实践。对他们来说，语言的杂合（互文性）不仅仅是一种语言现象，而且承载着形式之外的内涵，它们与思想、意识形态以及社会文化语境都存在着密切联系，而且这种联系是隐含的，需要通过话语分析去揭示。Bakhtin 的社会杂语理论告诉我们，杂语性是话语的基本属性，对杂语的研究要关注其背后的意识形态、思想立场、价值取向和基调。同一语篇中不同的语类都携带着自身所固有的价值取向和基调，它们组成一首合奏曲，共同为折射式地反映作者的意图服务，同时也折射出它们所处的社会语境的气味。Fairclough的批评话语分析思想告诉我们，话语具有建构性，互文性是社会文化矛盾敏感的指示器，是研究话语与社会文化变化之间关系的中介。互文性的过程和对抗、重组话语秩序的过程是话语领域霸权斗争得过程，这些过程受到社会领域的霸权斗争的影响，同时也会对霸权斗争产生影响。对语类互文性的解释要从意识形态和权力斗争的角度寻求原因。Foucault 的话语思想告诉我们，话语具有建构性。话语对主体的建构作用以及文本中互文关系是话语普遍的特性，应该成为话语分析的重要内容，但这种关系不是透明的。简而言之，上述三位语言学家关于话语，尤其是关于话语互文性的考察取向都是"批评"的，他们的观点为我们深入地探讨语类互文性及其相关的社会文化进程提供了坚实的理论基础。

# 第3章

# 语类互文性批评分析模式的构建

## 3.1　模式提出的前提

上一章中我们分述和总结了 Bakhtin 的社会杂语理论、Fairclough 的批评话语分析思想以及 Foucault 的话语理论。Bakhtin 的社会杂语理论阐述了语类互文性的价值内涵和社会意义。Fairclough 的互文性思想和 Foucault 的话语理论阐述了文本的异质性及其与社会语境之间关系。三者的思想为语类互文性的研究提供了坚实的理论基础。许多研究者利用 Bakhtin 和 Fairclough 的理论对语类互文性的现象进行了探讨。然而遗憾的是，语类互文性的研究迄今并没有发展出一套比较具体的、系统的、有较高可操作性的分析模式。Bakhtin 只是从宏观的角度提出了社会杂语的概念和意义，并没有涉及详细的文本分析。社会科学领域的 Foucault 也只是从理论上探讨了互文性的重要性。Fairclough 从话语秩序的层面对话语在社会变化中的作用进行分析，系统阐述了话语秩序内和话语秩序之间关系的转换与更广泛的社会文化变化过程之间的关系，以及变化的话语实践与社会文化变化的关系。Fairclough 提出了语类互文性的现象，以及通过该现象进行社会研究的理论模式。他将互文性的研究置于其提出的三维分析框架（文本、话语实践、社会实践），把互文性分析放在话语实践分析的内容之中，同时又将其看作是话语秩序分析的一部分。通过互文性分析将语言学分析和社会分析联系起来。但是 Fairclough 的互文性分析框架只能说是指出了一个互文性研究的路径，具体操作起来还存在很多问题：

首先，Fairclough 构建了互文性分析的分析框架，但如何凭借这一框架来推导互文性的社会意义的实际过程却没有讲清楚，人们无从知道应该如何有系统地遵循着该框架来从文本分析一步步达到社会文化实践分析（辛斌，2008）。实例表明，Fairclough（1995a）本人借助这一框架进行的分析也表现出很大的随意性和零散性。

其次，Fairclough（1992b，2003a）对话语秩序的要素进行了区分：话语秩序包括语类、话语和风格。但这种区分存在着明显的弊端。话语秩序成分的分类是多变的，Fairclough 本人的区分也前后不一。而且语类、风格等的区分很难决定，没有固定的语类、尤其没有固定的风格和话语的列表可供参考，如何识别语类和话语的构型是一种阐释性的技能，依赖于分析者对相关话语秩序的经验和敏感性，属于哪种类型的确定往往是主观的决定，这就不可避免地携带分析者的分析和策略偏见。在分析中如何尽可能确切地、有说服力地识别文本中的异质性，区分出文本采用了哪些资源成为互文性分析是否有效并具有说服力和操作性的关键问题。而 Fairclough（2002）也承认自己的理论框架存在这样的问题，但在实际分析中没有解决这一问题。

再次，语类互文性在语篇中具体表现为语篇的异质性（heteriogeniety），但 Fairclough 在这个领域没有做出精确的分析，没有提供分析、测算语篇异质性的方法，"Fairclough 指出了一个基本是可以量化的现象，但没有提供对具体语篇的定量分析，没有不同语篇或者语篇类型之间的比较研究，没有定量的历时研究来表明语篇的异质性增加了"（Stubbs，1998：104）。

最后，语类互文性是关于语类的交际事件，这就不可避免地要以语类的研究为基础。然而 Fairclough 对语类的分析却很单薄。

鉴于此，本研究的主要研究目的之一便是提出一个具体的、有较高操作性的综合分析模式，对语类互文性进行系统地描述、分析和解释，揭示语类变化和社会语境、意识形态之间的联系。首先，我们需要考虑构建互文性分析框架的原则。语类互文性的分析是依赖对社会和文化的理解，是依赖分析者经验和判断的阐释艺术（Fairclough，1995b：77），因此往往被质疑阐释得不够客观。互文性分析中，语类的范畴的认定应有文本语言特征的支持。对语类互文性的分析要详尽分析文本中所出现的语类的各个层面的语言特征，揭示其在文本中的具体体现。因此，语类互文性的研究首先要根植于语言之内。其次，语类互文性的研究还要延伸到语言之外。语类互文性是意识形态和社会矛盾的物化形式，是社会文化的变化在语类层面的反映。对语类互文性的分析除了详细的语言学分析之外，还要进行社会文化分析，揭示语类互文性与社会文化变化之间的关系，以及对社会文化环境所造成的影响。此外，互文性是文本的属性。语类互文性的研究强调的是语篇中语类的重新组合或转换的过程和意义，关注的是语篇中语类互文格局发生的变化的体现及其社会意义，仅仅共时研究缺乏足够的说服力。因此，在探究语类互文格局发生的变化时，应从共时和历时两个角度进行考察。

确立了模式构建的原则，接下来我们需要考虑以下问题：（1）如何系统地对语类互文性现象进行分析？分析分为几个方面？每个层面具体分析的内容是什么？（2）如何识别语类，区分出文本中具体采用了哪些语类？（3）如何使语类互文性的分析和解释尽可能地具有说服力？

## 3.2　模式构建的理论工具

在语类互文性的具体分析中，最重要的工作是如何识别文本中不同语类的混合所导致的异质性。这首先涉及如何对语类进行描述的问题。语类是可识别的交际事件（Bhatia，2004：23），具有规约性。每一个场合或活动领域都有其特定的语类类型，有着各自相对固定的语言形式特征和布局结构。这些特征可帮助使用者对不同的语类进行识别。语类分析的研究历史较短，并不是所有的语类都有可供识别的语类特征的研究成果参考，尤其是特定语类的语类结构①的特征的描述（Fairclough，1995b），这是我们判断语类的重要依据之一。为解

---

① Widdowson（1973）将语类的宏观结构称为"修辞结构"（rhetoric structure）；Van Dijk（1988）则称之为"图式结构"（schematic structure）；Bhatia（1993）与 Swales（1990）认为语类的结构是话语社团大多数成员构建和阐释行业文化下的话语的社会认知结构。在分析模式中我们对语类的宏观组织结构的理解采纳 Swales、Bhatia 的阐释，但将语类的组织结构特征称为语类结构（generic structure）。

决上述问题，我们利用 Swales 学派的语类分析方法、Hasan 的语类结构潜势理论来描述、剖析语类，归纳语类的特征。此外，由于影响语篇语类的因素众多，大多数关于语类本质属性的研究都是从某一个角度，以某一种方式进行研究。我们很难对其做出明确的结论性论断，甚至我们在决定某一个语篇是否属于某种语类时都难免有任意之嫌（陈亚萍，2008：Viii）。语类的多面观可解决这一问题。

### 3.2.1 Swales 学派的语类分析观

Swales 学派是语类分析领域研究特殊用途语篇（学术和专业语篇）的流派，主要代表人物是 Swales 和他的学生 Bhatia。Swales 学派认为语类是一组交际事件，具有话语社团成员共享的、能理解和可识别的交际目的。话语社团（discourse community）是 Swales（1990）在《语类分析—学术与科研英语》一书中提出的概念，指的是具有相同学科领域知识及相同的社会目的、社会行为、权利关系、政治利益等的群体。Swales 对语类的分析主要针对语类的修辞组织结构（rhetorical organization of texts），他将语类的规律性结构归纳为"语步"（move），认为语篇主要由语步构成。"语步是在口头或书面话语中表达相互关联的交际功能的话语或修辞结构……它可由单个小句来实现，或者由几个句子来实现。它是功能的、不是形式的单位"（Swales，2004：228）。语步是语类的基本构成部分，同一类语类通常具有相同或大致相同的语步特征。但语步是一个相对宽泛的划分，一个语步又可能由几个不同的步骤（stage）来实现，步骤是语步的次级结构。Bhatia 继承 Swales 语类分析的观点，把语步看作是语篇分析的出发点。Bhatia（1993）也强调从修辞功能的角度划分语步，而不是根据形式单位来划分。

Swales 学派认为交际目的是语境意义的体现，语篇的修辞组织结构是交际目的的体现形式，而语言标记是语篇组织结构的体现形式。这使得他们的语类分析具有层次性。在这关于语类的级阶体系中，交际目的是"识别语类最重要的范畴，决定语类及其图式结构"（Bhatia，1993：12 - 16；Martin，1984：25；Swales，1990：58）。他们认为交际目的在语类中是通过语步来实现的，每个语步表达一定的交际意图，而这些交际意图都服务于语类的整体交际目的。Bhatia

利用语步分析法在学术话语、慈善募捐话语、商务英语、法律英语等领域进行了一系列研究。许多语言学家借鉴他的研究成果对特殊用途语篇的语类结构进行了研究，如演讲引言、文章和毕业论文结论部分、求职信、司法文件、医学科研论文等。这种语类分析方法的优势在于它不仅可以揭示具体话语社团的成员如何构建、阐释语类以实现自己的交际目的，同时还可以使我们对语篇的生成结构和特征有着清楚地把握。我们将在构建的分析模式的文本分析层面运用语步分析方法对语类的结构特征进行考察。

Swales 学派的语类研究既注重语类的规约性，同时又注重语类的革新性，尤其 Bhatia 在这个方面有着较深入的探讨。Bhatia 认为，语类是在具体的学术、社会、机构和行业语境下由社会建构、阐释和使用的，并拥有其各自的身份（Bhatia，2004：87）。语类是在规约化的交际背景下为了实现一定交际目的的语言使用。语类具有相对稳定的结构形式，对词汇语法的运用以及话语资源都有一定的约束。人们总是根据这些规约化的特征对语类进行识别。但语类的规约化特征只是相对稳定，并不是一成不变的。语类是根据使用条件进行操控的、具有内在动态性的修辞结构，并总是处于稳定和变化之间的张力地带。Bhatia 认为语类领域的专家有时会凭借其经验以及与行业社团（professional community）的长期联系，创造性地操纵或征用语类资源以应对修辞语境的变化或者实现个人意图。换句话说，语类具有各自典型的社会公认的交际目的，但有时话语社团的专家成员会利用语类规约在典型的社会公认的交际目的的语境中表达个人的意图，而这一意图实现的手段便是征用一种具体语类的语类资源来构建另一种语类。征用的资源可包括词汇、语法、修辞、话语或其他语类规约。语类资源的征用导致语类的混合或者杂合，导致一种语类的整体性被另一种语类殖民，出现创新性的语类形式。这种"语类征用的趋势在所有的学术和行业话语领域正变得日益普遍"（Bhatia，2004：87）。因此，语类不仅具有规约性，而且具有动态性，而这种动态性主要体现在语类资源之间的相互征用，也就是说语类的动态性往往体现在语类的互文性上。

Bhatia 把语类的征用或互文看作是语类的动态性和多样性的表现，以及人们利用语类规约创造新的话语形式，对激烈多变的修辞语境（rhetoric situation）做出反应的结果。他强调现实世界中的话语十分复杂，语类不仅具有一定的整体性，同时又呈现出动态性和多变性的特征。这些特征会在语类的词汇语法和语类结构上得到体现。Bhatia（2004）指出语类的分析和识别要综合文本内和文本外两方面的知识：既要对语类的语言使用包括词汇语法、修辞和组织特征进行分析，同时还要对话语社团的目的以及更广泛的机构和学科语境以及文化语境进行分析。文本内的因素分析主要是根据形式和功能之间的相互对应关系，但是二者之间并不存在一对一的对应关系。一种语言形式可能会具有几种语类价值，一种语类价值也可通过几种不同的句法形式实现。例如，在广告、学术科技类语类以及司法文书语类中都存在大量名词和名词短语的使用，但是在名词和名词短语在这三类语类中的分布和语类价值却各不相同（参见 Bhatia，1992b，1993）。每一种语言形式都表达某种具体的语类价值，但确定某种语言特征的语类价值的方式必须参照文本外的因素。文本外因素指的是与语类相关的行业和社团语境，以及社会文化语境。同样，根据文本外的因素得出的结论也需参照文本内的因素进行确立。Bhatia 关于语类识别和语类分析的这种观点对我们分析语类混合中的不同语类形式以及确立这些形式的语类价值提供了启示。也就是说，确立语类中语言形式的语类价值不仅要分析文本中的语言形式特征，而且要参照文本外的语境因素进行分析或解释。同时我们可以看出，Bhatia 强调语类分析文本内因素和文本外因素相结合的思想与 Fairclough 的话语分析思想或者说话语类型互文性分析思想是一致的。

### 3.2.2　Hasan 的语类结构潜势理论

语类结构潜势（generic structure potential，简称 GSP）是系统功能语言学家 Hasan（1985）提出的研究语篇语义结构的理论。语类结构潜势是指同一类语类语篇结构的潜势。Hasan 认为，同一类语类的结构都是从这类语类的结构潜势中选择的结果。也就是说，语类结构潜势是从若干个个体语篇中高度概括出来的具有规律性的抽象模式，它描述的是一类语类中所有可能的语篇结构。Hasan 认为，语类结构潜势包括必要成分（obligatory elements）和非必要成分（optional elements），而且这些成分结构遵循一定的次序。语类结构潜势决定：（1）什么成分一定出现；（2）什么成分可能出现；（3）它们一定出现在什么地方；（4）它们可能出现在什么地方；（5）它们出现的概率有多大（Halliday & Hasan，

1985：56）。语篇语类的类型是由潜势中的必要成分决定的，非必要成分则是导致同一类语类变异的因素。语篇的语类结构潜势实际是某一类语类的所有必要成分和可选成分的结构表达式。另外，Hasan 认为，语篇的语类结构是从语义的角度进行确立的。语类结构成分的确定不等同于任何语法单位，对于语类结构的划分不能以任何形式为依据，而要根据意义进行分析。这与 Swales 学派对语步结构的理解是一致的。

Hasan 的语类结构潜势理论"创立了描述所有语篇语类结构的元语言"（Hasan，1996：55），她把语类的必要成分和非必要成分区分开来，为语类的识别确定了标准，同时也为语类的变化提供了理论上的依据，她提出的 GSP 模式对于归纳语类的结构具有一定的普遍使用价值，为后来学者对语类结构进行深入研究奠定了基础。Hasan 的研究表明，同属于一类语类的语篇都是某个已经存在的 GSP 的可能实现。但是 Hasan 的语类结构潜势理论也存在着不足。在现实生活中我们会发现许多语类的结构的必要成分的次序并不是严格不变的，有时一些必要成分甚至会缺失。Paltridge（1997）利用 Hasan 的语类结构潜势理论分析了论文引言部分的组成成分，发现只有两个成分为必要成分，而且成分的次序也十分灵活。Ventola（1988，引自张德禄，2002b：340）也指出，Hasan 的语类分析框架是线性的，而线性框架所规定的成分顺序似乎不总是和实际语篇的顺序相符合。本研究借鉴语类结构潜势将结构分为必要成分和非必要成分的合理内核，但不认同成分结构次序不能改变的观点。在语类（定量）分析时我们可将 Bhatia 的语步分析法和 Hasan 的语类结构潜势理论结合起来描述、归纳一类语类的结构特征。

Hasan 的理论中另一个重要的概念便是语境配置（contextural configuration）。在关于语境配置概念的论述中，Hasan（1985）认为语域决定语类。她认为一个刻度的话语范围、话语基调和话语方式的综合就是一个语境构型。而语域则是通常和某个由话语基调、话语范围和话语方式组成的情景构型相联系的意义构型（Halliday & Hasan，1985：38）。语境构型决定一个语类的结构潜势。它可以预测语篇的必要成分或可选成分，以及成分出现的顺序和次数。同样，语域对语类具有决定作用。而同是系统功能语言学家的 Martin 则持相反观点，认为语域是语类的实现形式，决定语类的是更高层次的意识形态和社会文化语境

（Martin，2004）。本研究在这一点上认同 Martin 的观点。

### 3.2.3　语类的多面观

　　语类是复杂的交际事件，影响语类的因素也多种多样。大多数关于语类本质属性的研究都是从某个角度，以某种方式进行研究。近年来，越来越多的语言学家发现，将语类简单地看作是由"一系列步骤组成的框架"有些偏颇。语类不仅仅是简单的由语步组成的结构，还具有其他重要的特性（particularities）。现实世界中的语类比教科书中的理想模式复杂地多，充满了多变性、不可预测性，从单一的角度往往很难得出结论性的论断。Henry & Roseberry（1997）指出，尽管语类结构、交际目的在语类定义中起到主导地位，其他因素，语言上的限制，甚至活动参与者都对语类的界定起着一定的作用。Kress（1989）、Kress & Threadgold（1988）则指出，语类与"话语"具有非常密切的关系，特定的语类总是与特定"话语"相联系。Scollon（2000b）在分析语类时考虑了语类的八个特征，包括标题、位置、结构框架、口吻、视角、引用、是否使用程式性的语言表达方式、词汇特点。但 Scollon 没有对这些特征进行层次上的划分。Bakhtin 也坚持认为语类不仅仅包括单一的结构框架，风格、话语等都是语类的不同方面（facet），这些方面共同构成了语类这个复杂的聚合体。这种语类的多面观为我们研究语类的（生成）机制或内部组成机制提供了启示。

　　Bakhtin 指出，语类与风格、话语、结构密不可分。"语言的使用是在人类某一活动领域中单个而具体的表述形式中实现的，这些表述不仅以自身的内容（话题内容），不仅以语言风格，即对词汇、句子和语法等语言手段的选择，而且首先以自身的布局结构来反映每一活动领域的特殊条件和目的。所有这三个因素—话题内容、风格和布局结构—不可分割地结合在表述的整体中，并且都同样地为该交际领域的特点所决定"（巴赫金，1998，第 4 卷：140）。Bakhtin 句中所说的话题内容与 Fairclough 所说的"话语"（内容，主题）基本相同。他认为表达一定主题和内容的话语是语类不可或缺的特性，一定的语类总是由一定的话语构成。

　　Bakhtin 尤其强调语类与风格的不可分割，认为风格也是语类的一个因素。Bakhtin 说到，"任何风格都与表述的典型形式即言语语类之间存在着有机而不可分割的联系，每一领域都拥有和使用符合该领域特殊条件的自己的语类；与这些语类相适应，也就有特定的风格。风格与一定的题材统一体相联系，尤为重要的是与一定的布局结构的统一体相联系，即与整体构建的一定类型、完成整体的一定类型、说者与其他言语交际者（听众或读者、伙伴、他人言语等等）的一定关系类型相联系。风格作为一个因素进入表述的语类统一体中"（巴赫金，1998，第 4 卷：145）。Bakhtin 认为，风格主要取决于语类的参与者之间的关系。任何一个表述都充满了对话性。表述是特定言语交际链条中的一环。每一个表述都是对先前表述的应答，又都是与言语交际的后续环节相联系。表述是为他人而构建的，并从一开始就考虑受话者的反应，期待着受话者的应答。语类是表述的典型形式，因此语类的构建也总是考虑受话者的反应，同时也有自己对受话者的见解，这些都决定着语类的风格特征。Bakhtin 是这样阐述语类的发话者（作者）和受话者之间的关系的："当我说话时，我总要考虑到受话人接受我的言语的统觉背景……因为这一切将决定他对我的表述的积极的应答性理解。这种考虑将决定选择什么样的表述语类，什么样的布局手法，什么样的语言手段，亦即决定表述的风格"（巴赫金，1998，第 4 卷：182）。Bakhtin 认为，一切表述中都存在对听者和对他人言语的态度，这是风格形成的极其重要的因素，无视说者对他人及其表述的态度，就不可能理解言语语类和言语。哪里有语类，哪里就有风格。

从巴氏的表述中，我们可以看出，风格是语类的重要属性，风格主要涉及语类的人际意义，在语类中由具体的语言表达手段体现。语类的另外两个特征便是布局结构（语类的结构特征）和话语，三者都是语类不可缺少的要素。

受 Bakhtin 的影响，Fairclough 也认为语类是一个复杂的多面聚合体。Fairclough（1995a）认为语类是与社会活动的具体类型相关的，已被社会所认可的语言使用的方式。这种语言使用的方式不仅仅是将文本分为不同步骤（stage）的方式，而且还具有"话语"（dicourses）、声音（voice）、风格（style）、语式（mode）、文本—语境等特性。活动类型、声音、风格、语式都是语类的不同方面（Fairclough，1995a：14）。"活动类型"是 Fairclough 借用 Levison（1979）的术语，指的是语类由具体的步骤组成的图式化结构，也就是语类的组织结构类型。在语类的分析中，活动类型通常以语类的结构和参与者来界定和描述。例如，商店购物这一活动涉及顾客和售货员两个主体的一系列的活动：顾客进入商店；售货员问候顾客并询问需要购买需求；顾客提出购买要求；售货员给予回应；顾客致谢；售货员报价；顾客付钱；售货员找零；顾客售货员互相致谢；再见。从上述例子可以看出，活动类型规定的是一系列选择或可能性，而不是严格固定的模式。这使我们联想到上文中的 Hasan 的语类结构潜势理论。Hasan 的语类结构潜势理论正是归纳确立活动类型的可行工具。

语言学领域中传统语类的研究大多强调活动类型，语类一词也经常被用来指活动类型。但 Fairclough 指出活动类型只是语类最重要的特性之一，除活动类型之外，语类还包含其他方面。"语式"是文本谋篇（textualization）的形式，如，文本是书面文本还是口头文本。"话语"（可用作复数的话语）是指从某一具体视角意指（signify）社会实践具体领域的方式，大致相当于传统上分析语篇时所说的"内容"（content）、"主题"（topic）、"概念意义"（ideational meaning）、"主要事件"（subject matter）等。话语是构建主题的特定方式，话语强调具体的知识领域和构建方式，如科技医疗话语是从科技视角对医学知识领域的构建。"声音"是借用 Bakhtin 的术语，指谁是文本中的参与者，以及参与者是如何被构建的，即参与者的身份问题。Fairclough（2003a）区分了两种身份：社会身份和个人身份或个性。社会身份一部分是由天生的环境决定的，一部分则是在社会化的环境中逐步形成的（如工作身份或社会角色）。个体身份充分展示个人的爱好、情感、信仰和价值观，它们和社会角色一起构建一个完整的社会身份（李发根，2008：59）。语类构建的通常是参与者的社会身份。声音与风格有着密切的联系。Fairclough 提出风格含有语旨、语式和修辞语式三个参数，会随着这三个参数的变化而变化。首先，风格会根据语旨，也就是交际中的参与者之间的关系发生变化。我们可以区分出正式、非正式、亲密或随便的风格。风格也会随语式发生变化。根据文本是口语式的或书面式的我们可以区分出口语式的和书面式的风格。风格也会因修辞语式不同而不同，我们可以区分出论证式的风格、描述式的风格和说明式的风格。

Fairclough 指出了语类作为多面体的特性，为详细剖析语类这一话语实践提供了参照点。然而 Fairclough 在不同的著作中对语类的相关范畴的理解和表述上有些混乱，而且前后表述不一。Fairclough 在 1992 年发表的 Intertextuality in Critical Discourse Analysis 一文中认为，语类与话语、风格、活动类型，声音、（显性）互文性方式密切相关。而在 *Language and Social Change* 的著作中，Fairclough（1992b：124）又指出，语类涉及风格（语旨、语式、修辞方式）、话语、语域等要素，其中对语域只是提到，并没有详细谈及。后来在 1995 年出版的 *Media Discourse* 一书中，Fairclough（1995b：77）又把活动类型、风格、语式、声音（个体或集体的身份）看作语类的不同方面。另外，从上文的表述中我们可以看出，Fairclough 所说的声音与风格有密切关系，分析内容有重合的地方。声音所涉及的参与者以及参与者的身份问题不可避免地要跟风格的主要内容相重合，风格中参与者之间的关系涉及到参与者的身份问题，语式、修辞语式也会关联到声音中参与者的主体位置。因为身份总是在与他人的关系中确立的。对于语式和风格，Fairclough 时而把语式与风格并列提及，都看作是语类的特性，时而又把语式看作是风格的体现形式和参数。鉴于此，我们对语类多面观的多个方面进行了尝试性修正：用"主体位置"（参与者在文本中的位置）来代替声音中对参与者的研究，用"人际风格"（参与者之间的关系）来代替风格。主体位置主要关系到文本中的参与者和参与者在文本中所处的位置，语式和修辞语式的参数都关系到主体位置的构建，另外语气也对参与者在文本中的主体位置起到决定作用。人际风格是指参与者之间的关系，由文本中的语旨参数来实现。主体位置和人际风格是相辅相成的，二者都最后指向参与者身份的构建。

此外，Fairclough 忽略了语类另一个非常重要的范畴—交际目的。语类的交际目的是语类的重要特征。陈望道先生（2006：6）在《修辞学发凡》中写道："写说本是一种社会现象，一种写说者同听读者的社会生活上情意交流的现象。从头就以传达给读听者为目的，也以影响读听者为任务的。对于读听者的理解、感受乃至共鸣的可能性，从来就不能不顾到"。可以说，所有的文本从广义上来说都暗含或趋向于对话，持有一定的交际意图，任何作者都期待读者对文本产生回应。同样，任何语类都具有强烈的针对性和意向性。言语行为理论的语言哲学观也认为，每一个话语都可被视为是说话人要达到某一目的意图，即每一个言语行为都体现了说话人的意图。与单个的句子、段落相比，语类是一种宏观的言语行为，也必然具有其整体的交际意图或目的。语类领域的许多研究都关注语类的交际目的。20 世纪 80 年代初期，Miller（1984）的研究将语类视为"典型的社会行为"，即人们使用语类来做事，这些行为通过在重复的环境中一再出现而典型化，并认为确定语类最重要的因素是社会目的。Biber（1988）也认为外部的、非语言标准的交际目的是语类的主要界定方法，这种观点被许多学者视为当前普遍被接受的看法。上文中我们介绍过的 Swales（1990）、Bhatia（1993）的研究更是这一类研究的典型代表。Swales 把交际目的看作是语类的首要特征，是界定语类的标准。他们认为，"语类包括一组交际事件，在交际事件中，交际成员共享某种交际目的，这些目的只能被原话语社团的专家成员所辨认，因而构成语类存在的基本理据"（Swales，1990：58）。虽然交际目的不一定是界定语类的唯一标准，但许多语言学家达成共识，认为交际目的对语类类型起决定作用，共享的交际目的是一类语类的基本标准特征。因此语类的分析不可忽略交际目的的分析，交际目的是语类的重要属性，构成语类的一个方面。正如 Medway 所说，语类是一种社会认知性"修辞行为模式"，因此，"只从篇章模式、句法和词汇特征或论证结构等来界定语类是不够的，还应通过分析语类行为的社会认知性动机来识别语类"（Medway，2002：123）。

在以上研究和讨论的基础上，我们根据研究目的修正了语类的多面观，重新界定语类的范畴。综合上述关于语类的观点，我们将活动类型、话语（可作为复数形式的话语）确定为语类的两个范畴，同时增加了交际目的这一范畴。根据上文对 Fairclough 语类多面观的讨论，摒弃了"风格""声音"这两个术语，用"主体位置""人际风格"取而代之。主体位置是指文本参与者在文本中被设定的位置（可通过语式、修辞语式来实现）。人际风格则是指文本参与者之间关系。这样属于语类的不同范畴分别为：活动类型、话语、主体位置、人际风格、交际目的。这些范畴都是语类的特性，又是界定语类的重要因素。当然这些范畴的地位并不是同等的，其中交际目的和活动类型是语类最重要的范畴和区别特征。我们把这五个范畴既看作是语类的不同属性，同时又是语类这个多面聚合体的不同方面。它们之间的关系如图 3.1 所示：

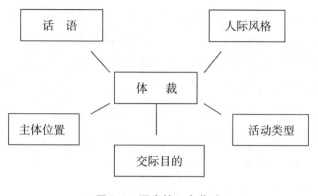

**图 3.1　语类的五个范畴**

## 3.3　语类互文性批评分析模式的构建

本研究要构建的语类互文性分析模式是批评性的模式，是在理论基础之上，整合并发展批评话语分析和语类分析的理论工具构建的模式。模式要解决的问题在于：充分体现批评性分析的内涵，揭示语类互文性所导致的语类变化的形式特征与社会文化语境之间的联系。也就是说，构建的模式既要详细地描述语类互文性的语言学特征，又要阐释语类互文性的内部生成机制，并为这些特征和机制提供社会学的解释。语类互文性分析的对象不是规约化的语类，而是动态、杂合的语类。对于动态的语类，首先我们要面临如何分析描述语类的问题。此外，还要考虑如何识别不同语类杂合的问题。最后，要对语类互文性现象进行解释。

本研究要构建的模式以批评为取向，Fairclough 关于话语分析的批评模式给我们提供了借鉴。Fairclough 早期的话语分析模式以权力、意识形态为分析目标。在 *Language and Power* 一书中，Fairclough 指出，语言不是透明的中介，它具有意识形态的性质，是表达意识形态和权力的工具。语言、权力和意识形态之间的关系是隐含的，话语分析的主要目的应该是使语言、权力、意识形态之间的关系透明化，揭示社会关系体系中隐藏的决定因素以及它们对体系的隐含影响。在这种话语观的影响下，Fairclough 把文本、交际、社会语境看作是话语的三大要素。依据三大要素，将话语分析相应地分为三个维度：对文本的描述

（description）、对文本和交际之间关系的阐释（interpretation），对交际和社会语境之间关系的解释（explaination）。这也正是国内许多学者引述颇多的 Fairclough 的"三维分析法"。在这一模式中，文本的描述是一切分析的出发点，具体的分析在词汇、语法、文本结构三大方面展开，每一个方面又从经验价值、关系价值、表达（含义）价值三个角度进行分析。阐释层面关注话语的生产和阐释过程以及它们对常识性假设的依赖，是描述和解释层面的中介。解释层面则关注话语与斗争过程和权力之间的关系。Fairclough 这一话语分析模式勾勒了话语和社会语境之间的关系，强调任何的话语分析都离不开对社会语境的解读。虽然此后的分析模式有了较多的变化，但始终没有脱离这一基本论点。进入成熟期后，Fairclough（1992b，1995b）对早期的三维分析法进行了修正，分析目标也从权力与意识形态转向了话语与社会变化。他认为话语和社会结构之间的关系是辩证的，一方面话语是社会的一部分，社会结构决定话语的变化，话语的变化是社会和文化的变化在话语层面的反应。另一方面，话语对社会文化的变化产生影响，有助于社会的发展和变化。Fairclough 把他的批评话语分析的方法看作是"研究社会变化的方法"（Fairclough，1992b：1），并认为批评话语分析应该关注一个具体时期话语的社会秩序的变化，关注在社会变化的开始、发展和巩固的过程中话语所扮演的角色或所起的作用，揭示现代社会中特定社会趋势和特定话语秩序之间的关系。Fairclough（1992b，1995b）以早期的分析框架为基础提出了分析话语变化的模式。也就是我们在上一章中介绍的模式。在新的模式中，他把任何"话语事件"看作是一个文本、一个话语实践的例子、一个社会实践的实例。话语分析也相应地在三个向度上展开：文本、话语实践、社会实践。文本向度是对文本内容和形式的语言学分析主要分析词汇、语法、语义等项目。话语实践分析注重文本生产者如何利用已有的话语和语类来创作文本，以及文本接受者如何运用已有的话语和语类知识来消费、解读文本。社会实践向度关注社会分析，将话语置于意识形态关系中，分析话语实践是否再生产或重新建构已有的话语秩序，以及其对于社会实践产生了什么后果，揭示意识形态和霸权以各种方式对话语的介入和话语对意识形态和霸权的维护、批判和重构作用。

　　Fairclough 以上关于描述、阐释、解释以及更为具体的文本、话语实践、社会实践的模式虽然是框架式的，但对以批评为取向的话语分析是普遍适用的。语言是一种社会现象，无论人们如何使用语言，其使用语言的方式都是由社会决定的。同时，社会现象也是语言现象，语言活动都是在社会语境中进行的，它不仅是社会过程和实践的反映或者表达，也是这些过程和实践的一部分。而这一切并不是显而易见的，需要通过分析进行揭示。借鉴 Fairclough 分析话语的三维式思路，我们将语类这一语言现象分为三个层面来理解：语类作为文本、语类作为话语实践、语类作为社会实践。语类的分析也相应地在上述三个层面展开：

语类作为文本是对文本内容和形式的符号学分析。需要指出的是，"文本"在这里是一个广义的概念，既可以指任何语言使用的实例，也可以指含有视觉图像和声音效果多种符号模式的语篇。对语类的分析首先必须以详细的语言学分析为出发点，对语类的阐释和解释应该有具体的语言学特征来支持。但文本分析还应包括非语言符号的分析。现代社会人们越来越多地采用多种符号编码来生成文本，并对语类的形式产生影响。图像、图表、颜色等符号在文本中同样携带意义，也是文本分析不可缺少的内容。语类作为话语实践，剖析语类作为一种话语实践是如何生成的，考察语类生产者如何利用已有的语类资源来创作文本（采用哪些语类？是常规性的方式还是创造性的方式？各个范畴是同质的还是异质的？）语类作为话语实践的分析实际也就是语类互文性的分析。语类作为社会实践是对语类进行社会分析。正如我们在前文中引用 Bakhtin 的话语一样，"所有的词语，无不散发着职业、语类、流派、党派、特定作品、特定人物、某一代人、某种年龄、某日某时等等的气味。每一个词都散发着它那紧张的社会生活所处的语境的气味；所有的词语和形式，全充满了各种意向"（巴赫金，1998，第 3 卷：74）。在语言的自身中研究语言，忽视它的身外的指向，是没有任何意义的。对语类的研究必须指向语类身后蕴含的社会意义，以及由此产生的后果。因此，在语类的分析中要将语类置于社会文化的大语境之中，分析语类形成的社会条件以及其对于社会产生了什么样的影响。

归纳起来，语类互文性批评分析模式的具体分析向度为：语类的符号学分析、语类的互文性分析、语类的社会分析。符号学分析是对语类的语言学实现形式的描述；互文性分析是对语类的阐释，在符号学分析的基础上阐释语类的各个范畴和不同特性，判断文本是由哪些语类、以什么方式结合而成；社会分析是对语类现象的社会学解释。该模式的三个向度是相互呼应、密切相关的。符号学分析是互文性分析的依据，社会分析又是在符号学分析和互文性分析的基础上进行的。互文性分析是连接二者的中介。三者之间的关系可如下图所示：

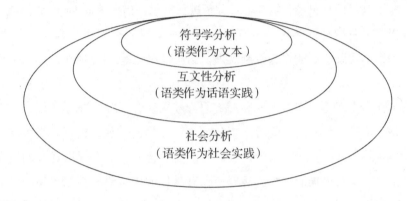

**图 3.2　互文性分析模式**

　　确定了分析的层面，下一步需要解决的问题便是确定每一层面具体分析的内容：

　　（1）符号学分析层面的内容：这一层面包括关于语类的语言学分析和非语言符号分析。Bhatia（1993）把语类的语言学分析分为词汇语法、语篇模式或语篇化（textualization）、语类修辞结构三个方面，后来又将语类的语言学分析分为词汇、语法、修辞的、话语的层面。这种划分似乎有点混乱。目前接触的其他关于语类语言特征的分析也都比较零散。我们将语类的语言学分析向度分为宏观和微观两个层面。微观分析涵盖语类的词汇语法、修辞资源特征；修辞资源在这里是狭义上的修辞，是指语篇谋篇布局所使用的方式、方法和技巧。宏观分析是指语类结构特征分析。语类结构主要通过语步/步骤的分析来描述。语步/步骤结构是不同语类的"区别性特征"（Bhatia，1993，2004）。但是由于语类的动态性以及语类互文性自身的特点，具体语类的结构会具有灵活性，语步在现实语类中是动态并韵律性地实现。在实际分析中，我们可以利用语步分析方法和 Hasan 的语类结构潜势理论归纳出目标语类的语步结构特征，并根据已有语类研究成果判断出目标语类中是否含有其他语类的"必要性、原型性"结构成分。以上对于语言学分析内容的划分也只是大致的划分，不是规定性的，具体分析时应根据分析文本的特征灵活地取舍或增加分析选项。这一层面的非语言符号分析通常可包括对文本中出现的图像、图表、动画、编排、颜色等多种符号编码的分析。

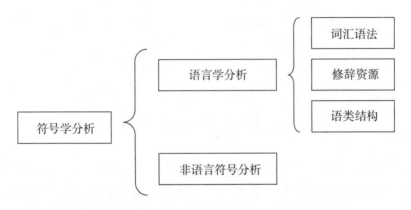

**图 3.3　语类互文性批评分析模式的语言学分析向度**

（2）互文性分析层面的内容：语类互文性分析的目的是阐明文本内互相混合的语类及其生成机制。所谓"机制"是指功能不同的构件相互配合为实现特定目的而组成的系统或程序（引自杨汝福，2008）。语类互文性的生成机制指的是语类在生成的过程中其不同的成分（方面）共同组合构成的格局（同质还是异质，由哪些语类构成）。符号学分析为互文性分析提供了依据，互文性分析是对这些依据提供阐释。也就是说，互文性分析是在符号学分析的基础上进行的，是阐释阶段的分析。这一层面分析的主要内容是分析文本由哪些语类混合而成，又是以什么方式混合而成，即判断结合的方式是常规性的还是创造性的？为实现这一目标，我们运用经过修正了的语类多面观，通过分析语类的五个方面：活动类型、话语、人际风格、主体位置、交际目的来阐释语类（语类互文）的生成机制，判断目标语类的各个范畴是同质的还是异质的，通过五个范畴的综合参数，在符号学分析的基础上判断文本中混合了哪些语类（如图 3.4 所示）。而文本语类互文的方式是常规性的还是创造性的判断则需要历时对比分析进行判定，仅仅依靠共时研究缺乏说服力。

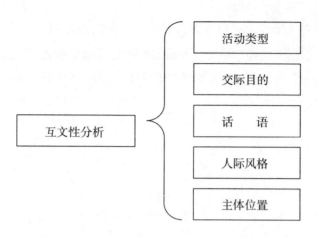

**图 3.4　语类互文性批评分析模式的互文性分析向度**

由于没有固定的语类和话语以及其他范畴的名单可供参考，也没有自主的程序来判断哪些语类在文本中发挥作用，互文性的分析更多是依赖对社会和文化的理解，是依赖分析者经验和判断的阐释艺术，因此往往被质疑阐释得不够客观（Fairclough，1995b：77）。最令人满意的互文性分析中，语类的各范畴的认定都应有文本中所出现的语言特征的支持。因此，框架中语类的各个范畴的分析都与相应的语言学分析项目或非语言符号分析相对应。也就是说，语类的符号学分析层面和语类的互文性分析层面是互相呼应的，互文性分析是在符号学分析的基础上进行的。每一个范畴的分析都有所依据的语言学分析选项或非语言符号分析。"话语"作为表征世界的方式可从不同的抽象层面上进行识别和区分。一般说来，话语最明显的区分特征是词汇的特征，即话语"词化"（lexicalize）世界的具体方式。此外，话语也可以通过词汇之间的语义关系、分类、词汇搭配、预设等方面并结合表征主题和视角进行区分（Fairclough，2003a：133）。识别话语的另一语言手段是隐喻。通过语篇中隐喻的分析可以判断语篇运用了什么样的话语以及表征世界的视角。"活动类型"是由语步组成的图式化结构，与文本分析中的宏观语类结构分析相对应。"交际目的"的主要语言实现方式也是语步结构。虽然语类以交际目的为划分标准引起诸多争议，但交际目的主要通过语步结构来实现却得到语言学家们的认可。"人际风格"实际是语类的人际意义。语篇的人际意义的实现是韵律性的，实现人际意义的资源形式多种多样，可以出现在语篇中的任何地方。情态是人际意义的主要成分，评价在人际意义中具有更重要的地位，是人际意义的另一个主要成分（李战子，2002）。因此，人际风格可由情态和评价来体现。情态是涉及说者或作者与表征之间关系的范畴。作者对表征做出的承诺是作者身份的重要部分（Fairclough，2003a：166）。话语中的评价性意义资源实现人际话语语义网络（Martin & White，2005：208）。评价涉及好与坏的评判。作者在文本中的表态、对事物的态度也是构建人际意义非常重要的一个方面。人际风格还可以通过其他一系列的语言特征体现出来，如发音、音调等语音特征；词汇（强语势副词（intensifying adverbials））、结构、隐喻等句法特征。"主体位置"在语类中主要由修辞语式和语式来决定或体现。语式由交际渠道（channel）和交际媒介（medium）组成。Hasan 把交际渠道分为语音的和文字的两类，把交际媒介区分成口头的和书面的（Halliday & Hasan，1989：58）。语音的交际渠道结合口头的交际媒介或者文字的交际渠道结合书面的交际媒介属于无标记语式。但由于社会活动的特定性以及不同的参与者之间的社会关系，交际渠道与交际方式的结合呈现多样性和复杂性，便构成了有标记语式。文本中的主体位置会因为语式而受到限制。修辞语式包括论证、说明、介绍和描述等。主体位置会随着修辞语式的不同而不同。

在此，需要说明的是，符号学分析向度可分析选项众多，具体范畴依据哪个或哪些分析项做出阐释要视具体的文本特征以及分析者的研究目的而定，它们之间不是固定对应的。另外，分析项是无法穷尽的，分析者一般只选择最重要、最突出的语言和结构特征进行分析。

（3）语类的社会分析层面：这一层面是把语类看作社会实践来解释。把语言看作社会实践首先意味着语言是一种行为方式（Austin，1962；Levinson，1983），能产生行为效果；其次，意味着语言是特定社会和历史情境中的行为方式，与社会语境中的其他层面处于辩证相关的关系，即语类会受到社会结构、意识形态乃至整个社会文化背景的影响和控制，反过来又会影响或构建社会语境。语篇对社会的这种反作用在于"语篇一旦形成，即可成为参与社会实践的一种力量，成为构建社会事实的知识力量，并在一定程度上影响并可能成为新的权力关系和意识形态（田海龙，2009：118）。因此，我们把语类的社会分析分为社会语境分析和社会效果分析。社会语境分析分为机构语境分析和社会文化语境分析，主要关注导致具体语类出现和持续存在的权力关系（出现的原因）。社会效果分析主要指语类变化对社会产生的影响的分析，关注语类的出现和存在所产生的意识形态效果（建构的效果）。

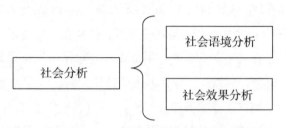

**图3.5　语类互文性批评分析模式的社会分析向度**

　　确立了分析的层面和每一层面具体分析的内容，语类互文性的批评模式仍不完善。"语言问题的历史变化总是和话语语类的变化不可分割的。在文学语言系统中，这些文体的比例和相互关系总是变化的……为了发现这些系统的复杂的历史动态特征，从简单的文体描述（……）向从历时角度解释这些变化过渡，我们一定要发展一种直接、清晰和灵活地反映社会中的所有这些变化的、特殊的话语语类史"（巴赫金，引自张德禄，2002：18）。语类互文性研究的实质是语类变化的研究。共时研究只是静态的分析、描述和解释。由于互文性自身无法溯源，要揭示语篇中是否出现语类的混合，考察语类的变化仅仅依靠共时分析缺乏足够的说服力，且无法对变化进行量化。因此，需要从不同层面对语类进行历时的对比，揭示语类的动态变化，探寻语类变化的轨迹。也就是说，以语类互文性为视角的语类分析不仅要进行共时分析，而且从历史的角度进行历时对比分析。共时分析是为了详细剖析语类变化的体现、变化机制以及与社会语境之间的联系。历时分析则是为了更好地印证共时分析的结果，分析者可从不同层面测算语类变化所产生的异质性（如利用定量方法），揭示语类在不同历史阶段发生的变化及其特征，通过对比得出的结论有助于进一步验证语类互文性或语类互文格局的历史性，揭示语类的变化与社会文化语境之间的关系。这样共时分析和历时分析的两种结果相互检验，相互印证，使分析更系统而具有说服力。需要说明的是：进行历时研究时，分析者应选择社会变化显著的几个重要时期，然后选择这些不同时期的某种机构语境下的样本分别进行历时对比，考察不同时期的语类的显著特征。

此外，分析模式的三个层面在具体分析中不一定是界限分明的，在实际分析中符号学分析、互文性分析和社会分析可融合在一起，也可单独分层次分析。在分析模式中历时分析贯穿上述三个向度，实际分析中分析重点可根据研究目的和语料的性质有选择性地侧重。这样语类互文性的批评性分析模式可由下图表示：

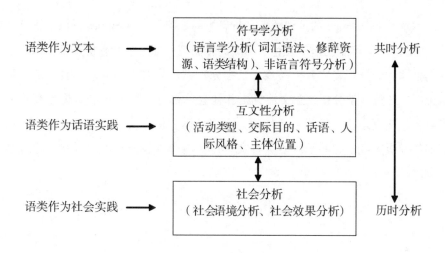

**图3.6 语类互文性批评分析模式**

语类互文性批评分析模式将批评话语分析、语类分析等众多理论有机整合起来，吸取了众家之长，克服了众家之短，能对语类进行综合的、更为厚实的描写和分析。批评话语分析长于语类的社会分析，但弱于语类的细致剖析；语类分析长于语类结构的刻画，但弱于对语类的批评性分析。本模式吸收二者之长，将语言学因素和社会学因素结合起来，从内外两方面对语类进行动态分析。不仅从实践的角度对语言学特征进行详细的描述，而且从更广的社会文化的角度对语类的具体运用进行解释。三维的框架既分析语类的形式、又分析语类的生成，还分析社会文化语境对语类的影响以及语类对社会的反作用。此外，批评模式将非语言符号纳入语类分析的范畴，顺应了社会发展的需要，使语类的分析更加全面。当然，需要指出的是，语类研究作为走出语法"领地"、对语篇整体进行"摸索"的新的研究领域，还没有像语法研究那样有比较系统、一致、彻底、经济的研究原则和方法（张德禄，2002b：344），本研究提出的分析模式也只是一种尝试。

## 3.4　本章小结

本章在 Fairclough 的批评话语分析思想的基础上，将 Swales 学派的语类分析观、Hasan 的语类结构潜势理论、语类的多面观的理论精髓有机整合，构建了三维的批评性语类互文性分析模式。三维分析模式从宏观和微观、共时维度和历时维度，从符号学分析、互文性分析和社会分析三个层面对语类进行细致剖析和解释。该模式以"批评"为取向，力图具体、具有较高操作性，指出了每个层面的分析内容，有助于对语类互文性这一语言现象作全面、系统、相对厚实的刻画。

# 第 4 章

# 前言语类商品化的定性分析

## 4.1　当代社会的话语商品化趋势

话语秩序是社会秩序在话语层面的体现，体现着社会的主流经济和文化特征。现代社会中一些话语类型的表现非常突出，代表着现有合法化的意识形态，并侵殖了许多其他机构的话语秩序，批评话语分析称之为"话语殖民"（colonization of discourse）。话语殖民的目的是为了改变被殖民领域的话语实践以及社会文化实践。话语实践的改变意味着被殖民领域的人们改变了其言说和写作的方式；社会文化实践的改变意味着与该领域相关的内在思想或意义体系发生变化，以至于新的言说方式逐渐被看作是"常识"（Fairclough，1992b）。

批评话语分析对话语殖民的理解实际是受到 Habermas 的影响。Habermas 对现代话语进行过动态的、历史性的分析。他指出，现代社会的突出特点是公共领域对生活领域的干预有不断扩大、加强的趋势，"各种形式的经济和行政理性化渗透到那些抵制金钱和权力控制的行为领域，这些领域专门从事文化的传播、社会的统一和谐以及儿童的教育培养，它们始终依赖相互理解作为协调行为的机制"（哈贝马斯，1984：330）。Habermas 将这种趋势表述为国家和经济制度对生活领域的殖民化。Habermas 所说的"生活领域"指的是言语交流的语境，它"处在每一位参与交流的人的背后并支撑理解过程"（哈贝马斯，1984：70 - 71），"共享的生活领域提供一个不受质疑的文化习俗的仓库，交流的参与者借助共同接受的释义模式来理解话语"（Habermas，1990，引自辛斌，2005）。

Habermas 所说的"制度"是正式组织起来的行动系统，通常通过金钱和权力来调节、控制社会关系。制度和生活领域相对应，二者之间存在相互作用的关系。Habermas 认为制度对生活领域的殖民化对话语层面产生了深刻影响，这种影响便是交际性的话语实践被策略性的话语实践所代替。交际性话语实践的目的是为了获得信息和理解。策略性话语实践则体现出一种纯粹的工具理性，其目的是为了实现某种结果或意图。为了支持自己的论断，Habermas 系统考察了德国法律对家庭和教育等领域的渗透，指出法律不断地对这些以言语交流为基本特征的领域进行殖民，越来越多地干预着人们的生活。

在 Habermas 的研究基础之上，Fairclough 进一步指出，现代社会正处于社会和文化变化激荡交错的时期，经济和商品市场通过电视、网络和广告媒介对生活的各个方面产生势不可挡的巨大影响。经济的发展变化以及对利润的追求导致许多事物、行业之间的界限被打破、被重构。这些变化不可避免地在语言的变化上得到体现，表现在不同语言实践（广义的语言实践）之间界限的改变和重构：不同语言之间、不同方言之间、不同语类之间、甚至不同话语之间界限都被打破、混淆。在这些话语实践越界的现象中，会话、咨询、广告等"统治性语类"（genre of governance）表现非常突出，进入到不同的社会实践网络之中，我们在不同的领域都可以看到这些语类的影响。话语的民主化（democratization）、技术化（technologization）、商品化（commodification）已成为当代社会话语秩序普遍的趋势（Fairclough，1992b）。在这些话语变化的趋势中，广告这种统治性语类对其他不同社会实践领域的语类的影响便是话语的商品化。

商品化是市场运作的模式越界进入到新的社会生活领域的过程。在这一过程中，社会生活在市场的基础上普遍重构。社会领域和机构不是关注狭隘经济意义上供销售的产品，而是通过商品的生产、流通和消费的模式来组织和概念化它们的活动。近些年来，公共服务领域出现非常显著的商品化的倾向。教育、医疗、艺术领域的许多机构开始采纳私营企业的理念和运行方式。

语言的商品化是行业实践商品化的一部分，表现在与商品生产相关的商业或促销话语越界进入到非经济领域的话语秩序中，导致这些原本与市场绝缘的机构的话语实践出现了广告或促销等语类的特征，充满着促销、宣传的意味。Featherstone（1991）指出，我们今天的世界是一个消费文化的世界，许多的话语活动，不论是在商业领域还是学术领域，甚至是个人语境下的一些活动都一定程度地受到促销意图的影响。这一发展不可避免的后果便是：许多制度化（institutionalized）的语类无论是社会性的、行业性或者学术性的，都含有促销的成分。促销作为一种交际功能具有了普遍性（Wernick，1991）。

从语类的角度来看，话语的商品化表现在："商品广告语类大规模地侵殖行业和公共服务领域的话语秩序，产生了许多新的、混合的、促销性的语类"（Fairclough，1993：141）。这些语类既具有普通商品广告语类的特征，同时又具有其所在领域语类的特征。这种现象便是语类的商品化。语类商品化现象已引起越来越多的学者的关注（有关语类商品化的研究现状已在文献综述中梳理，在此不再赘述）。Bhatia（2004：213）指出："如果近年来行业和学术话语语类出现了一个突出的、普遍的、影响其本质和功能的特点的话，那便是促销价值侵殖了这些话语的大多数形式"。一些传统上被看作是纯粹是信息性的，或至多是劝说性的，但绝对不具有市场意义上的促销性的语类的信息功能正日益被促销功能所侵殖。在所有侵殖了学术和行业话语的整体性的语类中，广告显而易见已成为最突出的殖民工具（Bhatia，2004：88），其语类特征已渗透到学术话语、新闻话语、媒介话语、甚至政治话语等不同话语之中。新闻报纸、法律文件、公司简介、大学招生简章等语类都呈现出促销的特征。虽然这些语类的主要交际目的仍是信息性的，但却越来越多地混合或杂合着促销的因素。以新闻报纸为例，客观公正的报道是新闻长期起来被社会认可的交际目的，但是我们经常会发现一些新闻报道掺杂着宣传促销的意图。在教育领域，教育机构话语也呈现出商品化的趋势，一些高校课程介绍和招生简章的文本都开始征用促销话语的资源，具有明显的商品化特征。

在学术语境，学术介绍类语类在发展过程中同样出现了商品化的新动向。Swales（1990）发现学术论文引言中出现了一种微妙的倾向：作者策略性地利用一些语言手段吸引读者、间接促销自己的研究。Bhatia（2004：73）通过简单分析指出，序言、前言等学术介绍类语类中促销成分日益透明、直接，有时甚至成为这一类语类的主要特点，学术行业语类的商品化日益明显。学术介绍类的一些语类（序言、前言）在实践中正日益变得促销化。翻开现在出版的学术专著，不难发现许多学术专著的序言往往由知名专家、学者作序，有的甚至请多个名人撰写序言。请名人作序本身就是一种促销行为,与广告常用的"名人现身说法"策略具有相同的意义潜势(Bhatia, 2004)。从内容上看,许多学术专著序言的内容全都是谈论专著的优势和价值,不谈及缺陷和不足。从表达上看,对书籍的评价都是运用大量的积极、正面的评论,如频繁使用积极描述性的形容词、副词短语等,介绍书籍和宣传促销成为这些语类的双重交际目的,有时信息介绍这一主要交际目的甚至从属于促销的交际意图。我们来看一则学术专著引言的例子:

Introduction

The COBUILD approach to grammar is simple and direct. We study a large collection of English texts, and find out how people are actually using the language. We pick the most important points⋯. In this book we give explanations of the most important, frequent, and typical points of English grammar so that you can put the knowledge to use immediately⋯. Our first grammar book has been well received, and we are continuing full scale research on grammar in order to be more accurate and relevant to the needs of the teacher and student. I would be very glad to have your comments on this book ⋯ (Sinclair, 1991)

在促销和广告语类中,运用积极词汇尤其是形容词来评价产品是这一类语类的普遍特征。作为学术话语的亚类,学术专著的引言一般是客观、严谨的,极少使用描述性的词语。而上述例子的典型特征却是频繁使用形容词,几乎每个句子都运用了积极意义的形容词词汇:

· The COBUILD approach to grammar is simple and direct.

· We pick the most important points⋯

· You can be sure⋯

· You are presented with real English

· The most important, frequent, and typical points of English grammar⋯

· This makes book suitable both as a classroom text, and also for private study⋯

· very easy and direct to understand ⋯

· necessary for clear understanding and accurate usage.

除此之外，引言的语类结构中运用了"确立资质"（establishing credentials）语步：

> Our first grammar book has been well received, and we are continuing full scale research on grammar in order to be more accurate and relevant to the needs of the teacher and students.

"确立资质"语步是促销和广告语类的典型语步（Bhatia, 1993），其目的是建立信用资格，提供背景信息，即表明自己的身份并且该身份是有价值的、值得信赖的。例句中的"has been well received"、"are continuing full scale research"便是通过描述该书受欢迎的程度，以及作者正在进行的研究的全面性来表明书的可信度和精益求精的质量。

语类商品化现象已逐渐引起关注，但已有的研究都比较零散，缺乏系统性，而且都是在西方社会背景下以英语为语料的研究。在我国，改革开放三十年来，社会生活各个方面都发生了翻天覆地的变化，各种社会实践、行为、交际方式也随之发生变化。在这样的时代背景下，社会的变化是否在语言层面留下痕迹？我国的学术语境是否也出现了商品化的现象？商品化特征体现在那些方面？如何系统地描述、阐释和解释这种现象？本章我们以高校正式出版的"教材前言"这一学术介绍类语类为例，在 Bakhtin、Foucault 和 Fairclough 的理论基础之上，利用构建的语类互文性分析模式对语类商品化现象进行批评性分析。

根据绪论中对语料收集的介绍，我们分别从三个时期（1965—1979，1980—1995，1996—2009）随机抽取 60 篇教材的前言，每个时期 20 篇，试图对教材前言这一语类进行系统的共时和历时对比分析。为了便于说明，我们将收集的三组样本分别标上序号：1965—1979 年之间的样本标为第 1 组，1980—1995 年之间的样本标为第 2 组，1996—2009 年之间的样本标为第 3 组。分析步骤为：我们要考察的是当今社会学术介绍类语类是否出现商品化的特征，因此，首先要对这一时期的文本语类特征做详细的语言学的描述和分析。在广泛考察所选语料的基础上，我们先从第 3 组中抽取典型样本进行详细的定性分析，考察前言语类的一般性特征，归纳出含有潜在促销意义的话语策略，然后在典型分析结果的引导下，对三组语料中的 60 篇样本从历时对比的角度进行定量分析，揭示三组样本在语言形式特征和结构上的差异及变化趋势。

## 4.2 前言和广告的语类特征

不同学科和行业都拥有自己的专门语言。不使用自己专门语言的行业是难以想象的。Huson（1979，引自 Bhatia，2004）曾指出："要毁掉一个行业，消除它的影响力和凝聚力，最有效的方法便是禁止使用该行业的典型语言"。作为与具体活动领域相关的典型语言形式，语类主要根据规约化的交际语境中语言的运用来区分。语类为具体的话语社团的目的服务，并借此建立起相对稳定的结构形式，并在一定程度上，对表达这些形式的词汇语法资源的使用上进行限制。语类最重要的特征是具有可识别性和一定的标准性。语类建立在一套大多数社团成员都可理解的规约之上。这些规约最典型的形式便是语类都具有自己典型的语类结构和词汇语法特征，即具有整体性（integrity）。使用者必须遵守语类在语言结构上的固有成规才能利用这些规约达到自己的交际目的。虽然语类随着时间的推移会发生一定的演变，但其仍会继续存在可识别的语类特征，这些特征一般经过很长的时间之后才会发生缓慢的、微妙的变化。

语类是复杂的，语言学家们对其理解也各种各样。但无论我们如何理解语类，不管是把它看作是"修辞行为的典型化"（Miller，1984；Berkenkotter & Huckin，1995），"有步骤的以目标为取向的社会过程（Martin，1993），还是看作"共享的交际目的"（Swales，1990；Bhatia，1993），对语类规约、惯例的了解和预知是成功识别、构建、阐释和最终应用语类的关键和必要前提（Bhatia，2000）。因此，要探讨学术语境下的前言语类的促销特征，我们必须首先了解什么是前言以及前言和广告促销话语的语言和语类特征。

### 4.2.1 关于前言

前言是书籍非常重要的组成部分。翻翻不同时期、不同国家出版的书籍，几乎每一本书中都会有前言，"一本书没有前言，将像一个城市没有指南，或者一个动物赖以生存的重要器官残缺不全"（Adams，1999，引自王晓雯，2006：2）。通过前言作者可以提纲挈领地介绍书籍的内容及相关信息。读者在决定是否购买或阅读一本书之前一般会先看书的前言，了解书的内容。一般说来，作者总是希望有更多的读者接受、阅读自己的书，而前言便是建立读者和作者之间联系的纽带。

前言的定义很多。《现代汉语词典》（2001）中"前言"的解释是"写在书前或文章前面类似序言和导言的短文；引言"。《汉语大词典》（1997）中的"前言"定义为："刊印在图书正文前面，用以说明写作目的、经过和资料来源等或对图书内容加以评价"的一种文体形式。在实际写作中，前言一般由书作者或编者本人撰写，内容大致包括说明写作理由、介绍书的特点以及致谢等。

前言与英语中的"preface"大致相对。在实际运用中存在前言和序言（foreward）容易混淆的问题。Collins Cobuild English Language Dictionary（1987）中"preface"的解释为"位于著作正文之前，主要介绍写书的原因和书的内容"。"Foreward"的定义则是：由作者或他人撰写的介绍。《朗文当代英语高级词典》（1998）将"foreward"译为序言、前言，是"位于著作之前的简短介绍，由了解作者及其著作的人所写"；而"preface"译为：书籍的前言、序言、绪言。从译名上看，"序言"和"前言"似乎可以混用，但二者其实是有一定区别的。Bhatia（1997）在一项香港高校学者中进行的小规模的调查问卷的基础上，对"preface"与"foreward"进行了区分："foreward"是作者之外的人，通常是知名学者对书做的评论，交际目的主要是促销；而"preface"一般由本人撰写，通常是列举书的目的、范围以及准备过程的步骤，其交际目的主要以提供信息为主。虽然不同字典和相关文献的定义各不相同，但通过归纳其共同点，我们可以发现：英语中"foreward"、"preface"的交际目的都是介绍学术作品，并没有提到其他意图。"Foreward"通常由作者之外的人所写，通常由知名学者，一般是自己导师或师长所写，与汉语实际应用中的"序言"对应；"Preface"一般由作者所写，与汉语中的前言对应。

从语类的分类来看，前言属于学术介绍类语类。前文中我们提及 Bhatia（2004）提出了语类群的概念。语类群是一组密切相关的，具有大致相同的交际目的的语类的集合。Bhatia 区分了促销类、学术介绍类、报道类三大语类群。学术介绍类语类群是在宏观层面界定的学术语境中的一类语类，包括学术论文引言、书籍介绍、论说文引言等。这一类语类在相对宽泛的范围内具有相似的交际目的和词汇语法资源。学术介绍类语类的主要交际目的是对学术作品进行介绍，传统上被认为是信息性的，或至多是劝说性的，但绝非是市场意义上的促销性的，而且语言相对客观、公正，具有学术性（Bhatia，2004）。前言属于学术介绍类语类群中书籍介绍类的成员（见图4.1）。但前言的语类结构目前未见系统的研究，没有相关的研究成果可供参考。具体分析中我们将利用语步分析法和语类结构潜势理论对前言进行语类结构分析。

从语体上看，前言属科技语体。汉语中的科技语体是指适应科学技术领域交际的需要运用全民语言所形成的言语特点的综合体（黎运汉，盛永生，2006：454）。科技语体的语言整体上要求质朴、平实、简练、客观，排斥带有感情色彩的语言表达手段。在句式表达上表现为多用陈述句、限制性定语，少用或不用描绘性定语。

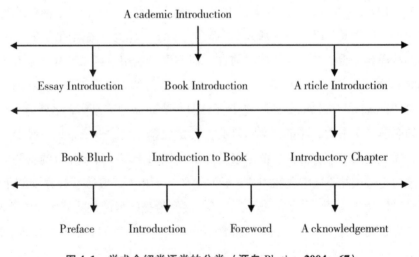

图4.1　学术介绍类语类的分类（源自 Bhatia，2004：67）

### 4.2.2　关于广告

广告一词，源于拉丁文 Adeveriure，意为吸引注意，含有通知、诱导、发布的意思。英国《简明不列颠百科全书》（1985）对广告的解释是："广告是传播信息的一种方式，其目的在于推销商品、劳务，影响舆论，博得政治支持，推进一种事业或引起刊登广告者所希望的其他反应"。《现代汉语词典》（2001）中"广告"的解释是："向公众介绍商品、服务内容或文娱体育节目的一种宣传方式，一般通过报刊、电视、广播、招贴等形式进行"。从以上释义来看，广告的主要功能是宣传、推销。这种交际目的决定了广告语类的惯例便是"最大限度地建构推销对象的积极形象，或者赋予对象具有吸引力的价值，说服受众认同并在思想或行为上发生一定变化，消费某种产品或服务"（许培莲，2008：4）。

从语言学的角度讲，广告是最传统、最常见的促销话语，是"为了向目标群体推销观点、产品或服务而进行告知和促销的话语形式"（Bhatia，2004）。广告是最具动态性的语类形式之一，在广告中我们经常可以发现非常灵活多变而且具有创新性的词汇语法和话语形式以及修辞策略。但广告也有一些基本的原则。Leech（1966）认为成功的广告须包含四项原则：吸引价值（attention value）、可读性（readability）、可记性（memorability）和销售力（selling power）。Vestergard & Schroder 归纳了广告常用的策略目标：引起注意（attract attention）、引起兴趣（arouse interest）、刺激欲望（stimulate desire）、促使行动（get audience to action）（Vestergaard & Schroder，1985），简称为公式 AIDA。虽然这一公式过于简单，但对于我们了解广告话语及其功能有一定的帮助。

从语类的角度来看，广告是促销类语类群的一员。促销类语类群的主要交际目的是向潜在的消费者推销产品或服务。广告是其中最典型、最重要、最突出的一种形式。关于广告的语类特征国内外都已有较成熟的研究成果可借鉴。Guy Cook（1992）、Leech（1966）、Bhatia（1999，2004）、Bruthianx（1996）、袁晖、李熙宗（2005）等分别对广告的语言形式或者语类结构进行过系统研究。学界对于广告语类的认识多以他们的研究为依据。依据上述研究者的成果，我们分别从词汇、语法、语类结构等方面对广告的语类特征进行总结：

（1）词汇特征：出于共同的劝说和鼓动目的，广告在用词方面形成了一个相对固定的格局，这表现在某些或某类词汇的高频率使用上。广告中常用一些具有良好联想意义的词汇，如大量使用积极的、正面的评价性词汇，多使用形容词等。广告试图通过运用这些词来影响读者，使读者对广告做出积极的反应。

此外，广告多使用具有浓厚口语化气息的词语，便于人们理解和记忆；广告通常大量使用成语和俗语，使语言富有情趣，具有生活气息，易于人们牢记；广告常用第二人称代词"您"或其他形式如"你"（Cook，1992）。

（2）语法特征：广告通常大量运用非主谓句、省略句。广告要以有限的篇幅传达尽可能多的信息内容，这就需要将一些次要的句子成分进行删减，保留句子中的主要内容。这类句子鲜明、突出、醒目、比完整句子更有节奏感，表达更有力，受众也更容易从中感受到鼓动的力量。另外省略语还能产生亲密、亲近的氛围（Cook，1992：172）。广告多用简单短句，少用复杂长句，因为简明易懂是广告基本要求。此外，广告常用并列结构，这能使句子结构紧凑，扩大信息含量，增强句子的明晰性、简洁性。

（3）修辞特征：广告多用比喻、夸张、引用等。这些修辞手法的使用能增强语言的表达效果。

（4）语类结构特征：大多数书面广告利用许多典型的语步来劝说潜在的消费者来购买其促销的产品或服务。其中最常见的语步便是"产品评价"，即对产品进行积极的、正面的、良性的描述和评价。Bhatia（1999，2004）研究归纳了书面广告语类的语类结构潜势，具体包括：

①标题（唤起读者关注）

②定位消费市场

③论证产品或服务：指明产品/服务的重要性/实用性；指明待拓市场（establishing a niche）

④详细描述产品或服务：明确产品或服务；描述产品；描述产品价值

⑤确立资质证明

⑥名人或典型用户现身说法

⑦提供优惠

⑧施压政策

⑨请求受众采取行动

Bhatia指出，上述语步并不总是全部出现在实际广告语篇中，广告创造者往往只是运用部分语步，而且顺序也会发生变化。此外，王宏俐，郭继荣（2006）考察了100篇促销类语类，得出促销类语类的必有核心语步是"确立资质"和

"介绍代销品"。"确立资质"是指建立信用资格，提供背景信息。"介绍代销品"是介绍推销的商品或服务。这与 Bhatia 的研究结果是吻合的。这些研究成果为我们识别文本中的广告特征，判断语类商品化现象提供了参考依据。

## 4.3　典型样本介绍

1 公共经济学是经济学中的显学，它研究的是一个极富吸引力的重大主题——公共部门的经济作用。2 也许正因为是显学，才会有如此众多版本的公共经济学著作进入市场，并成为多数高等院校开设的一门经济学核心课程。3 这种"百花齐放"的局面也给我造成很大压力：撰写一部体系完整、视野开阔、重点突出、细节精致、文笔简练、富有特色且不落俗套的新公共经济学著作，比以往任何时候都要面对更多的挑战。4 本书就是基于这样的理念迎难而上的结果，但最终的评判需要交给读者。5 读者们最有发言权。6 我建议读者多看几个版本的公共经济学著作，因为有比较才有鉴别。7 如果与目前所能见到的《公共经济学》的版本比较，细心的读者将会发现本书主要创新和特色之处：

■　完整的理论框架和知识体系

8 目前国内多数版本并不讲述"国家理论"，而是从"市场失灵"讲到"政府职能，然后再往下展开。9 这样的体系是不完整的，逻辑上也有问题。10 为什么？11 理由很简单：没有一个关于国家的理论（阐明国家的起源、性质、职责和变迁）做支撑，就难以恰当地理解公共部门的经济作用。12 这个缺陷在本书（第一章）得以矫正。

13 类似的，目前的版本大多只讲"政府职能"，而有意无意地遗漏了对"地方政府经济作用"的分析。14 考虑到地方政府在经济社会生活中的作用如此之大，并且在许多重要方面扮演着与中央政府不同的角色，这种遗漏实在令人匪夷所思。15 这一缺陷同样在本书（第七章）得以弥补。

16 本书还将"政府管制"（尤其是政府间管制）、"公共收费""知识经济""可持续发展"等重大论题的经济分析，纳入公共管理学的框架下，这也是目前不少版本欠缺的地方。17 更一般地讲，本书刻意构造的四个条理分明的"公共经济学"模板，即"公共经济学基础（第一篇）"、"国家与政府的经济理论"（第二篇）、"公共财政理论"（第三篇）和"经济政策与管制"（第四篇），覆盖了公共经济学的所有核心议题，几无遗漏，形成完整的框架体系，非常有利于读者获得科学合理的关于公共经济学的知识结构。

■　综合集成与融会贯通

18 公共经济学融合了微观经济学和宏观经济学的许多内容，但本书并未刻意去"介绍"或堆砌这些学科的内容，而是注重将这些相关学科的内容"融入"其中。19 这种融会贯通是广泛的：除了将传统的微观经济学与宏观经济学原理、工具和方法融入对公共部门经济作用的分析外，读者还可以发现，本书在许多重大论题的论述中不时穿插了产权与制度理论、公共选择理论、国家理论、政治理论和博弈论。20 这种处理方法不仅符合学科发展的重要（横向融合）趋势，也有利于读者获得更多的信息和形成综合集成的知识结构。

21 与许多版本不同，本书提供的是一个高度综合而集成的知识体系。22 一个典型的例子是对税收论题的处理：本书将有关税收问题的经济分析高度集成到一章的篇幅（第九章）中；相比之下，有些版本就"税收原则""税收分类""税收制度""税负转嫁与归宿"甚至"税收概论"各设一章加以讨论。23 其实这里不少内容都属于对"呆板知识"（例如描述什么事所得税、增值税或者中国目前的税制是怎么样的）介绍，没有多少知识含量，也难以激发读者宝贵的思考潜力（实际上是鼓励他们去"背"），而且占用很多宝贵的篇幅并遗漏对其他更为重大的论题分析。

■　注重细节处理和突出重点

24 "细节决定成败"的说法虽然未必完全正确，但正确地强调了细节的重要性。25 细心的读者将会发现，本书在体系构造（目录）、标题设计、行文风格（严谨、简练而不失活泼）、案例选取与分析、图标安排、"本章重点"、专业术语（中英文对照）、复习思考（题）等方面都是相当用心的。26 注重细节处理有利于读者把握好各章节的重点、要点和难点，避免因"不得要领"（常见的毛病）而产生的种种问题。

27 本书刻意避免的另一个常见的毛病是：将许多没多少知识含量、或者纯属其他学科范围的内容"塞进"公共经济学教材中。28 本书强调抓住每个论题下最关键和最核心的问题，力戒空洞无物、装模作样式的文字表述。29 本书强调让读者掌握扎实的关于公共经济学方面的基础理论及其应用，力戒似是而非、无病呻吟式的所谓"理论"。30 此外，除了少量的、基础的和最重要的图表和公式外，本题并未故弄玄虚（故作高深）地采用复杂的几何图形和公式，更未花费宝贵的篇幅去证明和推导早已得出的数量结果。31 基于"大道之简"的理念，本书采取了"复杂问题简单化"的处理方法，力图简明扼要地讲述公共经学的基本原理、方法及其应用。

■ 丰富而生动的案例分析

32 本书采集的多数案例直接源自现实生活中公共部门面对的一些重大问题，包括外来物种入侵（中国正深受其害）、水资源定价（中国水资源价格不及成本价的一半造成严重浪费和低效率）、启动内（中国自1998年开始采用的扩张财政政策）、估算自然资源价值（中国和全球都面临着自然资源被过度开采与破坏的问题）、生产者延伸责任制（中国电子垃圾造成对环境的破坏）、外汇储备（巨额外汇储备带来了一系列政策难题）等等。33 这些精心选择的案例及案例分析有助于为读者提供对公共部门经济作用问题的更实际和更具体的理解。

34 公共经济学是经济学中一门非常重要、兼具基础性和专业性的课程。35 一般地讲，凡是开设经济学课程的院校（修习经济学专业的学员），都有必要开设公共经济学课程。36 经济学帮助学员掌握经济学的基本原理、方法和分析工具，而公共经济学帮助学员应用这些原理、工具和方法分析公关部门的经济作用，包括获得关于政府政策和管制方面的知识。37 作为一门侧重应用的经济学分支，公共经济学是引人入胜的，部分原因在于它的研究范围覆盖了微观和宏观的经济领域，并广泛吸收了宏观经济学尤其是微观经济学的基本原理和分析方法。38 此外，那些开设财政学科的院校，开设公共经济学（或者代替财政学）课程更是绝对必要，因为公共经济学原本就是从公告财政学扩展而来的。

39 本书虽然作为本科教材使用，但也很适合高校教师、研究生和研究人员参考。40 撰写此书时，作者深感责任重大。41 低劣粗糙的教材书不仅有损撰写者的声誉，更会带来误人子弟（"以其昏昏、使人昭昭"）的严重后果。42 正因为如此，作者自始至终以诚惶诚恐的心态，不敢稍懈，倾其所学撰写此书。43 本书较多地融入了带有作者原创性的内容，因此以"编著"形式出版。44 基于各种考虑，作者个人全部承担了本书的体系设计、构思和所有文字撰写工作，本书的整体质量亦概由作者个人负责。45 本书完稿以后，曹静韬博士（就读中央财经大学）受我委托，按照出版要求对本书的体例、格式等做了必要的调整，并作为本书的"首位读者"对本书提出了修改意见；肖文东、徐涛两位博士和雪健（就读中央财经大学硕士研究生）也参与了部分文献翻译和提供修改意见等工作。46 在此一并致谢。

王雍君<br>2007 年 5 月

语料简介：我们选取的典型样本是 2007 年高等教育出版社出版的教材《公共经济学》的前言，共 2690 个汉字。作者王雍军是我国经济学界知名学者、专家，其编著的《公共经济学》为我国普通高等教育国家级规划教材，符合我们收集样本的基本要求。为了分析的方便，我们对文本中的每个句子都标上了序号，序号用阿拉伯数字表示。

## 4.4 前言语类的语言学分析

### 4.4.1 语类结构分析

教材前言一般阐明教材编写的指导思想和意图，介绍教材的内容、特点、编写方法、适用范围、分工以及其他必要的说明。关于前言的语类结构目前只有零星的讨论，而对于其整体的结构特征，尚未发现有相关研究文献。本节首先利用 Swales 学派的语步分析方法对典型样本的语类结构进行分析（为节省篇幅，下列的语料内容不是完整的）：

| | |
|---|---|
| 1 公共经济学是经济学中的显学，它研究的是一个极富吸引力的重大主题—公共部门的经济作用。2 也许正因为是显学，才会有如此众多版本的公共经济学著作进入市场，并成为多数高等院校开设的一门经济学核心课程。 | 语步 1/2 相关研究领域介绍/论证写作目标 |
| 3 这种"百花齐放"的局面也给我造成很大压力：撰写一部体系完整、视野开阔、重点突出、细节精致、文笔简练、富有特色且不落俗套的新公共经济学著作，比以往任何时候都要面对更多的挑战。4 本书就是基于这样的理念迎难而上的结果，但最终的评判需要交给读者。5 读者们最有发言权。6 我建议读者多看几个版本的公共经济学著作，因为有比较才有鉴别。7 如果与目前所能见到的《公共经济学》的版本比较，细心的读者将会发现本书主要创新和特色之处： | 语步 3 教材介绍<br>步骤 1 写作理念<br><br>步骤 2 教材特色 |

■完整的理论框架和知识体系

目前国内多数版本并不讲述"国家理论"，而是从"市场失灵"讲到"政府职能"，然后往下展开。

■综合集成与融会贯通

| | |
|---|---|
| 公共经济学融合了微观经济学和宏观经济学的许多内容，但本书并未刻意去"介绍"或堆砌这些学科的内容，而是注重将这些相关学科的内容"融入"其中。 | 步骤 3 论证读者需要、确立适用范围和对象 |

■丰富而生动的案例分析

这些精心选择的案例及案例分析有助于为读者提供对公共部门经济作用问题的更实际和更具体的理解。

| | |
|---|---|
| 34 公共经济学是经济学中一门非常重要、兼具基础性和专业性的课程。35 一般地讲，凡是开设经济学课程的院校（修习经济学专业的学员），都有必要开设公共经济学课程。36 经济学帮助学员掌握经济学的基本原理、方法和分析工具。38 此外，那些开设财政学科的院校，开设公共经济学（或者代替财政学）课程更是绝对必要，因为公共经济学原本就是从公告财政学扩展而来的。39 本书虽然作为本科教材使用，但也很适合高校教师、研究生和研究人员参考。 | 步骤 4 写作态度<br><br>步骤 5 任务分工 |
| 40 撰写此书时，作者深感责任重大。41 低劣粗糙的教材书不仅有损撰写者的声誉，更会带来误人子弟（"以其昏昏、使人昭昭"）的严重后果。42 正因为如此，作者自始至终以诚惶诚恐的心态，不敢稍懈，倾其所学撰写此书。43 本书较多地融入了带有作者原创性的内容，因此以"编著"形式出版。44 基于各种考虑，作者个人全部承担了本书的体系设计、构思和所有文字撰写工作，本书的整体质量亦概由作者个人负责。45 本书完稿以后，曹静韬博士（就读中央财经大学）受我委托，按照出版要求对本书的体例、格式等做了必要的调整，并作为本书的"首位读者"对本书提出了修改意见；肖文东、徐涛两位博士和雪健（就读中央财经大学硕士研究生）也参与了部分文献翻译和提供修改意见等工作。46 在此一并致谢。 | 语步 4 致谢 |

通过语步分析，样本语类的整体结构可概括为（括号中的数字表示的是句子的编号）：

语步 1：相关研究领域介绍（1-2）

语步 2：论证写作目标（1-2）

语步 3：教材介绍（3-44）

　　　　步骤 1：写作理念（3-4）

　　　　步骤 2：教材特色（5-33）

　　　　步骤 3：论证读者需要、确立适用范围和对象（34-40）

　　　　步骤 4：写作态度（41-42）

　　　　步骤 5：任务分工（43-44）

语步 4：致谢（45-46）

样本中的句 1-2 实际为两个语步。从表面看，这一语步的主要内容是对与教材相关的研究领域进行介绍。但这一语步同时含有论证写作目标的成分。句 1 中作者在介绍公共经济学研究内容的同时，用"显学"、"极富吸引力的重大主题"来表明公共经济学这一研究领域的重要性，在句 2 中则用"核心"一词指明公共经济学课程的重要性。因此这一语步的交际意图是双重的：既对相关领域进行介绍，又对写作目标进行论证。根据语步的划分是功能的，而不是形式的标准，我们将句 1-2 看作是两个语步。句 3-44 是样本的第 3 个语步，主要内容是对教材进行介绍。这一语步分为 5 个步骤。步骤 1 用"体系完整、视野开阔、重点突出、细节精致、文笔简练、富有特色且不落俗套"、"新"等肯定性表达交代了作者编写教材所基于的理念，并同时指出实现这一理念的难度。在步骤 2 中，作者没有像一般的前言语类一样对教材内容进行简介，而是着重围绕教材的创新和特色之处对教材进行了介绍。介绍的内容分为四个部分：完整的理论框架和知识体系；综合集成和融会贯通；注重细节处理和突出重点；丰富而生动的案例分析。可以看出这些内容实际是作者对教材进行的积极的自我评价。在接下来的步骤 3 中，作者通过论述课程的重要性："是一门非常重要、兼具基础性、专业性的课程"，以及"有必要"、"更绝对必要"等词确立了教材对读者的必要性，指出开设经济学课程的院校开设财政学科的院校以及高校教师、研究生和研究人员都应该或适合使用该教材，指明了教材适用范围和对象，对市场进行了定位。步骤4用"诚惶诚恐的心态、不敢懈怠、倾其所学"介绍了作者的写作态度。步骤5对教材撰写的任务分工进行了介绍。值得注意的是样本的最后一个语步"致谢"与语步3中的步骤5在形式上是交叉的，该语步混合在语步3的步骤5中，作者在介绍任务分工的同时对教材编写做出贡献的相关人员表示感谢。

从样本的整体结构来看，样本的主要内容以教材介绍为主，这一语步占据全文三分之二的篇幅。这与前言的主要功能是吻合的。但这一语步却以"教材特色"和"论证读者需要、确立适用范围和对象"两个步骤为主，尤其是"教材特色"步骤占据该语步近80%的内容。从上文关于广告语类的研究成果我们知道，"积极描述产品"、"定位消费市场"是广告促销语类的典型语步结构，而典型样本中语步3种的这两个步骤分别具有与之同样的功能或意义潜势，在下一章的历时对比分析中我们会发现，这些语步和步骤并不是教材前言传统的语类结构特征。

### 4.4.2　词汇语法分析

#### 4.4.2.1 评价资源分析

广告和促销语类出于劝说和促销的目的，通常大量运用具有积极联想意义的褒扬性词汇和短语使目标主体（subject in question）处于有利的位置（Wernick，1991；Cook，1992；Bhatia，2004）。系统功能语言学中的评价理论将积极性词汇和短语看作是评价的资源，我们利用评价理论对文本中的词汇资源进行分析。评价理论是系统功能语言学新发展的词汇—语法框架，讨论的是语篇或说话人表达、协商、自然化特定主体间的关系以及意识形态的语言资源。用Martin的话说："评价理论是关于评价的，即语篇中所协商的各种态度，所涉及的情感的强度以及表明价值和联盟读者各种方式。"（Martin，2003：23）。在文本中识别评价就是识别比较、主观性和社会价值的标记，是从意义或功能入手进行的判断。评价理论将评价资源按照语义分为三类：态度、介入和级差。态度指的是人的心理受到影响后对人类行为、文本/过程及现象做出的判断和鉴赏。态度资源又可分为情感、判定和鉴别。情感是对人的情感的表达；判定是对人的行为和性格的评价；鉴别则是评价产品和过程的系统，是对事物价值的评价。介入系统是表明作者和语篇的声音来源的语言资源。级差是跨越整个评价系统，将评价的价值按照强度进行分级的系统。级差分为语势和聚焦。语势又分为强势和弱势两个级别；聚焦则是对不能分级的态度的区分，分为明显和模糊。评价理论可帮助我们对文本中的词汇语法资源进行归纳、剖析，揭示其中的意义和功能。

通过对文本中评价资源的详细考察，我们发现样本中的评价资源以态度资源为主，而且出现数量较多。我们将文本中出现的态度资源进行了归纳：

表 4.1　典型样本中的态度资源

| 态度资源 | | | |
|---|---|---|---|
| 情感 | 判定 | 鉴别 | |
| | | 积极 | 消极 |
| | 细心的、迎难而上、不敢稍懈、诚惶诚恐 | 显学、核心、极富吸引力、体系完整、视野开阔、重点突出、细节精致、文笔简练、不落俗套、新、创新、特色、完整的理论框架和知识体系、综合集成与融会贯通、注重细节处理、突出重点、丰富而生动、条理分明、几无遗漏、高度集成、相当用心、严谨、简练而不失活泼、简明扼要、精心选择的、更实际、更具体、原创性的、广泛的、富有特色、最重要、宝贵、重大、复杂、非常重要、引人入胜　科学合理、更多 | 匪夷所思、空洞无物、装模作样式、似是而非、无病呻吟式、故弄玄虚 |

文本中分布的态度资源绝大部分属于鉴别类，少量属于判定资源，无一例属于情感资源。而样本中的鉴别类资源绝大多数是积极性的，如"极富吸引力""广泛的""富有特色"都是充满感情色彩的褒扬性词汇。我们对鉴别资源中涉及教材主体的介绍和评价的词汇出现频率进行了统计。统计以句子为单位，以句号、感叹号、问号和省略号结束标记为 1 句。同一词汇或短语重复一次视为新出现一次，以此类推。全文共 46 个句子，涉及教材的鉴别类资源共出现 36 次，其中积极类资源出现 30 次（表 4.1 中黑体部分）。根据结果推算出涉及教

材介绍和评价的积极性鉴定资源出现的频率为78.3%。如此高频率的肯定表达的应用显然与客观、中性和非人际化的传统前言语类相比有较大的区别。

从表4.1看，文本中也出现了几处消极态度资源，但这些贬义性的词汇和短语都与否定的表达"力戒"、"并未"等搭配，描述教材力图避免的缺陷，其目的在于通过对照、反衬进一步说明教材的与众不同和优势：

（1）本书力戒似是而非、无病呻吟式的所谓"理论"。

（2）此外，除了少量的、基础的和最重要的图表和公式外，本题并未故弄玄虚（故作高深）地采用复杂的几何图形和公式，更未花费宝贵的篇幅去证明和推导早已得出的数量结果。

在涉及教材主体的态度资源中，另一个突出的特点便是频繁运用同义或近乎同义的积极性词汇和短语，例如：

"体系完整、完整的理论框架和知识体系、几无遗漏、高度集成、综合集成、广泛的"是意义相近的表达方式，这些表达通过词义重复的手段强调教材的完整性和综合性；"细节精致、注重细节处理、更具体"等词也通过相同的手段反复强调教材的细致性；"富有特色、特色"突出教材的独特性；"文笔简练、条理分明、简练"等近义词则突出教材的简练性。

批评话语分析把这种语言运用现象称作"过度词化"（over – lexicalization）。过度词化实际是一种词汇重复。词汇重复想要达到的目的在于：将描述对象与其他主体区别开来，塑造一个积极正面的形象，在读者中产生积极的影响（Kotler，1984；Wragg，1993，引自Erjavec，2004：573）。文本中反复运用积极性词汇和短语的方式使目标主体处于有利位置，它们共同指向教材的优点，突显了其成就和特色，使潜在读者对教材产生认同，在告知的同时起到劝说、促销的功能。

除了大量的鉴别资源，样本语篇中还出现了少量的判定资源。态度资源的判定子系统中，社会尊严范畴中有"韧性"这一品质，表示被评判的对象为达到既定的目标所表现出的勇气、意志和决心。在学术语篇中表达韧性的语言手段极其贫乏，因为在这种问题中，评判多是针对学术研究活动，很少涉及个人品质（徐玉臣，2009：39）。但样本中却出现了相对较多的表达韧性的语言形式，如：

（1）这种"百花齐放"的局面也给我造成很大压力：撰写一部体系完整、视野开阔、重点突出、细节精致、文笔简练、富有特色且不落俗套的新公共经济学著作，比以往任何时候都要<u>面对更多的挑战</u>。本书就是基于这样的理念<u>迎难而上</u>的结果，但最终的评判需要交给读者。

（2）撰写此书时，作者<u>深感责任重大</u>。低劣粗糙的教材书不仅有损撰写者的声誉，更会带来误人子弟（"以其昏昏、使人昭昭"）的严重后果。正因为如此，作者自始至终以诚惶诚恐的心态，<u>不敢稍懈，倾其所学</u>撰写此书。

上述例子中的"迎难而上、面对挑战、不敢稍懈、倾其所学、深感责任重大"，这些表达反映了作者编写教材的严谨、认真的工作态度和付出的艰辛努力，从侧面暗示了教材的质量。

除了反复、大量运用积极性的态度资源，文本中还运用了较多的强语势的级差资源：级差是分布于整个评价系统的资源，评价的价值根据强度进行分级，分布在高与低之间的连续体上。分级不仅可以体现在"非常、很、绝对"等程度副词上，还可以表现在一些表达态度的动词、名词或形容词上，如：好看、漂亮、绝色；喜欢、爱好、珍爱；小偷、歹徒、暴徒等。典型样本中运用了较多的强语势的级差资源，如：

显学、极富、重大（5）、核心、富有、创新、特色、刻意（3）、非常（2）、注重（3）、高度（2）、很多、相当、强调（3）、最关键、最核心、力戒（2）、最重要、力图、更（2）、更实际、更具体、凡是、广泛、更绝对、很、深、较多、全部、所有融会贯通、几无遗漏、宝贵的、丰富而生动、精心、倾其所学、更多的

强语势的级差资源在文本中共出现 50 处（括号中的数字表示该词出现的次数），以句子为单位，出现频率统计为 109%（38/46），也就是说，文本中平均 109% 的句子运用到强语势的级差资源。这显然不同于传统的中性的前言语类的

风格，类似于喜用夸张、渲染手法的广告或促销语类的特点。而且这些强语势级差资源绝大部分出现在对教材主体的评价之中，例如：

（1）本书覆盖了公共经济学的所有核心议题，几无遗漏，形成完整的框架体系，非常有利于读者获得科学合理的关于公共经济学的知识结构。

（2）本书并未刻意去"介绍"或"堆砌"这些学科的内容，而是注重将这些学科的内容"融入"其中。这种融会贯通是广泛的…

（3）与许多版本不同，本书提供的是一个高度综合而集成的知识体系。

例1和例2中的"所有、几无遗漏、非常、刻意、注重、融会贯通、高度"都是具有强调性的级差资源。这些级差资源渲染了教材的优点和价值，增强了感染力，加强了话语力度。通过这些级差资源的调整，话语中的意义表达得到了正面提升。此外，对于读者来说，增强的态度资源能够加深作者和读者之间的互动，有利于主体间立场的表达，从根本上说是对话语的人际意义的着力润色。

通过对文中评价资源的分析，我们可以归纳典型样本中评价资源的两大特点：大量运用积极态度资源突显教材的重要性和高质量；运用高频率的级差资源来渲染教材的优点和价值。

### 4.4.2.2 词汇衔接

衔接是联结命题之间关系的语言学标记，关系到文本中词汇组成序列的方式。衔接是语义概念，是语义上的一种联系。如果对语篇中某一语言成分的理解取决于对同一语篇中另一语言成分的理解，那么这两个语言成分之间结成的关系便是一种衔接关系，它包括指示、省略、连接、词汇衔接等五种（Halliday，1985）。词汇衔接是词和表达在意义关系上的一种联结，如近义关系、下义关系或者词和表达的搭配联结（Fairclough，1992b：176）。词汇衔接是文本中最重要的衔接纽带，它可为分析者提供挖掘文本中潜在的意识形态构建的索引（Hoey，1991，引自 Erjavec，2004：571），从文本生产者的角度来看，文本中的词汇衔接是动态的。文本生产者在将阐释者设为主体的过程中积极地设定了某种衔接关系。这种动态视角下的衔接不可避免地成为文本重要的一种意识形态表达的方式。词汇重复则是最直接的词汇衔接的形式（Halliday，1985）。在典型样本中，出现了许多词汇重复的现象，最明显的便是"本书"二字的重复出现。文本中"本书"二字共出现25次，而且贯穿文本始终，如：

（1）本书是基于这样的理念迎难而上的结果。

（2）本书还将政府管制等重大论题的经济分析纳入公共经济学的框架之下。

（3）这一缺陷在本书得到弥补。

（4）这个缺陷在本书得以矫正。

（5）本书刻意避免的另一常见毛病是…

这种词汇的重复出现，构成了贯穿文本的指称链。一般来说，每个语篇至少有一个衔接贯穿全文，作为语篇主题的标志。这是较为普遍的语篇连贯原则。如果语篇中出现衔接的连续性，它们就形成衔接链。语篇中的衔接链有的只在局部出现，有的则贯穿全文。"本书"二字在文本中反复出现，并贯穿全文，一方面与文本的主题相呼应，另一方面，起到了强化的作用，加深了读者对教材的印象。这不由让人想起广告的惯用手法，"组织或品牌的名字贯穿文本、反复出现是广告文案写作的主要原则之一"（Erjavec，2004：572）。

除了"本书"二字的反复出现，词汇重复还表现在一些动词、名词的重复使用，例如：文本中"注重"一词出现3次、"强调"一词出现2次、"力戒"一词出现2次。这些词汇通过自身的重复构成连贯的同时，它们之间意义的相近也形成连贯的效果。相似性连贯的连续出现可以达到强化的效果，突显要表达的意义。除了强调之外，这些词的运用还产生了其他不同的效果。词不是文本词汇语法中静态的因素，表达固定的、稳定的意义。相反，在文本中词与不同的词语搭配会产生不同的意义。"强调、注重"这些动词自身并不带有积极含义，但词汇搭配具有建构的功能，词汇之间通过精心地组合、搭配，便会超越原有的意义产生新的意义（同上）。

（1）注重将这些学科的内容融入其中

（2）注重细节处理有利于读者把握好各章节的重点、要点和难点

（3）注重细节处理和突出重点

（4）本书强调抓住每个论题下最关键和最核心的问题，<u>力戒</u>空洞无物、装模作样式的文字表述。

（5）本书强调让读者掌握扎实的关于公共经济学方面的基础理论及其应用，<u>力戒</u>似是而非、无病呻吟式的所谓理论。

在上述例子中，词组之间的搭配蕴含了成功、积极的含义。除了"力戒"之外，各句中画线动词都指向积极的活动。"注重"与"内容地融入"搭配，说明教材内容的连贯和有机统一；"注重"与"细节处理"搭配表明教材的细致性；"强调"与"最关键、最核心的问题"以及"扎实的理论和应用"搭配表明了教材的致用性和合理性，从而使"强调"一词本身具有了积极的含义。例4、5中的"力戒"虽然指向了贬义的活动，但双重否定的表达起到了肯定的效果。"力戒"与贬义的"空洞无物、装模作样式的文字表述"、"似是而非、无病呻吟式的所谓理论"搭配，指出本书不存在这些常见问题，表明了教材积极性的一面，将教材与其他版本教材区别了开来。这种具有建构功能的词汇搭配超越了文本连接的功能，起到了劝说和宣传的作用，而且这种劝说和宣传的功能由于一般读者很难识别而变得更加有效（Fairclough，1992b）。

### 4.4.2.3 会话式表达

会话式语言"常常是与话语的促销目的相关的一种'虚拟的人际化'（synthetic personalization）的表现"（Fairclough，1995a：137）。"虚拟的人际化"是Fairclough 在 *Language and Power* 一书中提出的概念，是指在语篇中出于策略性的目的对人际意义和形式进行适当的调整。正式文本中运用会话式语言是指在文本的话语实践中模仿日常对话的交流形式，它突出交流者之间的平等、合作和不拘礼节，是私人之间而非社会角色之间的交谈方式。会话"在形式上表现的是平等的权利关系，使用的是最典型的口语"（Kress，1986：415）。会话方式具有重要的意识形态功能，它暗示一种共同的世界观和一种共享的不需验证的主观事实；在会话交流中经验世界被分类成共识性的范畴，这些范畴又反过来变成了不会引起任何争议的会话背景知识（辛斌，2005：163）。促销语言最

突出的特征就是对消费者、生产者以及他们之间的关系进行刻意打造，经常策略性地模拟会话语言，如：运用口语性的词汇、模拟对话、省略的问句形式以及祈使句等等（Leech，1966）。

前言语类一般使用书面的、正式的学术性专业词汇。文本中"显学、理论框架、知识体系、微观经济学"等词都是学术行业话语，具有明显的专业特征。此外，从整体上看，文本都是运用陈述语气，具有书面话语的特征。然而整个语篇同时还杂合着会话的风格，模拟了一种日常会话中面对面交流的语境。首先，从言语功能上来看，文本大部分属于陈述句，然而第 10 句中运用了一个省略的疑问句"为什么？"，接下来的第 11 句是作者自己给出的答案：

> 为什么？理由很简单：没有一个关于国家的理论做支撑……

这种省略的自问自答的设问或修辞问句形式不仅模拟了会话的风格，将作者的独白转向对话，同时起到吸引读者注意和思考、促使读者继续阅读下去的语用效果。

文本中的会话风格还来自于指示词的较多使用。Smith（1986：111）曾指出，"考虑到日常对话发生的场景不同，对话语与书面语相比会更多地使用指示词"。绝对指称显得比较正式，而指示词则往往带有口语化特征。分析发现，典型样本中较多地运用了指示代词"这"。

（1）这样的体系是不完整的，逻辑上也有问题。
（2）这个缺陷在本书得以矫正。
（3）这一缺陷同样在本书得以弥补。
（4）这也是目前不少版本欠缺的地方。
（5）本书就是基于这样的理念迎难而上的结果。

带有前指意义的"这种"、"这样的"、"这一"、"这个"、"这些"在文中共出现 13 处。"这"是前指指示词，在语篇中最基本的功能便是构建语篇的连贯性。指示词多运用在非正式的会话语言中，用来指当前谈及的情景。文本中指示词"这"的频繁使用，不仅使语篇变得简洁，而且创造了会话的氛围，使文本显得不那么正式，拉近了与读者的距离。

此外，文本中还运用了其他一些口语式表达，如：

（1）读者们最有发言权。<u>我建议</u>读者<u>多看几个</u>版本的公共经济学著作，因为有比较才有鉴别。如果与目前所能见到的《公共经济学》的版本比较，细心的读者将会发现本书主要创新和特色之处：

（2）目前国内多数版本<u>并不</u>讲述"国家理论"，<u>而是</u>从"市场失灵"讲到"政府职能，然后再往下展开。这样的体系是不完整的，逻辑上<u>也有</u><u>问题</u>。

（3）<u>一般地讲</u>，凡是开设经济学课程的院校，都有必要开设公共经济学课程。

（4）<u>更一般地讲</u>，本书刻意构造的四个条理分明的"公共经济学"模板…

上述例子中的"并不…而是…然后…、有问题、也许、一般地讲、更一般地讲、我建议、多看几个"等等都是口语式的表达，创造了一种非正式的、亲近的会话基调，似乎作者正对你娓娓道来。

文本中的这些口语性的表达使文本中的人际关系相对团结、平等、人际化，有助于缩短作者和读者之间的交际距离，使读者更容易认同并接纳作者表达的内容，为实现作者的最终目的打下了有力的铺垫。此外，采用这种会话式的普通话语似乎也考虑到学生这一潜在的读者群体的特点，因为过于深奥、生硬的专业式表达会让这一群体感到困惑、乏味，从而对书本产生距离。

### 4.4.2.4 人称代词分析

语篇中的代词指称能告诉我们作者是如何看待语篇涉及的人物，这些人称代词有助于建立作者和读者之间一种特定的关系（Carter，1997，引自李战子，2002：124）。Thompson（2000）、Fairclough（1989）、黄国文（2001）则指出人称代词的使用能体现人际意义，体现作者对读者的态度。人称代词的使用是使文本人际化（personalization）以及直接对读者进行交流的常用策略。前言语类是面向群体的间接交流，但是人称代词的恰当运用可以营造与潜在读者进行个体交流的人际环境，产生非正式、团结和平等的人际关系，拉近与读者之间的距离。社会距离（social distance）会影响言语行为的尊敬和正式程度（Thomas，1995，引自梅美莲，2002）。交际双方在社会地位、年龄等方面相差越大，相互越不熟悉，他们之间的社会距离就越大，言语就越正式；相反，交际双方各方面越相似，相互越熟悉，他们之间的社会距离就越小，言语也就越随便（梅美莲，2002：29）。第三人称"作者"表明作者的社会地位，表明作者有别于读者，表现了作者对读者的尊重，同时表明作者与读者之间的社会距离较大。"我"比作者显得更直接、更真诚，这是因为"我"表明作者把自己看成与读者同属于同一社会群体，缩短了二者之间的社会距离，拉近了与读者之间的关系。典型样本的文本中多次出现第一人称"我"的使用，如：

（1）这种百花齐放的局面也给<u>我</u>造成很大压力…
（2）<u>我</u>建议读者多看几个版本的公共经济学著作…
（3）本书完稿以后，曹静韬博士受<u>我</u>委托，按照…

在文本的最后一段，又出现了第三人称"作者"和第一人称"我"的交叉使用：

本书虽然作为本科教材使用，但也很适合高校教师、研究生和研究人员参考。撰写此书时，<u>作者</u>深感责任重大。低劣粗糙的教材书不仅有损撰写者的声誉，更会带来误人子弟（"以其昏昏、使人昭昭"）的严重后果。正因为如此，<u>作者</u>自始至终以诚惶诚恐的心态，不敢稍懈，倾其所学撰写此书。本书较多地融入了带有<u>作者</u>原创性的内容，因此以"编著"形式出版。基于各种考虑，<u>作者</u>个人全部承担了本书的体系设计、构思和所有文字撰写工作，本书的整体质量亦概由<u>作者</u>个人负责。本书完稿以后，曹静韬博士（就读中央财经大学）受<u>我</u>委托，按照出版要求对本书的体例、格式等做了必要的调整，并作为本书的"首位读者"对本书提出了修改意见；肖文东、徐涛两位博士和雪健（就读中央财经大学硕士研究生）也参与了部分文献翻译和提供修改意见等工作。在此一并致谢。

第三人称"作者"和第一人称"我"在文本中的混合使用造就了文本矛盾的人际风格。文本处于传统的前言非人际化的交际风格与表示认同和亲近的、会话式的人际化风格形成的张力中。这一张力还体现在文本对另一参与者——读者的称谓上。文本中对潜在读者的称呼在全文始终全部使用第三人称"读者"或"读者们":

（1）读者们最有发言权。

（2）细心的读者将会发现本书主要创新和特色之处。

（3）读者还可以发现…

（4）这种处理方法不仅符合学科发展的重要趋势，也有利于读者获得更多的信息和形成综合集成的知识结构。

以第三人称称呼读者符合前言作为学术话语的特征，体现了一种与读者之间较疏远的、正式的社会关系和距离。这种社会关系与第一人称所体现的人际化的、会话式的人际风格相混合共同造就了文本矛盾的人际意义。

### 4.4.2.5 情态分析

情态也是语言学分析的一个重点。情态涵盖的是"是"与"否"之间的意义领域，也就是系统功能语法中所说的"归一性"（polarity）。在这"是"与"否"的两极之间，发话人可以把命题表达得具有不同程度的可能性和可希望性（desirability）。情态的表达手段多种多样。情态动词是情态表达的主要手段之一。汉语中与英语的情态动词大致对应的是汉语中的能愿动词。马庆株（1992：49-50）将汉语的能愿动词定义为"只能后加谓词性成分的非自主动词"，并将能愿动词分为 6 个小类:

（1）可能动词 A 类——可能

（2）必要动词——得（dei）、应、该、应该、应当、须得、必得、要、犯得着/犯不着

（3）可能动词 B 类——会、可、可以、能、能够、好、免不了、得以、容易、来得及

（4）愿望动词——乐意、愿、愿意、情愿、想、想要、盟、要想、希望、企图、好意思、乐得、高兴、乐于、肯、敢、敢于、勇于、甘于、苦于、懒得、忍心

（5）估价动词——值得、配、便于、有助于、难于、易于、善于、适宜于

（6）许可动词——准、许、准许、许可、容许、允许

彭宣维（2000：123）参照 Halliday 对英语情态操作词价值的分类方式将上述能愿动词按量值分为高、中、低三类：

**表 4.2　汉语能愿动词量值分类**

| | 低 | 中 | 高 |
|---|---|---|---|
| 肯定 | 可能；会，可，可以，能，能够，好，得以，容易，来得及 | 乐意，愿，愿意，情愿，想，想要，要 2，要想，希望，企图，好意思，乐得，高兴，乐于，肯，敢，敢于，勇于，甘于，苦于，懒得，忍心；值得，配，便于，有助于，易于，善于，适于，宜于 | 得（dei），应，该，应该，应当，必须，须得，必得，要 1，务必，务须，须要，犯得着 |
| 否定 | 可能不，不会，不必，无须，不须，不能够，免不了，难免，不免，不（容）易，来不及 | 不乐意，不愿，不愿意，不情愿，不想，不要希望，不好意思，不肯，不敢，不忍心，不值得，不配，不便于，无助于，难于，不善于，不适于，不宜（于） | 不可能，不可，不可以，不能，不得，不该，犯不着 |

通过分析，我们发现样本中出现的能愿动词包括（括号里的数字是该词所在句子的序号）：

（更）会（41）、不敢（42）、有助于（33）、有利于（26）、难以（23、11）、有利于（26）、得以（15、12）、可以（19）、（非常）有利于

（17）、会（7）。

这些能愿动词除了"会"、"可以"、"得以"属于低值的能愿动词，其余都属于中量值的能愿动词。而第 41 句中的低量值能愿动词"会"，因前面使用了程度副词"更"，具有了中量值能愿动词的功能。在中量值的能愿动词中，大部分属于肯定估价动词，如"有助于"、"有利于"，其中 17 句中的"有利于"因前置程度副词"非常"的运用增强了其自身的量值。这些肯定估价动词在文本中反复出现，其中"有利（助）于"出现 4 次：

（1）本书刻意构造的四个条理分明的"公共经济学"……<u>非常有利于</u>读者获得科学合理的关于公共经济学的知识结构。

（2）这种处理方法不仅符合学科发展的重要趋势，也<u>有利于</u>读者获得更多的信息和形成综合集成的知识结构。

（3）注重细节处理<u>有利于</u>读者把握好各章节的重点、要点、难点……

（4）这些精心选择的案例及案例分析<u>有助于</u>为读者提供对公共部门经济作用的更实际、更具体的理解。

可以看出，4 个句子中的肯定估价动词都充当了价值的触发语，引发的命题都涉及教材的评价，指向教材某个方面的作用和对读者的益处。句 1 中的估价动词"有利于"结合程度副词"非常"极大地渲染了本书对读者的益处（获得科学合理的知识结构）。句 2 中的估价动词"有利于"配合"更多的"、"综合集成的知识结构"等积极性的后果进一步强化了教材的优点。句 3、句 4 中的肯定估价能愿动词同样也引出了作者对教材的价值的承诺以及带给读者的利益。广告常常暗示消费者拒绝接受某种产品或服务可能将遭受的损失。这些肯定的估价动词同样产生了这样的语用效果，因为强调接受某种产品或服务所能带来的好处也就是暗示如果消费者拒绝他们可能造成的不利后果。估价动词的使用使文本具有与读者互动的取向。

此外，文中这些肯定的估价动词都是以客观、明确的形式出现，句中没有使用"我认为"或"作者认为"这样的主观的情态表达手段，而是由非人称的主语引出，如，以"这种处理方法"、"注重细节处理"、"案例和案例分析"来做主语，这一表达方式突出了表述的科学客观性，增加了信息被读者认可的程度，如：

（1）这种处理方法不仅符合学科发展的重要趋势，也有利于读者获得更多的信息和形成综合集成的知识结构。

（2）注重细节处理有利于读者把握好各章节的重点、要点和难点，避免因不得要领而产生的种种问题。

（3）这些精心选择的案例及案例分析有助于为读者提供对公共部门问题的更实际和更具体的理解。

### 4.4.2.6 俗语、成语以及并列结构的运用

典型样本的另一个突出的特点是较多运用了俗语和成语，如：

（1）这种百花齐放的局面也给我造成很大压力。

（2）这种遗漏实在令人匪夷所思。

（3）本书……力戒空洞无物、装模作样式的文字表述……力戒似是而非、无病呻吟式的所谓"理论"

我们将样本中所运用的成语、俗语归纳如下：

百花齐放、迎难而上、匪夷所思、条理分明、科学合理、几无遗漏、有意无意、融会贯通、综合集成、不得要领、空洞无物、装模作样、似是而非、无病呻吟、故弄玄虚、故作高深、简明扼要、丰富而生动、引人入胜、低劣粗糙、误人子弟、诚惶诚恐、不敢稍懈、倾其所学、细节决定成败、大道之简、复杂问题简单化、以其昏昏、使人昭昭

经过统计，全文俗语和成语共出现29例，出现频率为63%。这些带有描绘色彩的成语和俗语的大量使用使语言表达富有情趣，颇具生活气息，易于人们

牢记，同时增强了文本的可读性和表达的效果，增加了感染力。较多地运用成语和俗语与广告话语的风格十分类似，使人读起来朗朗上口，克服学术话语表达中的枯燥呆板，增强了表达的吸引力。

除了运用俗语和成语，文中还运用了几处并列结构：

（1）体系完整、视野开阔、重点突出、细节精致、文笔简练、富有特色而不落俗套。

（2）本书强调抓住每个论题下最关键和最核心的问题，力戒空洞无物、装模作样式的文字表述。本书强调让读者掌握扎实的关于公共经济学方面的基础理论及其应用，力戒似是而非、无病呻吟式的所谓"理论"。

并列结构能使句子结构紧凑，扩大信息含量，增强句子的明晰性、简洁性。这类句子鲜明、突出、醒目、比完整句子更有节奏感，表达更有力，受众也更容易从中感受到鼓动的力量。

### 4.4.3 修辞资源分析

4.4.3.1 隐喻的使用

隐喻传统上被认为是文学语言的特征，尤其在诗歌中出现较多，其他类型的语言很少出现隐喻。然而近年来越来越多的研究表明隐喻普遍存在于各种各样的话语之中，甚至科技话语当中也存在着隐喻。隐喻不仅仅是话语表面上的一种文体修饰，当我们用一种隐喻而不是另一种隐喻指称事物时，就意味着我们对构建现实的方式进行了选择。隐喻以普遍和基本的方式构造（structure）我们思考和行为的方式，以及我们的知识和信仰体系。现实生活中隐喻性（metaphorization）的变化是具有重要文化和社会隐含意义的话语变化的一个方面。这种变化不仅是话语转换的一个因素，而且是其相应领域内思想和实践的变化。一些隐喻在特定的文化中已经被深深地自然化了，人们大多数情况下意识不到它们的存在，即使有时有意识地注意也难以摆脱这些隐喻对他们的话语、思想和行为的影响。Lakoff 和 Johnson 探讨过辩论的战争隐喻：

（1）Your claims are <u>indefensible.</u>

（2）He <u>attacked</u> every weak point in my argument.

（3）I <u>demolished</u> his argument.

Lakoff 和 Johnson 指出上述画线部分的词语不仅仅是用词的选择，它同时表明辩论中的许多活动是由战争的概念来构建的。话语的军事化实际也是思维和社会实践的军事化（Chilton，1988）。学术话语中隐喻的使用是判断学术话语特征的一个重要方面，也是判断主体的思维和实践变化的一个方面。从样本中我们发现了商品和经济管理话语的运用，如：

（1）也许正因为是显学，才会有如此众多版本的公共经济学著作进入<u>市场</u>，并成为所属高等院校开设的一门经济学核心课程。

（2）本书就是基于这样的<u>理念</u>迎难而上的结果，但最终的评判需要交给读者。

（3）基于各种考虑，作者个人全部承担了本书的体系<u>设计</u>、构思和所有文字撰写工作，本书的整体<u>质量</u>亦概由作者个人负责。

（4）本书在体系构造、标题<u>设计</u>、行文风格、案例选取与分析、图表安排、本章重点、专业术语、复习思考等方面都是相当用心的。

（5）凡是开设经济学课程的院校（修习经济学专业的<u>学员</u>），都有必要开设公共经济学课程。经济学帮助<u>学员</u>掌握经济学的基本原理、方法和分析工具，而公共经济学帮助<u>学员</u>应用这些原理、工具和方法分析公关部门的经济作用，包括获得关于政府政策和管制方面的知识。

上述例1、3、4中的"市场""质量""体系设计""标题设计"都是商业话语。"市场"一词是商品流通领域的典型话语。"质量"和"设计"是商业生产领域的话语。"设计"是普遍被应用于现代商品中的概念，近年来越来越多地被应用于符号和语言。语言也被用来设计以销售代销产品。这正是语言商品化和工具性的体现。"体系设计"和"标题设计"的表达是商品话语在学术话语中的再语境化，无论是语言形式本身还是其内涵都体现了市场模式的影响和渗透。从话语实践的角度看，作者显然是以商品的模式来概念教材，把教材看作是产品来运作：注重质量、拥有市场，各个方面都需要进行精心的设计。例句2中的"理念"是现代企业文化中的特有词汇，但近年来已被应用到许多其他领域。该词在文中用来指教材写作的指导思想，这表明前言话语受到企业文化话语的影响。例句5中课程开设的对象用"学员"、而不是学生，也是商业运营模式的体现。学员通常指在高校、中小学以外的学校、培训班学习的人。"学员"一词，表明把高校就读的学生看作是付费的学习者，突出了"客户"的性质。上述例子中的这些商业经营话语以隐喻方式转换到学术话语的话语秩序中，不仅仅是修辞上的繁荣景象，而且是在市场模式的基础上从话语层面组合机构实践的尝试（Fairclough，1992b：208）。

语言发展到今天，话语之间的混合交叉已经成为普遍的现象。许多话语都不是纯粹仅出现于特定的领域，话语生产者也不仅仅运用一种或特定的话语表述特定领域的交际事件，而是运用几种或多种话语。除了商业经营话语，分析发现，文本中还出现了建筑话语和医疗话语的运用，例如：

（1）本书还将"政府管制"（尤其是政府间管制）、"公共收费"、"知识经济"、"可持续发展"等重大论题的经济分析，纳入公共管理学的框架下，这也是目前不少版本欠缺的地方。更一般地讲，本书刻意构造的四个条理分明的"公共经济学"模板，即"公共经济学基础（第一篇）"、"国家与政府的经济理论"（第二篇）、"公共财政理论"（第三篇）和"经济政策与管制"（第四篇），覆盖了公共经济学的所有核心议题，几无遗漏，形成完整的框架体系，非常有利于读者获得科学合理的关于公共经济学的知识结构。

（2）没有一个关于国家的理论作支撑，就难以恰当的理解公共部门的经济作用。

这个缺陷在本书（第一章）得以矫正。

（3）本书刻意避免的另一个常见的毛病是：将许多没多少知识含量，或者纯属其他学科范围的内容"塞进"公共经济学教材中。

上述例句 1 和 2 中的"支撑""框架""模板""结构""构造"属于建筑话语，例 3 中的"毛病"和例 2 中的"缺陷""矫正"属于医疗话语。这些话语的运用除了表明作者的思维和视角受上述两种话语实践的影响之外，还使正式、抽象的学术话语的表达形象、生动、贴切，易于被读者接受。

### 4.4.3.2 对比分析法

广告最重要的内容便是突出产品的独特性和与众不同性（Bhatia，2004），而这一目的主要通过将自己的产品与其他同类产品相比较，并对自己的产品进行积极、正面的描述和评价来实现。这种看似提供信息的语言功能实际暗含着促销的目的或意图，是广告最常见的促销策略。何修猛提出了现代广告的七种心理策略："吸引注意策略、增强记忆策略、需要导向策略、巧用时势策略、制造从众策略、创造时尚策略、标新立异策略"（何修猛，2001：225 - 239）。其中"标新立异策略"便是突出产品的与众不同之处。典型样本的一个非常突出的特征便是贯穿全文的对比分析法的运用。在文本的核心部分—教材的积极评价中作者不断将本书与其他版本的教材相比较，通过对比其他版本的缺陷和毛病，反衬本书的优势和创新，强调本书的与众不同之处，具有其他版本不可比拟的优点。首先，作者在第一段的句 7 中引出全文的思路是将本书与其他版本的《公共经济学》进行比较：

如果与目前所见到的《公共经济学》的版本比较细心的读者将会发现本书的创新和特色之处：

在随后的行文中，作者不断地将本书与其他版本进行比较，如在第 2 段中：

（1）类似的，目前的版本大多只讲"政府职能"，而有意无意地遗漏了对"地方政府经济作用"的分析。考虑到地方政府在经济社会生活中的作用如此之大，并且在许多重要方面扮演着与中央政府不同的角色，这种遗漏实在令人匪夷所思。这一缺陷同样在本书（第七章）得以弥补。

（2）本书还将"政府管制"（尤其是政府间管制）、"公共收费"、"知识经济"、"可持续发展"等重大论题的经济分析，纳入公共管理学的框架下，<u>这也是目前不少版本欠缺的地方</u>。

（3）<u>本书刻意避免的另一个常见的毛病是</u>：将许多没多少知识含量，或者纯属其他学科范围的内容"塞进"公共经济学教材中。

例1通过介绍目前版本的缺陷，指出本书的不同和优势之处。例2的指示词"这"指代前文所讲述的内容，并通过指出"这是目前版本欠缺的地方"来将本书与其他版本进行比较，言外之意，"这"所指代的内容是本书与其他版本的不同之处。例3则通过预设的手段指明"塞"内容是其他教材常见的毛病，而本书不存在这一问题。"另一个常见的毛病"以预设的手法指出下文所说的问题是教材常见的问题，表明这一问题是作者和读者共知的事实。

在第4段中，作者也直接将本书与其他版本进行比较：

（1）<u>与许多版本不同</u>，本书提供的是一个高度综合而集成的知识体系。

（2）本书将有关税收的问题的经济分析高度集成到一章的篇幅中；<u>相比之下</u>，有些版本就"税收原则……"

在第六段中，作者利用"避免"、"力戒"等否定表达进行对比：

（1）本书刻意避免的<u>另一个常见的毛病是</u>：将许多没有知识含量，或者纯属其他学科的内容"塞进"公共经济学教材中。

（2）本书……<u>力戒</u>空洞无物、装模做样式的文字表述。……<u>力戒</u>似是而非、无病呻吟式的所谓"理论"。

接下来在同一段中，作者利用"并未、更未"否定式的表达进行比较、

除了少量的、基本的和最重要的图表和公式外，本书<u>并未</u>故弄玄虚（故作高深）地采用复杂的结合图形和公式，<u>更未</u>花费宝贵的篇幅去证明和推倒早已得出的数量结果。本书<u>并未</u>刻意去介绍或堆砌这些学科的内容。

"并未"、"更未"这种否定的表达预设了"故弄玄虚地采用复杂的几何图形和公式",以及"花费宝贵的篇幅去证明和推导早已得出的数量结果"是一些版本常见的问题,同时指明本书不存在这样的问题。

从以上例子可以看出,对比手法贯穿样本全文始终。这种贯穿全文的对比手法共同的特点便是通过指出其他版本的常见问题或毛病来强调本书的优势,突出本书与其他版本相比的不同之处。

### 4.4.3.3 信息传递的方式

描述事件和行为的视角是话语意义的重要特征之一(Van Dijk,1991)。视角作为语义特征既可以是整体的,也可以是局部的。信息传递视角的片面性,即只谈及表述对象的正面因素、不出现负面因素,是促销文本的典型特征(Wernick,1991),因为任何负面的因素会对广告或促销语类的促销意图产生对抗和不利影响。

从内容来看,样本的视角是单一的,整个语篇主要谈及教材的创新与特色,阐述教材的优势及克服的弊端,丝毫没有谈及教材的不足与缺陷,甚至略去了一般前言语类常用的礼貌结束语及希望得到批评指正的语步。

从信息整体分布的情况来看,典型样本没有介绍本书的主要内容和各章节的安排,而是主要讲述教材的创新和特色,以及与其它版本相比的与众不同之处。积极评价步骤成为文本的主要内容,共 1784 个汉字,占据了文本三分之二多(66%,1784/2690)的篇幅,这一步骤同时也是教材介绍语步的核心步骤,占据该语步76%(1784/2347)的篇幅。文本这种安排赋予了此部分重要的信息价值。该步骤分四个主题对教材的创新和特色进行阐述,每个主题单列一行,标上醒目的项目编号。这种清单式的介绍起到指导工具的作用,引导读者了解主要观点、主要内容和结构,对读者界面友好,使读者对所表达内容一目了然,并产生深刻的印象。此外,这种信息传递的方式运用了平行罗列信息法,段与段之间的关系是并列递增关系。以列表式的方法传递信息有助于语篇实现"对事实明确自信的声明"(Fairclough,1989)。一系列平行结构的使用不但增强了文本的修辞效果,而且这种层层递进信息传递方式实现了文本的推销和劝说功能,对表现教材的优势、在读者心中树立对教材的良好形象,起到了不可忽视的作用。

## 4.5 互文性分析

在语言学分析的基础上，我们对典型样本进行互文性分析。文本的语言学分析为互文性分析提供了依据，互文性分析对这些分析提供阐释，目的是阐明文本内互相混合的语类。根据我们构建的语言学分析模式，本节的互文性分析主要从话语、活动类型、交际目的、人际风格和主体位置 5 个方面详细剖析语类的各个范畴，揭示文本由哪些语类、以何种方式构成。

### 4.5.1 "话语"的分析

话语分析是跨越人文领域和社会科学领域的一项工作。话语可从抽象和具体两个角度来理解。抽象的话语是指语言以及其他作为社会生活要素的符号类型。而具体的话语（可用作复数名词的话语）是从具体的视角表现某一特定的社会实践的语言使用方式。我们这里所探讨的便是具体的话语。具体的话语是表征世界的种种方式。话语可用来表征物质世界的过程、关系和结构，表征思维、感情和信息的精神世界，以及表征社会世界。世界的特定方面会以不同的方式被表征，从而产生不同的话语。不同的话语实际上是观察世界的不同视角，并构建人与世界之间的不同关系。而人与世界之间的关系取决于人在世界中的位置、人的社会和个人身份，以及人与人之间的社会关系。

话语作为表征世界的方式可从不同的层面上进行识别和区分。话语最明显的区分特征是词汇的特征，即话语"词化"（lexicalize）世界的具体方式。例如，"攻击"是战争话语，"领袖"是政治话语，"学习"是教育话语。此外，话语也可以通过词汇之间的语义关系、分类、词汇搭配、预设等方面并结合表征主题和视角进行区分（Fairclough，2003a：133）。识别话语的另一语言手段是隐喻。隐喻分为词汇隐喻和语法隐喻。例如，将"公司之间的竞争"比喻成"比赛"便是词汇隐喻；而将动作用名词化的形式表达出来便是语法隐喻，如，"He beat me"表达成"His beating"。语法隐喻是 Halliday 提出的概念，我们借鉴 Halliday（1985）有关一致性（congruent）和隐喻性（metaphorical）的区分，把话语分为一致式话语和隐喻式话语。一致式话语是指通常用来指示某一类经验的话语；隐喻式话语是指话语被用来指代非通常指代的经验，如"client"通常用来指商业领域的消费者，若是被用来指教育领域的学生便成了隐喻式话语。话语的隐喻式表达是有其社会目的的，不同的隐喻与不同的利益和视角相对应，也可能具有不同的意识形态。因为隐喻是表征世界的典型资源，不同的隐喻意味着选用了不同的话语，代表着表征世界的不同视角，同时也暗示着不同的思维和文化。因此互文性分析的主要内容之一便是考察、阐释文本中使用了什么样的隐喻式话语。通过语篇中隐喻的分析可以判断语篇运用了什么样的话语以及表征世界的视角。

我们对典型样本的"话语"分析的依据主要来源于语言学分析层面的隐喻分析和词汇分析。作为学术话语的一种，典型样本的表述基本上都是使用明确清晰的陈述句，陈述或祈使语气是正式的权威话语的典型特征（Fowler，1991：127）。样本的主题、复杂的句式以及"显学"、"理论"、"体系"、"微观"、"宏观"等专业性词汇的频繁使用表明了样本学术话语的专业特征。除此之外，上一节中的语言学分析显示，文本中出现会话式表达（使用设问句；较多运用指示词；运用口语性的表达；运用第一人称代词"我"）以及市场和商业经营词汇（市场、质量、设计、理念、学员）的运用和建筑话语（框架、支撑、结构、模版）以及医疗话语（毛病、矫正）的运用。这表明该前言语类出现了多种话语的杂合：学术话语与普通话语（生活世界的话语）、经济话语、建筑话语和医疗话语的混合。传统前言的一致式话语是正式、客观、科学、非人际的学术话语，文本中来自生活世界的口语性表达融入学术话语中，拉近了与读者之间的距离，使表述的主题更易于被读者接受。经济或商业话语越界进入学术话语的领域中，表明商业经营理念和模式对学术领域的冲击和影响。建筑话语和医疗话语的运用则使表达更形象和生动，也体现了建筑和医疗领域的话语和思维对学术话语的影响。

### 4.5.2 活动类型和交际目的分析

活动类型和交际目的都是语类的重要属性，同时也是识别语类的重要特征，二者都与文本分析中的语类结构分析相对应，因此我们将二者合并在一起分析。活动类型是由语步组成的图式化结构，对应语类结构分析。上一节中语类结构分析我们得出前言文本的宏观结构：

　　相关研究领域介绍//论证写作目标//教材介绍（写作理念；积极自我评价；论证读者需要、确立使用范围和对象；写作态度；任务分工）//致谢。

　　在样本的宏观结构中，"教材特色"步骤和"论证读者需要、确立使用范围和对象"步骤与广告语类中的"描述和评价产品"、"定位市场"语步具有相同的结构特征和意义潜势，可以说，整个样本呈现出前言活动类型与广告促销活动类型的混合。

　　语类交际目的的分析可通过语步分析来实现。Swales（1990）、Bhatia（1993）认为，语类划分的主要标准是一组共享的交际目的，而交际目的的主要语言实现方式是语步结构。我们无法一下子表达所有的意义。每一个语步表达整体意义的一部分，这也是语类成功的必要条件（Eggin，1994，引自 Inger，2007：728）。语类结构分析对策略性的、以目的为取向的语类的分析很有价值。语类的交际目的是有层阶的（hierarchically），交际目的可分为主要目的和次要目的，相对清楚的目的和相对隐含的目的（Fairclough，2003a）。不同语步会与不同的目的相连。文本的语类结构不一定总是规约式的，有时会出现语步的缺失、增加，或者语步顺序的变更以及不同语类的典型语步的混合。这些变化使语类的结构复杂化，同时也表明交际目的发生变化。

　　从语类结构的分析中得出的典型样本的语步可以看出文本的主要交际目的是对教材相关信息和对教材写作付出努力和支持的人表示感谢。从表面上看，文本的主要目的是提供信息，介绍教材的相关内容，达到让潜在读者了解教材的目的。但文本中除了内容的介绍和表述之外，还运用了大量的积极评价，尤其是"教材特色"这一步骤运用了较多的褒扬性词汇，实际是对教材的积极自我评价。积极评价为劝说读者服务，因为对读者来说，评价是颇具说服力的因素。而评价中蕴含着教材的价值，价值又是行动的动力。因此，教材的深层目的或者其隐含的目的是引起读者兴趣、劝说读者，使其相信教材的价值，并期待读者做出积极的反应，产生接受的欲望，最终达到促使读者阅读或购买此书的目的。

语类的这种交际目的我们也可从交换类型（type of exchange）、言语功能（speech function）的角度来分析。Fairclough（2003a）把话语的交换类型分为"信息交换"（exchange of information）和"活动交换"（exchange of activities）。交换是两个或多个话轮（话步）组成的序列，具有交替的说话者，一个话步引出所期望的另一个话步便构成一个交换。活动交换是以行为为取向，期待回应的是活动；信息交换以信息为取向，期待回应的是信息。在下列对话中，句1和句4构成活动交换，句2和句3构成信息交换：

（1）顾客：来杯威士忌！

（2）吧台服务员：请问你的年龄？

（3）顾客：22岁。

（4）吧台服务员：好的，马上来。

言语功能大致可分为表述（statement）、问询（question）、命令（demand）和给予（offer）。其中"表述"分为四种类型：事实表述（statements of fact）、评价（evaluation）、预测（prediction）和假设（hypothetical statements）。

（1）I met Violeta yesterday.

（2）I will meet Violeta tomorrow.

（3）I might meet Violeta if she comes to England.

（4）What a fine person!

上述例句都具有表述功能，其中例1是事实表述，例2是预测，例3是假设，而例4则属于评价。

以上述视角为出发点的文本分析的任务在于分析文本中以那种交换类型和言语功能为主。表述的类型是那些？表述类型、言语功能、交换类型之间是否存在隐喻式的关系？是否表面表述而意在命令？与口头文本不同的是，书面文本的交换是在文本的写作和阅读之间进行。当然交换的发起与获得反应之间存在时空的差距。但这丝毫不影响书面文本的目的取向。任何文本都暗含着对话或以广义上的对话为取向的。通过对典型样本的分析，我们发现，文本表面是以信息交换为主，言语功能的类型为表述，表述中除含有一定的事实型表述和极少数的预测和假设（如下文中的例句1）之外，文本中的表述大多是评价型，如例句3等。其中一些事实表述也隐含着评价，如例句2表面是事实的表述，但暗示着本书不存在这些常见毛病，比起其他的教材具有一定的优越性。含有评价的表述的取向是吸引读者、促使读者接受并使用目标教材。从交换的角度来看，这种表面的信息交换的深层目的是活动的交换。也就是说，作者撰写前言，为读者提供相关信息，使读者了解教材，同时对读者进行劝说，期待着读者对其产生回应。这实际也是Halliday所说的语法隐喻，不过从言语功能的角度来看，将上述现象称作"语用隐喻"似乎更合适。

（1）如果与目前所见到的版本比较细心的读者将会发现本书的创新和特色之处。

（2）本书刻意避免的另一个常见的毛病的是：将许多没多少知识含量，或者纯属其他学科范围的内容'塞进'公共经济学教材中。

（3）完整的理论框架和知识体系；丰富生动的案例分析。

### 4.5.3 人际风格的分析

语类作为交际形式构建交际者之间具体的社会关系。社会关系可在两个向度上进行衡量：1）权力与团结；2）社会层阶（social hierarchy）与社会距离（Brown & Gilman，1960，引自Fairclough，2003a：75）。语类分析的重要内容之一便是从上述两个层面对其构建的社会关系进行分析。我们把语类构建的参与者之间的关系称作是语类的人际风格，即说话人和受话人之间的人际关系。Bakhtin强调表述中都存在对听者和他人的态度，认为这是风格形成极其重要的因素，没有它就不可能理解言语的风格，如在亲昵的和隐秘的言语中，它们不同程度地摆脱开社会等级和社会习俗来对待受话人，从而形成了特殊的、坦率性的语体和风格，而这正是取决于受话人和说者之间关系的性质和亲密程度（沈华柱，2005：38）。

人际风格实际是语类所体现的人际意义。系统功能语言学认为，人际功能关注的是篇章作者和篇章意图中的读者之间的互动关系，即说话人用语言表达自己的态度，并影响听者的态度和行为（李战子，2002：75）。语篇的人际意义的实现是韵律性的，实现人际意义的资源形式多种多样，可以出现在语篇中的任何地方。就书面话语而言，情态和评价是构建人际风格的重要语言资源。情态涉及什么是真、什么是必要的，是说者对命题的真实性做出承诺，或义务的程度。Halliday（1994）认为，情态是说者对涉及其所言的可能性或义务做出的判断。Verschueren认为情态是表达对所说言语内容的态度的诸多方式。Hodge & Kress（1988）则指出情态是说者或作者对表征所采取的立场，是涉及说者或作者与表征之间关系的范畴。文本中情态的选择是文本组织、构建参与者之间关系的重要过程的一部分。话语中的评价性意义资源也实现人际话语语义网络。评价涉及好、坏的评判，并将这种评价传达给受话者。评价主要看关于评价性的表述，是否有大量评价性的语言（形容词、副词、句子等），看作者对价值的承诺和态度。

基于以上论述，我们从样本语言学分析部分的情态、人称代词、口语式表达、评价资源的分析结果中归纳分析文本的人际风格。文本中的正式、学术性的词汇及第三人称的运用营造的是非人际化、疏远、保守的人际意义风格。第一人称代词"我"和设问、口语性词汇等具有会话特征的表达形式的使用，使文本风格显示出人际化的倾向。会话式语言突出交流者之间的平等、合作和不拘礼节，它是私人间而非社会角色间的交谈方式。这种口语化是话语中为实现促销目的的"虚拟的人际化"的表现。作者运用口语化的表达，将自己列入来自生活世界的听众的成员之一，增强了互动，拉近了与听众之间的关系，使作者与读者保持一种亲近、平等的关系（Fairclough，1989）。评价作为功能性语言现象，是促销语类实现促销劝说交际目的的语义维度（Bhatia，2004：60）。文中较多的肯定估价能愿动词的使用和显性评价表述都蕴含着价值的表达，构建劝说、促动的功能，体现了作者对目标实体的态度和立场，投射着文本人际化的、与读者互动的取向。上述分析的结果表明，文本的人际风格是异质的、矛盾的，非人际化、保守的人际意义与亲近、团结、互动的人际意义同时并存于文本之中。

由人际风格的分析我们可以进一步推导出文本中参与者身份的构建。Fairclough（2003a）将风格界定为存在方式或身份识别方式，它构成了社会参与者的特性并借此构建其身份。身份是风格的核心问题。后结构主义和后现代主义理论非常关注话语中的身份问题，认为身份（或主体）是话语的结果，是在话语中构建的。当然身份不是纯粹的、与语言相关的文本过程，身份还具有社会性、关系性。一个人是谁实际是由他与世界、与其他人的关系所决定的，也就是由参与者之间的关系所决定。话语中身份的建构也是如此。从人际风格的分析我们可以推导出文本所构建的作者的身份同样是异质和矛盾的。文中大部分表述都是事实的表述，这些表述都是断言式的，表明了作者对表述真实性的强烈承诺，同时也塑造了非人际化的专家的权威身份。而另一方面，文中夹杂的人际化风格又使作者的权威身份改变，成为与读者平等、亲近的非权力者，这似乎也吻合了当代社会人际关系民主化的发展趋势。

### 4.5.4　主体位置分析

主体位置的建构是语类的另一典型特性。每一种语类都建构使用该语类的参加者占据的位置或角色，即设置参与者的主体位置。就书面文本而言，主体包括说话主体和阅读主体。语篇在建构说话者主体位置的同时也有意识地为读者建构主体或阅读位置。Bakhtin 说过，"表述的诉诸性、针对性，是它的一个基本特征，离开这一特征就没有也不可能有表述。各种典型的诉诸受话人的形式、对受话人的各种典型的见解，是各种言语语类的基本的决定性的特征……说话者对一切语言手段的选择，都或多或少受到受话人及预见中应答的影响。"（巴赫金，1998，第2卷：186）。说话主体为读者构建的主体位置不仅为读者提供解读语篇的角度，指导他们在阅读中所应扮演的角色和采取的立场，它同时还以潜移默化的方式来将读者塑造为特定社会群体的成员，告诉它们谁、什么和以何种参与特定的社会情景、社会场合和社会交往（辛斌，2005：141）。因此，语类中主体位置的分析具有重要的意义。

在每一个特定时期的特定社会中，每一种语类都赋予其主体位置以特定的行为规范和意识形态，具体语篇的说话主体都要受到所用语类已经形成或存在的体现该语类的意义潜势的主体位置的限制（同上）。这正符合了 Foucault 的话语权力观。任何一个社会中，谁说话、怎么说，对谁说，不是自然的过程，都受到一定规则的支配。"并不是所有的人都可以成为生产话语的主体。要成为一个生产话语的主体，需要一定的资格、手势、行为、氛围以及一整套与话语形影不离的符号"（阿兰谢里登，1996，引自张德明，2000：85）。这一点不难理解，例如在校庆讲话中，一般是校长有资格面向全校师生发表讲话词，讲话内容一般涉及回顾学校的历史、成就，展望未来等等。而在这种场合谈论旅游、婚姻或由普通教师主持讲话则不合时宜，这些话语实践都是在一定的规则约束下进行的。就权力而言，在文本中生产话语的说话主体因具备了一定的资格，成为说话主体，同时具有了一定的权力，受话者则处于相对较弱的权力位置。Foucault 认为，文本参与者能够塑造和改变他们的位置。主体位置不是完全由事先设定或固定不变的，而是可以变换的。但是改变主体位置的权力并不是平均分布给文本参与者的。参与者之间的权力关系会影响到主体位置的改变，反过来，当主体位置改变时，参与者之间的权力关系随之也会发生改变。也就是说，语类形式和话语参与者之间的权力关系存在着张力。权力因话语事件中参与者之间的不对称性以及其控制文本如何生产、分布和接受的不同能力而不同。这就意味着，主体位置会随着修辞语式（如论说、描述、说明、介绍等）的不同而不同。例如，介绍、说明的修辞语式是提供信息，作者是信息和知识的来源和提供者，从权力的角度来看，作者处于权威的位置，控制着表述的内容和方式，读者则是被动接受信息的主体。这就形成不对称的主体位置。

通过对典型样本的语言学分析，我们可以发现，样本中作者与读者处于双重的关系之中。一方面，作者作为提供信息的主体，处以权威的位置。文本的主要基调是向潜在读者介绍教材的相关信息，文本除了一处设问句式之外，全部使用陈述语气。这时作者以信息提供者的权威身份说话，掌握着要表达的内容，说什么和如何说都是由作者来决定。例如，在开篇第一句中作者写道：

　　公共经济学是经济学中的显学，它研究的是一个极富吸引力的重大主题—公共部门的经济作用。也许正因为是显学，才会有如此众多版本的公共经济学著作进入市场，并成为多数高等院校开设的一门经济学核心课程。

在这一例句中，作者作为了解和掌握经济学领域知识和信息的专家来陈述，而读者作为信息的接受者或受指导者处于被动无权力的地位。但是当作者积极评价自己的作品，意欲引起读者的兴趣，劝说读者相信自己的著作的价值并达到推销的目的时，双方的关系成为卖方—买方的关系，主体位置发生了改变。作为卖方，在通常具有买方市场特征的现代消费社会中，作者的权威地位下降，处于无权力的地位。而读者一旦被视为潜在的消费者，因拥有选择权便处于权力者的地位，这种位置的转换在下句中得到充分体现：

> 本书是基于这样的理念迎难而上的结果。但最终的评判需要交给读者。读者们最有发言权。我建议读者多看几个版本的公共经济学著作，因为有比较才会有鉴别，如果与目前见到的《公共经济学》的版本比较，细心的读者将会发现本书的创新和特色之处。

这一例句中，作者暗示本书较其他版本的优越之处，劝说读者接受并相信自己的表述，并将判断权和选择权交给读者。作者此时的主体位置发生了改变，由介绍者转向劝说者、推销者，权力关系下降，而读者因为拥有了选择权和决定权其位置和权力也发生了变化。

主体位置在受意义潜势和修辞语式影响的同时，也会受到语式的限制。从语体学角度看，样本属于正式语体，但同时又含有口语式的、会话式的非正式语言，充斥着生活世界的普通话语。在口语式的表达中，过程分享（process sharing）的程度非常明显，作者将读者看作是可以对话的另一方，让读者感觉作者正与自己面对面地交流，读者被置于与作者平等交流的主体位置。这样语篇交际双方构建了矛盾、双重的主体位置。也就是说，文本生产者处于两种类型的主体位置，同时也使读者处于双重、矛盾的位置。

### 4.5.5 互文性分析小结

互文性分析的结果表明，样本语类的五个范畴在性质上都不是单一、纯粹的。文本的交际目的表现出信息介绍和劝说、促销双重交际目的的混合。前言语类的活动类型中杂合着广告促销语类的活动类型特征；主体位置和人际风格是杂合的、异质的，呈现出双重、矛盾的特征；话语层面也呈现出学术话语和经济、商业话语，以及其他话语如建筑话语的混合。这些特征综合起来共同表明了前言语类的异质性。文本中杂合着的劝说、促销的交际目的、广告语类的活动类型、商业话语以及亲近、团结的人际关系、非权威的主体位置也清楚地表明文本中含有广告促销语类的范畴特征，文本呈现出十分明显的语类商品化特征。在论述 Bakhtin 的社会杂语理论时我们谈到，每个言语语类都代表着人们对现实世界的一种视角、一种思考方式，隐含着根据语境而选用语类的价值评判，换言之，语类本身就代表着群体对事物或现象的共同的社会评价。选择了某种语类，便意味着选择了某种群体价值取向和属性。话语是个人的，但创造者并不能任意妄为，而需遵循言语语类所包含的共同的社会评价。进入同一文本中的不同语类都携带着自身所固有的价值取向和基调，被作者组织成有序的杂语，共同为文本的最终文意服务。前言语类中杂合的广告和促销语类显然也是如此。广告促销语类是商业思想的体现，代表着促销的价值取向。文本中前言语类与广告促销语类共同交织，在介绍信息的同时，起到宣传、促销的作用。

　　在互文性分析层面，要揭示语类生成的机制，除了分析各个范畴的体现，判断文本由哪些语类构成，另一个重要内容便是判断语类的这种异质性是常规性的，还是创造性的？是传统的互文格局还是新的互文特征？广告和促销语类是促销类语类群的成员，也是商业经济领域话语秩序的成分；前言语类是学术介绍类语类群的成员，同时也是学术话语领域话语秩序的成分。从理论上讲，前言语类的商品化是学术介绍类语类越界征用广告促销语类的结果，是一种创造性地运用结构之外的资源组成语类的方式。但互文性是复杂的、无法溯源的，并且创造性不是绝对的，是依据社会情形判断的结果（Fairclough，1995b：61），而且现实生活中我们接触到的往往都是已经杂合了的语篇。这种杂合是在什么样的社会情形下开始的？又是以什么样的方式进行的？是否形成了一定的趋势？这些问题仅凭共时分析和分析者的语言经验来判断缺乏足够的说服力。在现实生活中，前言语类与广告促销语类的这种语类互文形式究竟是常规性的还是创造性的必须要经过历时的对比分析来确立。我们将在下一章中对前言语类商品化的现象进行历时对比分析。

## 4.6　本章小结

　　本章选取典型语篇，以高校汉语教材前言为语料，在构建的批评性语类互文性分析模式的框架下，对语类商品化现象进行了定性分析。在语类作为文本的语言学分析层面，我们从词汇语法、语类结构、修辞资源三个方面对语篇的语言学特征进行了详细分析，发现前言语类的语言学形式呈现出劝说、促销、人际化的特征；在语类作为话语实践的互文性分析层面，我们剖析了话语、活动类型、交际目的、人际风格、主体位置 5 个范畴，发现该前言语类的各个范畴都是异质、矛盾的。这些分析的结果表明样本具有混合、促销的色彩，前言语类中杂合着广告促销语类的语类资源。

# 第 5 章

# 前言语类商品化的历时定量分析

　　语类是一个或然的系统，对语类的描述既要说明什么是可能的，还要说明有多大的可能性。Halliday 指出，"语言本质并不总是这样而从不那样的关系，而是更多的是这样，更少的是那样的关系"（引自丁建新，2007：46）。Lemke（1984）则强调语言作为一个动态的开放系统，作为一个通过不断变化来保持自我的系统，只有通过量的方法才能被进一步的研究和了解。语类商品化是一个过程，是动态发展变化的过程，只通过静态共时的手段不能充分揭示其变化的特征，必须通过历时动态的研究才能揭示其真正的本质。定性分析的结果表明现阶段的前言语类呈现出语类商品化的特征，接下来我们需要解决的问题是：这种语类互文特征出现的可能性有多大？语类商品化是前言语类传统的互文方式，还是一定时期的特定特征？这就需要我们在定性的基础上进行历时和定量分析。基于此，本章将历时分析和定量分析结合起来，从 1965—1979、1980—1995、1996—2009 三个不同时期选取 3 组样本（每组 20 个样本）进行历时定量对比分析。我们重点关注 1965—1979 年段和 1996—2009 年段语料之间的对比，1980—1995 年段的语料的分析是为了展示处于二者之间的中间阶段的前言语类的发展，考察这一语类的变化趋势。考虑话语分析自身的特点和分析的可操作性，历时定量的分析选项我们只能选择具有统计意义的或重要的语言特征。本章主要从宏观的语类结构、微观的评价资源和模态运用三个方面对前言语类进行跨时期的对比分析。

## 5.1 前言语类结构的历时对比分析

### 5.1.1 语类结构潜势对比分析

在典型语料定性分析结果的引导下，历时定量的语类结构分析中我们主要运用归纳法，对不同时期所有的个体语篇逐一进行分析，在此基础上归纳总结出不同时期前言的语类结构潜势。通过对比分析，考察不同时期前言语类在结构上发生的变化，并提炼出前言语类共有的语类结构特征。具体的分析步骤为：首先我们利用语步分析方法分析每组样本中每一样本的语类结构，然后根据 Hasan 语类结构潜势理论归纳出每个时期前言的语类结构潜势。语类结构潜势的归纳过程可用下图表示：

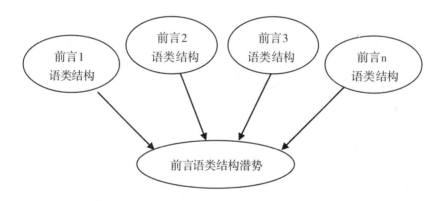

**图 5.1 前言语类结构潜势分析过程**

语类结构潜势是描述性的，是从千变万化的个体语篇结构中总结出来的模式，而不是对语篇结构的强制性规定。Hasan 将语类的结构分为必要成分、可选成分和重复成分。必要成分是决定语类的成分。如果一个语类的必要成分发生变化，那么就会产生新的语类。可选成分属于同一语类的变异现象，可导致属于同一语类的语篇的多样化。那么，如何判断语类结构的必要成分？Hasan 认为必要成分是在每一个语篇中都要出现的成分，如果某一语篇缺失该类语类的某必要成分，该语篇便不能视为属于该类语类。但这一观点受到一些学者的质疑。Paltridge（1997）认为，"语类具有其归约化的语类结构特征，但这并不意味着语类的每一例子都必须具有这样的语类结构才能被视为该类语类的成员"。这一观点与系统功能语法的盖然率的思想（notion of probability）相一致。此外，从定量统计分析的角度来看，抽样分析容易产生代表性误差，即用样本推断总体时所导致的误差。一般说来，社会科学的统计分析中出现5%样本误差是合理的，因此本研究将在样本中出现频率为95%以上的结构成分视为目标语类的必要成分，出现频率为5%—95%的结构成分视为非必要成分。

需要说明的是，在第三章我们讨论 Hasan 的语类结构潜势理论时指出，本研究认同 Hasan 将语类结构分为必要成分和非必要成分的做法，但不认同语步顺序不变的观点，因此我们对前言语类结构潜势的归纳主要包括语类的必要成分和非必要成分。

表 5.1　第 1 组样本语类结构分析统计表

| | 相关研究领域介绍 | 教材简介 | | | | | | | 确立资质 | 致谢 | 礼貌自谦与寻求反馈 |
|---|---|---|---|---|---|---|---|---|---|---|---|
| | | 写作背景、目的或意义 | 内容 | 指导原则 | 具体不足 | 使用安排说明 | 任务分工 | 适用对象 | | | |
| 1 | | | V2 | v1 | | | | | | | V3 |
| 2 | | | V2 | V1 | | | | | | V3 | V4 |
| 3 | | V1 | V2 | | | | | | | V4 | V3 |
| 4 | V1 | V2 | v4 | V3 | | | | | | V5 | V6 |
| 5 | | | V2 | V1 | | | V4 | V3 | | V5 | V6 |
| 6 | | | V2 | | | | V3 | V1 | | V4 | V5 |
| 7 | | | V1 | | | | V3 | V2 | | V4 | V5 |
| 8 | V1 | V2 | | V5 | | | V3 | V4 | | V6 | V7 |
| 9 | V1 | V2 | | | | | | | | | V3 |
| 10 | | V1 | V2 | | | | V3 | | | | V4 |
| 11 | | V1 | V3 | V2 | | | | | V4 | | V5 |

续表

| | 相关研究领域介绍 | 教材简介 | | | | | | | 确立资质 | 致谢 | 礼貌自谦与寻求反馈 |
| | | 写作背景、目的或意义 | 内容 | 指导原则 | 具体不足 | 使用安排说明 | 任务分工 | 适用对象 | | | |
|---|---|---|---|---|---|---|---|---|---|---|---|
| 12 | | | V1 | | | | V2 | | | V3 | V4 |
| 13 | | V1 | V2 | | | | | | | V4 | V3 |
| 14 | | V2 | V3 | V1 | V6 | | V5 | V4 | | | V6 |
| 15 | V1 | | V2 | | | | | | | | V3 |
| 16 | | V1 | V3 | V2 | | | | | | | V4 |
| 17 | | | V1 | | | | V2 | | | V3 | V4 |
| 18 | | | V2 | V1 | | | | | | V3 | V4 |
| 19 | | | V2 | V1 | | V3 | | | | V4 | V5 |
| 20 | | V1 | V3 | | | | V4 | V2 | | | V5 |
| 次数 | 4 | 10 | 16 | 11 | 1 | 1 | 9 | 6 | | 12 | 20 |
| 频率 | 20% | 50% | 80% | 55% | 5% | 5% | 45% | 30% | 5% | 60% | 100% |
| | | 100% | | | | | | | | | |

（注：表中字母 v 代表样本中出现的语步和步骤，字母后的数字表示它们在语料中出现的顺序）

### 表5.2　第2组样本语类结构分析统计表

| | 相关研究领域介绍 | 论证写作目标 | 确立资质 | 教材简介 | | | | | | | | 致谢 | 礼貌自谦与寻求反馈 |
| | | | | 写作背景目的或意义 | 内容 | 指导原则 | 教材特色 | 具体不足 | 使用安排 | 任务分工 | 适用对象 | | |
|---|---|---|---|---|---|---|---|---|---|---|---|---|---|
| 1 | | | | | V2 | v1 | | | | | v4 | V3 | V5 | v6 |
| 2 | | | | | v1 | | | | | | v3 | V2 | v4 | V5 |
| 3 | | | | v1 | | | | | | | v2 | | V3 | v4 |

续表

| | 相关研究领域介绍 | 论证写作目标 | 确立资质 | 教材简介 | | | | | | | | 致谢 | 礼貌自谦与寻求反馈 |
|---|---|---|---|---|---|---|---|---|---|---|---|---|---|
| | | | | 写作背景目的或意义 | 内容 | 指导原则 | 教材特色 | 具体不足 | 使用安排 | 任务分工 | 适用对象 | | |
| 4 | v1 | V2 | | | v4 | | | | | V5 | v3 | v6 | v7 |
| 5 | v1 | | | | V3 | V2 | | | V4 | | | v5 | v6 |
| 6 | | | V2 | | v3 | V1 | | | | | | v4 | v5 |
| 7 | | | | V1 | v2 | | | | V3 | V4 | | V5 | v6 |
| 8 | | | | V1 | V2 | | | V3 | V4 | V5 | | | v6 |
| 9 | v1 | | V5 | | V3 | V4 | V2 | | | | | V6 | v7 |
| 10 | v1 | | | | V3 | | | | | | V2 | v4 | v5 |
| 11 | v1 | | | V2 | v3 | | | | | | | v4 | v5 |
| 12 | | v3 | V2 | | V4 | V1 | | | | v5 | | V6 | v7 |
| 13 | | | V1 | | V3 | V2 | | | | v4 | | v5 | |
| 14 | | | | v3 | V3 | v1 | | | | v4 | | v5 | v6 |
| 15 | | | V5 | | v4 | V2 | | | | v6 | V3 | V7 | v8 |
| 16 | | | | v3 | V4 | v1 | | | V5 | v2 | V3 | v6 | v7 |
| 17 | v1 | | | | | | V3 | | | v5 | v4 | v6 | v7 |
| 18 | | V2 | v3 | v1 | | | V4 | | | v8 | V5 | v6 | v7 |
| 19 | | | | v1 | v2 | | | | | | | | v3 |
| 20 | | | | | V3 | | V2 | | | v5 | v1 | v6 | V4 |
| 次数 | 7 | 3 | 6 | 9 | 16 | 10 | 3 | 1 | 4 | 14 | 9 | 18 | 19 |
| 频率 | 35% | 15% | 30% | 45% | 80% | 50% | 15% | 5% | 20% | 70% | 45% | 90% | 95% |
| | | | | 100% | | | | | | | | | |

（注：表中字母 v 代表样本中出现的语步和步骤，字母后的数字表示它们在语料中出现的顺序）

### 表 5.3　第 3 组样本语类结构分析统计表

| | 相关研究领域介绍 | 论证写作目标 | 确立资质 | | 教材简介 | | | | | | | 致谢 | 礼貌自谦与寻求反馈 |
|---|---|---|---|---|---|---|---|---|---|---|---|---|---|
| | | | 教材及编写人员资质 | 使用效果例示 | 写作背景目的或意义 | 内容 | 指导原则 | 教材特色 | 使用安排 | 任务分工 | 适用对象 | | |
| 1 | | | | | v1 | v2 | v3 | v4 | | v5 | | | v6 |
| 2 | v1 | | v3 | | | v2 | v4 | | | v5 | | v6 | v7 |
| 3 | v1 | | | | v3 | v4 | v2 | v5 | | v6 | | | v7 |
| 4 | v1 | | | | | v2 | | | | | v3 | v5 | v4 |
| 5 | | v1 | | v3 | v2 | | | v4 | | v5 | v6 | v7 | v8 |
| 6 | | | v1 | | | v2 | | | | v3 | | v4 | v5 |
| 7 | v1 | | v5 | | | v3 | | v2 | | v4 | | v6 | v7 |
| 8 | v2 | v1 | | | | | | v4 | | v5 | v3 | | v6 |
| 9 | v1 | v4 | | | v3 | v6 | | v5 | | | v2 | | v7 |
| 10 | | v1 | v2 | | | | v3 | | | | | v5 | v6 |
| 11 | | v1 | | | | v3 | | v2 | | v4 | | v6 | v5 |
| 12 | v1 | v2 | | | | | | v3 | | v4 | | | v5 |
| 13 | | v1 | | | | v2 | | | v4 | v3 | | v5 | v6 |
| 14 | v1 | | v2 | | v3 | | v4 | | | v5 | v7 | v6 | v8 |
| 15 | | | | | | v1 | | | v2 | v3 | | | v4 |
| 16 | v1 | | v2 | | v3 | v4 | v5 | | | v6 | | v7 | v8 |
| 17 | v3 | | v1 | | | v2 | | v5 | v6 | v7 | v4 | v8 | v9 |
| 18 | | | v1 | v4 | v2 | v3 | v5 | | | | | v7 | v8 |
| 19 | | | | v2 | v1 | v3 | v4 | v5 | v6 | v7 | | v8 | v9 |
| 20 | v1 | v2 | | | | | | | | v5 | v4 | v6 | |
| 次数 | 11 | 8 | 8 | 3 | 8 | 14 | 9 | 12 | 4 | 17 | 7 | 14 | 19 |
| 频率 | 55% | 40% | 40% | 15% | 40% | 70% | 45% | 60% | 20% | 85% | 35% | 70% | 95% |
| | | | 50% | | 100% | | | | | | | | |

（注：表中字母 v 代表样本中出现的语步和步骤，字母后的数字表示它们在语料中出现的顺序）

根据表 5.1，第 1 组样本（1965—1979 年段）的语类结构潜势归纳为：

语步 1：相关研究领域介绍

**语步 2：教材简介**

　　　　　　　　步骤 1 指导原则

　　　　　　　　步骤 2 写作背景、目的和意义

　　　　　　　　步骤 3 内容介绍

　　　　　　　　步骤 4 具体不足

　　　　　　　　步骤 5 任务分工

　　　　　　　　步骤 6 适用对象

　　　　　　　　步骤 7 使用安排

语步 3：确立资质

语步 4：致谢

**语步 5：礼貌自谦与寻求反馈**

（注：黑体部分为必要成分，其余为非必要成分）

根据表 5.2，第 2 组样本（1980—1995 年段）的语类结构潜势归纳为：

语步 1：相关研究领域介绍

语步 2：论证写作目标

语步 3：确立资质（指明教材和编写人员资质）

**语步 4：教材简介**

　　　　　　　　步骤 1 指导原则

　　　　　　　　步骤 2 写作背景、目的和意义

> 步骤 3 主要内容
>
> 步骤 4 教材特色
>
> 步骤 5 具体不足
>
> 步骤 6 任务分工
>
> 步骤 7 适用对象
>
> 步骤 8 使用安排
>
> 语步 5：致谢
>
> **语步 6：礼貌自谦与寻求反馈**

（注：黑体部分为必要成分，其余为非必要成分）

根据表 5.3，第 3 组样本（1996—2009）年段的语类结构潜势归纳为：

> 语步 1：相关研究领域介绍
>
> 语步 2：论证写作目标
>
> 语步 3：确立资质：
>
> 步骤 1 指明教材和编写人员资质
>
> 步骤 2 使用效果例示
>
> **语步 4：教材简介**
>
> 步骤 1 指导原则
>
> 步骤 2 写作背景、目的和意义
>
> 步骤 3 主要内容
>
> 步骤 4 教材特色
>
> 步骤 5 具体不足
>
> 步骤 6 任务分工
>
> 步骤 7 适用对象
>
> 步骤 8 使用安排
>
> 语步 5：致谢
>
> **语步 6：礼貌自谦与寻求反馈**

（注：黑体部分为必要成分，其余为非必要成分）

从表5.1、5.2、5.3的分析结果可以看出，第1组样本的语步结构为：相关研究领域介绍//教材简介//确立资质//致谢//礼貌自谦与寻求反馈。其中"教材介绍"、"礼貌自谦和寻求反馈"语步的出现频率均是100%，是该组前言语类的必要成分；"相关研究领域介绍"和"致谢"语步出现频率分别是20%和60%，"确立资质"语步的出现频率为5%，这三个语步均为非必要成分。第2组样本的语类结构潜势为：相关研究领域介绍//论证写作目标//确立资质//教材简介//致谢//礼貌自谦与寻求反馈。"教材介绍"、"礼貌自谦和寻求反馈"的出现频率分别是100%、95%，是该组前言语类的必要成分；"相关研究领域介绍"、"论证写作目标"和"致谢"出现频率分别是35%、25%和90%，均为非必要成分。该组中"确立资质"语步的出现频率增加，为30%，也是该组的非必要成分。第3组样本的语类结构潜势为：相关研究领域介绍//论证写作目标//确立资质//教材简介//致谢//礼貌自谦与寻求反馈。"教材介绍"、"礼貌自谦和寻求反馈"的出现频率也分别是100%、95%，视为该组前言语类的必要成分；"相关研究领域介绍"、"论证写作目标"和"致谢"出现频率分别是55%、40%和70%，为非必要成分，"确立资质"语步出现频率为50%，也是非必要成分。

根据三组样本语类结构潜势的分析，教材前言的一般语类结构潜势可归纳为：

语步1：相关研究领域介绍

语步2：论证写作目标

语步3：确立资质：

        步骤1 教材和编写人员资质

        步骤2 使用效果例示

**语步4 教材简介**

        步骤1 指导原则

        步骤2 写作背景、目的和意义

        步骤3 主要内容

> 步骤 4 教材特色
> 步骤 5 具体不足
> 步骤 6 任务分工
> 步骤 7 适用对象
> 步骤 8 使用安排
>
> 语步 5 致谢
> **语步 6 礼貌自谦与寻求反馈**

（注：黑体部分为必要成分，其余为非必要成分）

"相关研究领域介绍"语步是对与目标教材相关的研究领域进行常识性介绍，内容涉及研究领域发展状况（如例句 2）、研究内容（如例句 1）等：

（1）概率论与数理统计是研究大量随机现象的规律性的数学学科。它已广泛地用于自然科学、社会科学、工程技术、军事和工农业生产中，并且与其他数学学科互相渗透或结合。（概率论和数学统计，周概容，1984）

（2）从 1900 年普朗克提出量子假说到 1926 年薛定谔建立量子力学的基本方程后，量子力学才真正建立起来。在量子力学的建立和发展过程中，普朗克、爱因斯坦、波尔、德布罗意、海森堡、薛定谔、狄拉克、保里、波恩等人做出了巨大贡献。（基础量子化学原理，封继康，1987）

"论证写作目标"语步是通过指明课程的重要性（如例 1）或教材建设的现状（如例 2）来论证教材写作的必要性：

（1）在工科大学教育中，数学课既是基础理论课程，又在培养学生抽象思维能力、逻辑能力、空间想象能力和科学计算能力诸方面起着特殊重要的作用。（线性代数与空间解析几何，郑宝东，2000）

（2）研究生教材建设是确保研究生数量与质量协调发展的基本保证。近年我国体育专业研究生教育发展迅速，但可供研究生学习参考使用的教材建设却相当滞后。因此，在我国研究生教育不断发展的形势下，编写高质量的、切合研究生实际的教材是时代发展的需求，是社会进步的体现，同时更是体育事业发展的需要和当前研究生教育培养的迫切需求。（体育人文社会学导论，李宗浩等，2008）

"确立资质"语步指的是通过介绍教材的级别和编写人员的经验和实力或者通过相同目标群体的实际使用效果来暗示或证明教材的价值和可信度，例如：

(1) 本书是普通高等教育"十五"国家级规划教材，是高等教育出版社"高等教育百门精品课程教材建设计划"精品项目（一类）的研究成果。（有机化学，汪小兰，2005）

(2) 本书是一部内汇集了国内体育人文社会科学领域的一线专家、学者共同编写的体育专业研究生参考用书。（体育人文社会学导论，李宗浩等，2008）

(3) 我们之所以敢写这本书，还由于我们在做了许多调查研究的基础上，掌握了大量的可用于写作的资料，尤其是有了近年来在管理心理学这一领域所取得的新的研究成果可借鉴。（管理心理学，乐国安，1990）

(4) 本教材已在哈尔滨工业大学试用四次，收到了较好的教学效果。（工科大学化学，许崇泉，强亮生，2003）

(5) 近年来，本教材的教学内容在天津大学工科专业中进行了教学实践，取得了良好的教学效果。（材料力学，王世斌，2007）

句1、2、3通过"国家级规划教材"、"精品课程研究成果"、"一线专家"、"学者"、"大量资料"等词语表明教材的高级别和编写人员的权威身份。句4、5则通过教材以往使用的良好或较好的实例效果来证明教材的质量和使用资质。

"教材介绍"语步是对教材相关的内容进行介绍，通常涉及教材编写的指导原则、写作背景、目的和意义，或者指出教材的特色（如例2），交代写作任务分工（如例3）和适用对象（如例1）等：

（1）本书便是为财经类高等院校的本科生、专科生和在职研究生的教学而重新编写的；同时，我们也顾及有一定理论素养的实际操作者和非经济理论专业研究生的需要，希望这本篇幅有限的教科书对愿意跟上国外经济理论发展的青年教师与研究人员也有帮助。（新编现代西方经济学教程，郭羽诞等，1996）

（2）与同类的其他教科书相比，本书力求突出以下几个特点：新颖性、趣味性、通俗性、实用性、科学性和广泛性。（西方经济学导论，盛晓白、张进，1998）

（3）本书共有十七章。其中第一章至第九章属于微观经济学，第十章至第十七章属于宏观经济学。第一章至第十一章由盛晓白编写，第十二章至第十七章由张进编写。（西方经济学导论，盛晓白、张进，1998）

"致谢"语步是对教材编写、审稿和出版提供帮助的人员和单位表示感谢，例如：

（1）在本书的撰写过程中得到了我国兽医免疫学家杜念兴教授的热情支持和关心，在此致以衷心的感谢！（动物免疫学，杨汉春，1996）

（2）本书的编写参考了许多国内外教材和文献，在此谨向各位作者表示深深的谢意。（工科大学化学，许崇泉、强亮生，2003）

"礼貌自谦与寻求反馈"语步是以谦逊的言辞说明教材存在不足，期望获得广大读者的批评指正。这一语步通常是礼貌原则的体现：

（1）本书的编写在许多方面是一次改革的尝试，由于作者水平和能力有限，会有不当和错漏之处，请广大师生和读者多批评指正。（微生物学，沈萍，2000）

（2）热诚希望广大读者对本书不吝批评指正，以便重印、再版时修改和完善。（经济法概论，戚昌文，1998）

需要说明的是，教材前言语类结构潜势中的这些语步的顺序不是固定不变的，不同的语篇会呈现出不同的特点。语步中的各个步骤也只是语步结构成分所有可能性的描述，不一定全部出现。此外，在具体分析中语步有时是交叉的或混合的。一些语步的步骤会夹杂在其他语步中，而且并不是所有的语步都是由完整的句子构成，一些语步或步骤是由小句来表达的，但有时一个句子会表达一个以上的语步或步骤。这主要是因为语步和步骤的划分是功能的，而不是形式的。例如，在下面的例子中，"确立资质"语步便是与"任务分工"语步交叉在一起：

> 全书分十五章，分别由武汉大学、北京大学、复旦大学、南开大学、山东大学的十多位长期从事微生物教学和科研、具有丰富教学实践经验的老师合作编写而成。（微生物学，沈萍，2000）

上一例句中"分别由武汉大学、北京大学、复旦大学、山东大学的十多位老师合作编写而成"介绍了教材编写的任务分工，而"长期从事微生物教学和科研、具有丰富教学实践经验"则表明了教材编写人员的资质。这一个句子实际是由两个语步构成。

归纳出教材前言的语类结构潜势之后，我们先对三个时期语类的语步结构进行比较。从表5.1、5.2、5.3中可归纳出三组样本的语步成分及各语步的出现频率：

| 1组 | 2组 | 3组 |
| --- | --- | --- |
| 相关研究领域介绍 | 相关研究领域介绍 | 相关研究领域介绍 |
| 教材简介 | 论证写作目标 | 论证写作目标 |
| 确立资质 | 确立资质 | 确立资质 |
| 致谢 | 教材简介 | 教材简介 |
| 礼貌自谦和寻求反馈 | 致谢 | 致谢 |
| | 礼貌自谦和寻求反馈 | 礼貌自谦和寻求反馈 |

表5.4 三组样本语步出现频率统计

| 年代 \ 语步 | 相关研究领域介绍 | 论证写作目标 | 确立资质 | 教材介绍 | 致谢 | 自谦和寻求反馈 |
|---|---|---|---|---|---|---|
| 1965—1979 | 20% | | 5% | 100% | 60% | 100% |
| 1980—1995 | 35% | 25% | 30% | 100% | 90% | 95% |
| 1996—2009 | 55% | 40% | 50% | 100% | 70% | 95% |

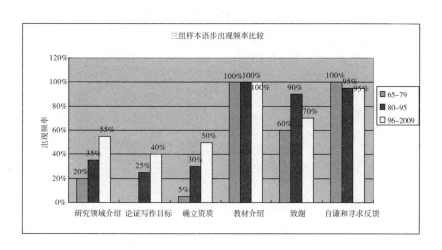

图5.2 三组样本语步出现频率比较

可以看出，三组样本的语步组成结构相差不大，其共有语步为：相关研究领域介绍、确立资质、教材简介、致谢、礼貌自谦和寻求反馈。所不同的是，第2、3组均出现论证写作目标这一新语步。从表5.4三组样本中各语步的出现频率来看，三组样本的语步组成结构中，"教材介绍"语步出现频率均为100%；"自谦和寻求反馈"语步出现频率分别为100%、95%、95%。这些数据结果具有较为显著的统计意义，表明这两个语步具有典型的代表性。根据我们对语类结构潜势理论的理解，"教材介绍"语步和"自谦与寻求反馈"语步属于教材前言的必要成分，也就是说，三组样本的必要成分是相同的（见表5.5）。这表明前言是高度规约化的语类，虽历经时代变迁，但其核心结构没有发生变化，仍保持其语类的整体性。必要语步体现了教材前言的一般交际目的：

介绍教材的相关内容和寻求反馈意见。

表 5.5   三组样本必要成分一览表

| 1965—1979 | 教材介绍 | 自谦和寻求反馈 |
|---|---|---|
| 1980—1995 | 教材介绍 | 自谦和寻求反馈 |
| 1996—2009 | 教材介绍 | 自谦和寻求反馈 |

表 5.6   三组样本非必要成分一览表

| 1965—1979 | 相关研究领域介绍 | | 确立资质 | 致谢 |
|---|---|---|---|---|
| 1980—1995 | 相关研究领域介绍 | 论证写作目标 | 确立资质 | 致谢 |
| 1996—2009 | 相关研究领域介绍 | 论证写作目标 | 确立资质 | 致谢 |

　　前言语类的必要成分没有发生变化，但历时分析的结果显示前言语类的非必要成分出现较为显著的历时变化。根据表 5.4 的统计，第 1 组样本（1965—1979 年段）的非必要成分为：相关研究领域介绍、确立资质和致谢；第 2、3 组样本（1980—1995、1996—2009 年段）的非必要语步相同，均为：相关研究领域介绍、论证写作目标、确立资质和致谢（见表 5.6）。也就说，与第 1 组相比，2、3 组样本出现了新的非必要成分—论证写作目标，且出现频率逐步提高。这表明，与第 1 组样本相比，2、3 组样本不仅仅局限于对相关研究领域的介绍，开始注重对教材的重要性和必要性的论证。这一成分暗含着教材的价值，具有论证、说服的语用功能。

　　另外值得注意的是，三组样本中"确立资质"这一非必要成分呈现出显著的历时差异。第 1 组样本中确立资质语步的出现频率为 5%，仅有一例样本出现该语步，而且对资质的表达方式十分客观：

　　　　在编写过程中，听取了有经验的老工人、专业教师和工农兵学员的宝贵意见，也参考并学习了兄弟院校—如大连工学院铸工和金相专业教育革命的经验。本教材编出后，曾在我院的工科试验班和文化革命后第一届工农兵学员中试用，在批林批孔运动中，又在此基础上进行了修订。（普通化学，东北工学院化学教研室，1974）

这一语步以陈述的方式指出教材编写所借鉴的经验以及教材试用和修订的历史。语步中没有直接针对教材的褒扬性评价词汇，全是事实表述，对资质的证明方式客观、中性。

与第1组相比，2、3组样本中"确立资质"语步的出现频率显著增多，分别为30%和50%，随时代的推移呈递进的趋势。而且这两组中确立资质的方式大多直接、带有积极评价的色彩，尤其是第3组中近乎一半的样本在确立资质时褒扬色彩明显。例如，下面例句中，"一线专家、学者"、"较好的"都是积极意义的表达，对资质的说明带有明显的评价性：

（1）本书是一部汇集了国内体育人文社会科学领域的<u>一线专家、学者</u>共同编写的体育专业研究生参考用书。（体育人文社会学导论，李宗浩等，2008）

（2）本教材已在哈尔滨工业大学<u>试用四次</u>，<u>收到了较好的教学效果</u>。（工科大学化学，许崇泉，强亮生，2003）

### 5.1.2　语步的步骤结构分析

除了整体的语步，各个语步中出现的步骤成分在不同时期也呈现出一定的灵活性和规律性。

表5.7　具体步骤的出现频率（%）

| | 确立资质 | | 教材介绍 | | | | | | | |
|---|---|---|---|---|---|---|---|---|---|---|
| | 教材及编写人员资质 | 使用效果例示 | 指导原则 | 背景目的和意义 | 内容介绍 | 特色 | 具体不足 | 使用安排说明 | 任务分工 | 适用对象 |
| 1965—1979 | 5 | | 55 | 50 | 80 | | 5 | 5 | 45 | 30 |
| 1980—1995 | 30 | | 50 | 40 | 80 | 15 | 5 | 20 | 70 | 45 |
| 1996—2009 | 40 | 15 | 45 | 40 | 70 | 60 | | 20 | 85 | 35 |

教材前言的各语步中，只有"确立资质"语步和"教材介绍"语步是由多个步骤组成。从表中显示的结果可以看出，"确立资质"语步分为两个步骤：教材及编写人员资质和使用效果例示。在第1、2组样本中确立资质语步只有一个步骤—指明教材及编写人员的资质，而且这一步骤的出现频率随时代的发展呈明显递进趋势（见图5.3）。在第3组中，"确立资质"语步表现为两个步骤，出现了新的成员—使用效果例示，如：

（1）本教材已在哈尔滨工业大学试用四次，收到了较好的教学效果。（工科大学化学，许崇泉，强亮生，2003）

（2）近年来，本教材的内容在天津大学工科专业中进行了教学实践，取得了良好的教学效果。（材料力学，王世斌，2007）

上述两个句子利用相同目标群体的实际使用实践向读者表明教材真实可靠的使用效果，表明教材的质量是值得信赖的，显示教材的价值。这一策略与广告促销语类常用的"名人或典型用户现身说法"语步具有相同的意义潜势。我们经常在广告中看到广告主利用权威人士或明星，或消费者的消费事实向受众表明产品质量的可靠性，通过实际效果来引起潜在消费者的注意（attention），引起他们对产品或服务的兴趣（interest），使他们产生购买欲（desire）和最后采取行动（action），即体现 Vestergard & Schroder 所说的广告的 AIDA 原则。例如下面的一则广告：

> 身为职业运动员，必须保持最佳状态。我深深了解到在每次练习或比赛后，如未能及时补充体液，身体便会出现"体渴"现象，大大影响我的表现。在美国及意大利进行训练期间，我发现了一种彻底解除体渴的饮品——佳得乐。
>
> 佳得乐令我时刻保持巅峰状态。作为女排国家队教练，为了令队员表现突出，我选佳得乐为女排的指定饮料。（源自黄国文，2001：247）

这是广州贵格食品饮料有限公司在羊城晚报上刊登的"佳得乐"广告。文中两段话是我国女排国家队主教练郎平的真实口述。广告利用郎平这一权威知名人士消费后的实际效果来证明"佳得乐"饮料的可靠质量，激发目标消费者的认同感。这种现身说法式的宣传手段往往具有强大的说服力。确立资质中的"使用效果例示"步骤以同样的手段起到证明教材质量的效果，为劝说读者信任、接受教材起到了良好的推动作用。

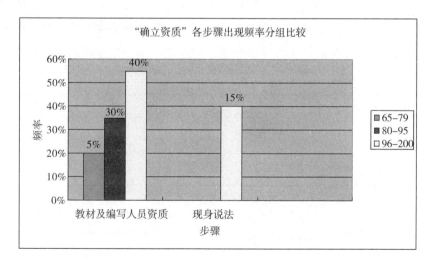

**图5.3 "确立资质"各步骤出现频率分组比较**

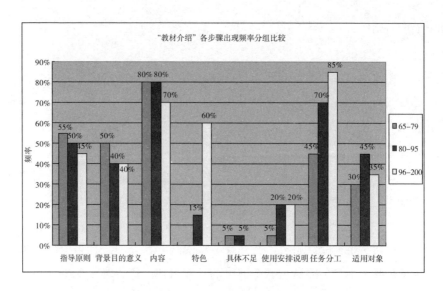

**图 5.4　"教材介绍"各步骤出现频率分组比较**

　　下面我们分析"教材介绍"语步的步骤成分。"教材介绍"语步是前言的必要成分。我们把这一语步中出现频率超过 50% 的步骤视作该语步的主要步骤。从图 5.4 可以看出，第 1 组中"教材介绍"语步的主要步骤是：指导原则//背景、目的和意义//内容介绍；第 2 组"教材介绍"语步的主要步骤是：指导原则//内容//任务分工；第 3 组样本中"教材介绍"语步的主要步骤则是：内容//任务分工//特色。

| 1 组 | 2 组 | 3 组 |
| --- | --- | --- |
| 指导原则 | 指导原则 | 特色 |
| 内容介绍 | 内容介绍 | 内容介绍 |
| 背景目的和意义 | 任务分工 | 任务分工 |

　　分析的结果说明，"教材介绍"语步的步骤结构发生了变化。与第 1、2 组相比，第 3 组样本中"教材特色"步骤进入"教材介绍"语步的主要步骤结构之中。该步骤的主要内容是介绍教材特色或创新之处，内容一般涉及教材的新颖性、实用性，易读性、全面性、重要性等等，这一步骤通常以积极评价的方式对教材特色进行介绍，评价的范畴或方面往往都跟读者对教材的期望有关，

例如：

　　1）本教材在保证一般工科大学化学基本体系、基本知识、主要内容的前提下突出了以下几点：1 应用性…2 启发性…3 通用性…4 新颖性…5 先进性…6 连贯性…（工科大学化学，许崇泉　强亮生，2003）

　　2）本教材具有内容新颖、实用、针对性强等特点。（经济法概论，戚昌文 1998）

从图5.4可以看出的另一显著特点是：在三组样本中，"指导原则""背景、目的和意义""内容介绍""适用对象""任务分工"各步骤的出现频率没有明显差距，然而"特色"步骤的出现频率在三个时期却呈现出显著不同："特色"步骤在第1组中没有出现，在第2组中也出现较少，仅出现3次，出现频率为15%，而在3组样本中，这一步骤已成为"教材介绍"语步的重要步骤之一，出现频率为60%，仅次于"内容"和"任务分工"两个步骤。这些数据的分析表明随着时间的变化，"特色"步骤已成为"教材介绍"语步的主要内容之一，这一语步的内容越来越多地倾向于直接向读者介绍教材的优势和特色，体现教材的价值。

此外，从分析结果还可以看出，第1、2组"教材介绍"语步中出现了"具体不足"这一步骤。从内容上看，这一步骤不是作者简单笼统地自谦式客套，而是具体明确地指出教材存在的问题或缺陷：

　　（1）限于编者水平，本书仍有一些不足之处，如在无机化学中如何运用化学热力学理论以及加强元素与理论部分的有机联系等，都还需要在今后教学实践中逐步加以解决。（无机化学，无机化学编写组，1977）

　　（2）参加的单位和人员都是从事这方面工作或熟悉这方面内容的同志，由于个人对自己专业的偏爱，又有自己的观点和侧重面，并顾及系统性和完整性，所以有些章节篇幅就较庞大，因而造成内容的不平衡。此外深浅不一，语类也不尽相同，还有个别章节与其他学科如生理学与细胞学等有些重复。这些都有待今后进一步修改。　（生物物理学，程济，林克椿，

1981 )

上述例句 1 中作者明确指出了教材存在的具体不足之处，例 2 对问题的指出更加详细，花费笔墨较多。可以看出，这一步骤的内容是指出教材的缺陷。从语用效果上看，该步骤使文本的整体表达客观、公正、真实，但这显然与促销的意图相悖，并产生不利影响。因为大多数人都不会购买存在明显缺陷的产品，对教材的选择也是如此。从"教材介绍"语步的步骤结构来看，这一步骤在第 3 组的"教材介绍"语步中消失，这与第 3 组样本倾向于介绍教材优势和特色的特征十分吻合。

在"教材介绍"这一语步中，"使用安排"这一步骤同样值得关注。该步骤通常是对教材讲授的课时安排和内容主次的说明，面向的读者对象显然是教师这一群体而不是学生：

> 全书计划授课课时约为 48 学时，按照一个学期 19 个学周，每周 3 学时来安排。其中理论课讲授和上机试验指导所占的学时比例约 2：1。授课教师在实际应用教材时，可以根据教学要求酌情增减课时。（新编计算机应用基础，王军，韩伟峰，2002）

从表 5.7 可以看出，第 1 组样本中仅有 1 例出现"使用安排"步骤，而在第 2、3 组样本中这一步骤的出现频率逐渐增多，增至 20%。这一现象表明了第 2、3 组样本"教材介绍"语步内容的另一细微变化：开始考虑潜在顾客—教师这一群体的需要。教材的读者对象不仅仅是学生，还包括教师这一群体。事实上，在我国高等院校，学生只是名义上的教材选择者，而实际上教材版本的选用很大程度上都是由任课教师来决定。对教材使用安排的介绍方便了目标群体的使用，迎合了教师这一潜在顾客群体的需求，同时也体现了作者对适用对象及其心理的深入研究。

## 5.2 鉴别资源对比分析

根据典型语料的定性分析结果，前言中的评价资源一般以态度资源为主，而态度资源中又以鉴别资源为主。鉴别是评价产品和过程的系统，表达作者的一种体制化了的情感。鉴别资源含有肯定和否定的含义。肯定鉴别资源是对事物或文本进行积极评价的资源，也是广告和促销话语常用的表达手段。鉴别资源分为"反应"（reaction）、"组成"（composition）和"评估"（valuation）三个评价参数。Halliday（1994）认为"反应"就是情感反应，是产品或过程对读者或听者情绪上的影响，是朝向人际的，通过影响（impact）和质量（quality）两个范畴来评价。反应中的影响指的是产品或过程的吸引力的程度；质量指的是产品或过程对感情有多大影响力（王振华，2001）。"组成"是根据成分评价产品和过程，看是否符合结构构成的常规，通过复杂性（complexity）和平衡（balance）两个范畴来衡量。组成中的复杂性指的是产品或过程是否因复杂而影响至无法理解；平衡则指产品或过程是否相称。"评估"是根据各种社会常规来评价事物和过程，依据社会价值这一范畴来衡量，即用社会标准来判断产品或过程是否重要，是否有价值。简而言之，各范畴分析的内容来看，鉴别资源的分析可帮助我们了解文本生产者对描述对象的态度意义。

我们对三组样本中分布的肯定鉴别资源进行对比分析，试图寻找出三组样本在肯定鉴别资源的运用上的规律性特征。鉴于我们的研究目的，我们仅对涉及教材主体的鉴别类资源进行考察，因为教材是前言语类的主要表述和劝说读者接受的对象。关于教材的评价最能体现出作者的态度。分析中首先对三个时期的样本中肯定鉴别资源进行识别标注。我们主要选取词汇层面的鉴别类资源，包括短语。因为取词的标准需要根据词的意义和语境，这部分的统计分析工作完全依靠人工完成。在统计时，相同项如同一词汇或短语出现多次或者实现不同的评价功能，则按出现的次数计算，每出现一次计为一处，同时对于词汇和短语视为同样大小，标注为相同的数量。如："各门课程的内容有机结合、融会贯通"一句中，"有机结合"和"融会贯通"是两个短语鉴别类资源，计为出现两次。出现频率以篇数为单位统计，每组样本中的肯定资源数量除以该组样本的数量得出该组肯定资源的出现频率（下表中词汇后的数字表示该词汇出现的次数）。

表 5.8　三组样本中的肯定鉴别资源一览表

| | | | 肯定鉴别资源 | | |
|---|---|---|---|---|---|
| | 反　应 | | 组　成 | | 评　估 |
| | 影响 | 质量 | 平衡 | 复杂性 | 价值 |
| 1996—2009 | 饶有趣味/趣味盎然/生动/形象生动/生动有趣/趣味性/不失活泼/可读性/耳目一新//别具特色/形象的 | 赏心悦目/友好亲切感/精美 | 突出重点5/连贯性/条理分明/有机结合/有机渗透/有机融合/融会贯通/精选3/全面/几无遗漏/完整性2/体系完整2/内容充实/自然的/结构严谨2/严谨/编排合理/详略得当/图文并茂/系统的 | 简练2/简明的/简洁/少而精/系统而简明/醒目/清晰可辨/来龙明去脉清/精炼2/扼要/直观/一目了然/透彻/精致/系统扼要/概括的手法/整合优化/分门别类/举一反三/融会贯通2/量身定做/深入/详尽地/论述严密/鞭辟入里/更具体/具体/通俗易懂3/深入浅出/难宜适度/通俗/通俗性/语言朴实流畅/综合集成2/广泛的/广泛性/丰富3/类型丰富/大量的 | 先进性/最新研究成果/把握前沿/新3/最新/紧跟前沿/勇于创新/内容新颖/新颖性4/正确地/准确3/把握准确/适当的/启发性2/针对性强/操作性强/坚持独立性和批判性/应用性/通用性/实用性强/适用的2/实用性2/科学性/良好的教学效果2/做出贡献 |
| 1980—1995 | 趣味性/内容活泼/ | | 系统性/完整性2/全面/系统2/有机地结合/鲜明的/大量/较多的相互联系 | 概要/概略地/观点明确/条理清楚/深入浅出2/易于理解/通俗易懂2/题材广泛/内容广泛/较广范围/精选/精简/尽可能详细 | 思想性/科学性3/理论性/实用性/实践性/操作性/规范/知识性/较为新颖/适当 |

续表

| | 肯定鉴别资源 | | | | |
|---|---|---|---|---|---|
| | 反 应 | | 组 成 | | 评 估 |
| | 影响 | 质量 | 平衡 | 复杂性 | 价值 |
| 1965—1979 | | | 系统的3/重点突出/注意逻辑性、系统性和完整性 | 较为详细2/条理性/比较详细/较细/取材较为深广/循序渐进/由浅入深通俗易懂2/少而精/深入浅出3 简明2/扼要的/严密性/大量 | 实用/有利于开阔眼界/科学性 |

表5.9 三组样本中肯定鉴别资源数量和频率比较

| | 出现次数 | 出现频率 |
|---|---|---|
| 1996—2009 | 127 | 6.35 |
| 1980—1995 | 40 | 2 |
| 1965—1979 | 27 | 1.35 |

历时分析的结果表明，三组样本中肯定鉴别资源的数量和出现频率呈现出显著差异。第3组95－09年段的样本中，含有大量极为肯定的鉴别资源，关于教材评价的积极鉴别类资源共出现127处，平均每篇出现6.35处（127/20）。80－95年段积极鉴赏类资源共出现40处，平均每篇2处（40/20）。65－79年段积极鉴赏类资源共出现27处，平均每篇1.35处（27/20）。这就意味着第3组的样本在描写、评价教材平均每篇会利用6.35个单位的积极词汇或短语来评价教材，这种较大密度的肯定资源的利用表达了作者对教材积极、肯定的评价，彰显了作者的态度，具有明显的人际意义特征。第2组样本出现积极资源相对较少，平均出现2个单位的词汇或短语来评价教材。第1组样本的积极鉴别类资源最少，每篇平均仅出现1.35个单位的积极词汇或短语描写教材。

级差是跨越整个评价系统的评价资源。鉴别资源同样可以通过级差进行调整，对态度进行分级。分析发现，三组样本涉及教材的肯定鉴别资源中分布的级差资源也呈现出不同的特点。第 1 组样本中有限的肯定鉴别资源几乎都运用"比较""较""较为"等程度修饰词：

> （1）本书内容是从最低到最高等的植物，描述它们的门、钢、目的特点，并在各类群众挑选少数属中作为代表，对它们的结构和生活史作较为详细的叙述。（植物系统学，张景钺，梁家骥，1965）
>
> （2）本教材部分内容取材较为深广，介绍了一些现代物理的应用，以适应不同的专业要求。（电磁学，赵凯华，1978）

"较"表示的程度低，是一种中性的评价，对肯定、褒扬起到弱化的作用，表明第 1 组中的作者对教材的评价比较谨慎、保守，具有学术话语的客观性。除此之外，在第 1 组样本的鉴别类资源中，超出半数的鉴别资源（14 处）前面使用"力求"、"尽量"字眼：

> （1）本书内容力求简明、实用，理论联系实际。（微生物工程，微生物工程编写组，1976）
>
> （2）在内容安排上尽量注意系统性、逻辑性和完整性，由浅入深，循序渐进，且在文字上力求通俗易懂，以便于学生自学。（有机化学，天津大学有机化学教研室，1978）

例 1 中"力求"二字表明"简明""实用"是作者力求实现的结果或目标，言外之意到底是否达到期待的效果有待于读者评判。这种表达削弱了这些资源的褒扬性，从而使表述显得较为客观，也与科学、客观、非人际的学术话语的特征吻合。例 2 中的"尽量"和"力求"二词也具有同样的语用功能。

与第 1 组形成鲜明对比的是，第 3 组样本中的肯定鉴别资源多使用直接的评价，且从分级的角度来看，多用强语势的级差资源，而且很少用"力求"、"尽量"等弱化表达效果的字眼，如：

> （1）本书采用彩色印刷，注重版面设计、图文并茂，给人以赏心悦目

的感觉，使读者在阅读本书时产生一种友好和亲切感。（大学物理学，毛骏健、顾牡，2006）

（2）本书广泛适合于多种类型的读者。对于财经类本科生来说，它既可作为教科书，又可作为一本趣味盎然、别具特色的教学参考书。（西方经济学导论，盛晓白，张进，1999）

（3）本书还通过阅读提示、知识拓展等栏目的设置对每一篇文章做了鞭辟入里的解读，帮助学生深入了解中西的思想文化、增强其人文素质。（大学语文，贺严，2007）

"图文并茂"、"趣味盎然"、"别具特色"、"鞭辟入里"等词都是直接的、强语势的评价资源，语气肯定、褒扬色彩浓厚，渲染了教材的优点和价值。广泛是程度性高的级差资源，起到了增强语势的作用。

最后，我们对三组样本中涉及教材的肯定鉴别资源结构分布情况进行比较。根据表 5.8 中的分析结果，三组样本中的肯定鉴别资源的结构分布情况可用下列表格表示（下表中的数字表示该范畴在样本的鉴别资源中出现的次数，百分比表示该类范畴资源在样本所有鉴别资源中所占比例）：

表 5.10　第 3 组样本中肯定鉴别资源结构分布情况

| 鉴　别 | | | | |
|---|---|---|---|---|
| 反　应 | | 组　成 | | 评　估 |
| 影响 | 质量 | 平衡 | 复杂性 | 价值 |
| 11（8.66%） | 3（2.36%） | 29（22.83%） | 49（38.58%） | 35（27.56%） |
| 14（11.02%） | | 78（61.42%） | | 35（27.56%） |

**表 5.11　第 2 组样本中肯定鉴别资源结构分布情况**

| 鉴　别 | | | | |
| --- | --- | --- | --- | --- |
| 反　应 | | 组　成 | | 评　估 |
| 影响 | 质量 | 平衡 | 复杂性 | 价值 |
| 2（5%） | | 11（27.5%） | 15（37.5%） | 12（30%） |
| 2（5%） | | 26（65%） | | 12（30%） |

**表 5.12　第 1 组样本中肯定鉴别资源结构分布情况**

| 鉴　别 | | | | |
| --- | --- | --- | --- | --- |
| 反　应 | | 组　成 | | 评　估 |
| 影响 | 质量 | 平衡 | 复杂性 | 价值 |
| | | 5（18.5%） | 19（70.37%） | 3（11.11%） |
| | | 24（88.89%） | | 3（11.11%） |

从分析结果来看，第 3 组样本的鉴别类资源主要集中在对"组成"的评价上，占 61.42%，其次是"评估"，占 27.56%。就鉴别各成分的范畴而言，肯定鉴别资源主要集中在"平衡""复杂性"和"价值"三个范畴。在关于"组成"的评价中关于"复杂性"的占 38.58%；关于"平衡"的占 22.83%；关于"评估"的评价中涉及"价值"的资源占 27.56%。涉及"反应"的评价所占比例较少，只有 11.02%。

从表 5.8 来看，第 3 组样本中的"平衡"范畴主要体现教材结构的合理性、严谨性和内容完整性；"复杂性"范畴主要体现教材的简明性、通俗易懂性和丰富性；"价值"范畴主要体现教材的创新性、前沿性和实用性及良好的教学效果。从这些资源中我们可以归纳出第 3 组样本力求凸显的教材的特点是：趣味性、新颖性、结构合理性、内容完备性、简明性、通俗易懂性、前沿性和实用性。其中强调最多的是：简明性（20 处）、通俗易懂性（8 处）、实用性（7 处）、新颖性（13 处）。

第 2 组样本的肯定鉴别资源主要集中在"组成"这一成分之上，占 65%，其中"平衡"和"复杂性"两个范畴的资源分布大致相当，分别为 27.5%、

37.5%。从内容来看，第 2 组的肯定鉴别资源主要涉及"内容广泛性"、"易懂性"两个特点。第 1 组样本少量的肯定鉴别资源也主要集中在"组成"这一成分之上，占 88.89%，但绝大多数集中在"复杂性"这一范畴之上，占 70.37%，内容主要涉及"内容详尽性"和"易懂性"两个特点。

从分析的结果我们可以看出，三组样本涉及教材主体的肯定鉴别资源都集中在"组成"这一成分，但内容的分布呈现差异。第 1、2 组样本的肯定鉴别资源主要涉及"内容详细""广泛性"和"易懂性"两个特点，而第 3 组样本中除了也涉及上述两个特点之外，更多地强调"简明性"和"新颖性"两个特点。这些内容不仅体现了教材更高的质量和优点，增加了教材的竞争力，而且迎合了潜在读者（学生）对教材的需求（简明性和新颖性），具有很强的针对性，同样也体现了对读者心理的深入研究。

## 5.3　模态比较

所谓模态（modal），是指那些"同时实现语篇与交流的符号资源"（Kress & Van Leeuwen，2001：21）。随着科学技术的进步和社会发展的需要，信息交流的模式也变得多种多样。人们不仅仅局限于用一种模态来生成语篇，而是同时利用文字、图片、动画、声音、图表、颜色、编排等多种符号编码来表达意义和实现语篇功能。多模态的语篇越来越多地出现在我们的现实生活当中。这些变化不可避免地要对"作为文本"的语类产生影响，改变着语类的形式。Fairclough 指出，对语类的分析，一个总的原则是分析语篇中使用了什么样的符号模态（照片、视觉影像、音像、语言等），以及这些符号模态又是怎样有机地结合在一起的（Fairclough，1989）。对模态的分析可以透视出语类与时代、与技术发展之间的联系，揭示语类的变化。

我们对三组样本所采用的模态形式进行比较。研究发现，第 3 组样本与第 1 组相比存在显著差异：第 3 组的许多样本十分注重视觉效果和文本设计。它们不仅仅局限于文字来传情达意，同时还运用了多模态的表现手法，来增强语言表达的效果，感染读者，实现作者的交际目的，具体表现在：

（1）许多样本采用彩色印刷，色彩醒目，给人赏心悦目的感觉。

（2）许多样本添加了精美的图片做背景图案。一些样本甚至附上了作者的照片。

（3）版面编排十分简洁精致。许多样本在字体颜色、大小上都作了精心的设计，段落编排也十分清楚，使整体内容看上去一目了然。

（4）内容篇幅存在显著差异。第3组样本的篇幅普遍较长，有的前言长达4页，字数达4000多汉字，承载的信息量大大增加。

与第3组相比，第1组样本均是单一的模态，所有样本都采用文字一种形式来表达意义；所有样本均采用传统的黑白印刷，也没有一例样本出现背景图案、添加作者照片；所有样本全文字体都是一样大小、颜色和版式。内容篇幅也普遍较少，字数在600词左右。与第3组相比，第2组样本对多模态的运用较少，只有少量样本在内容的编排上作了精心处理，无一例样本运用颜色、图片符号资源。这说明，第1、2组样本在模态运用方面基本保持传统前言的样式。

Kress & Van Leeuwen（2001）指出，后现代社会文本的典型特征之一便是对"美"的普遍重视，表现出不同符号模态的混合使用（语言、照片、图表、图画、音响效果等），即使是出于社会、政治任务的文本也倾向于美的设计的追求。这部分是由于电脑和印刷技术的发展。但技术一般是在与社会文化变化的推动相一致时才能获得充分的运用（Fairclough，1992b：210）。现代文本出现语言和视觉图像的混合，甚至视觉图像呈现突出的趋势是语言商品化的表现形式，是广告影响的体现（Fairclough，1992b）。语言与视觉元素相结合的方式具有典型的促销特征。因为一方面，视觉图像是帮助消费者构建产品形象的依据，图像在对生活方式的模仿能力方面比语言更直接、更有效，更具有感召力；另一方面，消费群体的构建更容易通过视觉方式实现，因为视觉图像自身的真实性（人们普遍相信相机不会说谎），使广告语篇更易于引导消费者进入创造的世界。

第3组样本较多地借鉴广告和促销语类的视觉和设计特征，运用多种模态来生成文本，尤其是增加了视觉图像的运用，在吸引读者、增加可读性、易读性方面做了更大的努力，为更好地实现语篇的交际目的起到了不可忽视的作用。

## 5.4　历时对比结果分析

在以上分析的基础上，我们对分析的结果进行归纳总结。语类结构分析的结果表明，前言语类在 3 个时期表现出的语类结构潜势都不相同。虽然语类结构的必要成分保持不变，但非必要成分发生显著变化：

从语步上看，第 2、3 组样本出现了"论证写作目标"这一新的语步，开始注重对教材重要性的论证。第 1 组样本极个别出现"确立资质"语步，且表达形式客观。但在 2、3 组中这一语步出现频率逐步升高，其中第 3 组中一半的样本运用了该语步，而且表达的方式都比较直接、带有评价性。从步骤结构上看，"教材介绍"这一必要语步的组成结构发生变化。第 2、3 组样本开始出现"特色"步骤，其中在第 2 组中这一步骤只是少量出现，但在第 3 组中明显增多，成为该组"教材介绍"语步的核心步骤，表明这一时期教材介绍的内容越来越倾向于积极介绍教材的特色和优势。与之相反，原本在第 1、2 组中出现的"具体不足"步骤从第 3 组的"教材介绍"语步中消失。"教材介绍"语步的另一步骤"使用安排"也呈现出规律性特征。在第 1 组中该步骤开始少量出现，第 2、3 组中逐步增多，表现出考虑教师这一读者群体需要的倾向。此外，确立资质语步的步骤结构也发生变化，在第 3 组中出现了"使用效果例示"这一新的步骤，而第 1、2 组则完全没有出现。

"论证写作目标""特色""确立资质""使用效果例示"分别与广告促销语类的"论证产品的重要性、积极评价产品、确立资质和证明、现身说法"等语步具有相同的意义潜势，具有劝诱、说服、促销的色彩。这些语类结构的运用表明，2、3 组样本前言语类借鉴了广告促销语类的资源，而这一特征在 3 组中尤其明显、突出。

在鉴别鉴别资源的分析中，我们从肯定鉴别资源数量多少的比较、出现频率的比较、鉴别资源中的级差资源的比较、鉴别资源内容分布情况比较四个方面进行对比分析。分析结果表明：第 1 组样本中对教材主体进行评价的肯定资源数量极少，出现频率较低，并且多用起弱化作用的级差资源，鉴别资源内容多集中在"内容详细"和"易懂性"两大特点。而第 3 组样本中肯定资源的运用显著增多，出现频率明显增高，并且多实用强语势和聚焦类级差资源，鉴别内容除了"内容详细广泛性"和"易懂性"外，更多地倾向于"简明性"和"新颖性"，体现了教材内容的升级换代和对吸引潜在读者做出的更大努力。第2 组样本中对教材主体进行评价的肯定资源运用的数量和频率居于二者之间，呈现逐步增多的态势。

从模态的比较上看，第 3 组样本较多地借鉴广告和促销语类的视觉和设计特征，在吸引读者、增加可读性、易读性方面做了更大的努力。而第 1、2 组样本整体上保持传统前言语类的样式，采用单一的模态。

归纳起来，典型广告促销语步的出现、大量运用积极评价资源评价介绍目标主体以及运用多种模态表达意义，这些变化综合起来表明前言语类出现了较明显的广告促销语类的语言学特征和意义潜势。第 3 组的样本将信息介绍和促销劝诱有机地融合在一起，在向潜在读者介绍教材相关信息的同时，劝说潜在读者接受教材，在人际意义的构建上也做出了更大的努力。与之相比，第 1 组1965—1979 年段的教材前言没有出现上述特征，整体上表现为客观、传统、保守的特征。作为二者之间的中介地带，第 2 组 1980—1995 年段的前言也开始出现商品化的特征，但不是十分突出，前言语类的变化是过渡性的，呈渐进发展的态势。也就是说，教材前言语类自 80 年代开始逐步借鉴、采纳广告促销语类的特征，出现了前言语类特征和广告促销语类特征杂合的现象。至始于 90 年代中后期的现阶段这一现象已成为相对普遍、突出的趋势。这一结果同时表明，这种杂合现象不是传统的、常规性的，而是前言语类发展到一定时期创造性地征用语类资源的结果。

需要说明的是，语类结果的历时对比分析的结果表明 1965—1979 年段的语篇中有 1 例出现"确立资质"语步，虽然这一步骤在整个第 1 组样本中属边缘语步，且 5% 的出现频率不具有重要的统计意义，但这一个案的出现意味着宣传、劝说并不是绝对意义上 80 年代后才出现的新事物，在 1965—1979 年段也有极个别的语篇借鉴广告促销语篇的手法，虽然其征用的手段十分隐含。任何事物没有绝对的一分为二的划分，语言的变化更是如此。我们很难明确地断定语言的变化是在哪个确定的时间开始的。语言的变化是缓慢的，微妙的，我们只能从中探究其规律性的显著特征。正如本章开始我们引用的 Halliday 所说的话一样，语言并不总是是这样而从不那样的关系，而是更多的是这样，更少的是那样的关系。我们考察判断的只是语言在每一个阶段的主流特征。因此，我们所说的"创造性"的语类资源征用也只是相对意义上的说法，是指运用传统、常规性之外的方式来生成语篇。此外，历时定量分析对前言语类的历时变化只是一个大致的勾勒，而不是要对其变化绘出一幅精致的全息曲线图。这一工作是十分困难的，也不是本研究的主要目的。历时定量研究是在定性研究的基础之上进行验证，解决变化的可能性有多大、变化趋势如何的问题。

此外，前言语类的必要成分历经 3 个时期没有发生变化，这表明前言是规约化程度较高的语类，仍保持其语类的整体性。现阶段出现的语类商品化现象只是一种语类的渗透，而不是语类的交融。语类的渗透是指一种语类中包含着另一种语类的成分，仍以一种基本语类为主，渗透进其他语类的成分并未改变原语类的本质，渗透后仍然归属原语类，并没有形成新的语类。语类交融则不同，它是语类间融合的成分较多，而且融合地十分紧密，从而形成一种新的语类（袁晖，李熙宗，2005：442）。

在历时对比分析中，本研究的一项附带发现是：1965—1979 年段中的许多样本除了自身具有的传统学术介绍类语类的特征，还呈现出鲜明的"文化大革命"时代特色。许多样本在语篇中引用毛主席语录作为指导思想，作者署名90% 以上都是以集体单位名义，极少以个人身份署名，与 2、3 组绝大多数以个人名义署名有鲜明的差异。这反映了当时社会占主导地位的意识形态：宣扬毛泽东及其他的阶级斗争学说，以及宣扬集体主义精神。1965—1979 年段的样本呈现的这一特征也是语类的一种互文特征，学术话语与政治话语的混合。虽然这一特征不是本研究考察的主题，但从侧面证明了语类的变化与时代的特征有着密切的联系。

## 5.5　前言语类商品化策略潜势

基于对前言语类商品化的定性和定量分析以及对 3 组样本中所有语料的考

察，我们归纳了前言文本的商品化或促销策略潜势。文本促销功能的实现是生产者对语言进行选择的结果。话语社团的成员为实现个人目的会通过选择广告和促销语类的资源来构建语类。概括地说，这些策略包括：1）语类结构的选择；2）词汇语法的选择；3）修辞资源选择；4）模态的选择。

（1）语类结构选择：是指文本征用广告和促销语类的典型语步。论证产品、确立资质、积极评价、定位消费市场等都是广告和促销语类的典型语步。语步代表的是一条完整的信息，对语步的选择即是对信息的选择，也是对"以言行事"方式的选择（田海龙，2009：218）。文本对广告和促销语类典型语步有选择性地征用可实现广告语类的意义潜势。

（2）词汇语法选择：是指在小句层面上通过词汇、语法手段的选择实现劝说、促销的功能。前言语类写作的过程是作者与读者不断对话的过程，商品化的文本意在劝说读者接受描述的对象，并做出积极的反应，这就使文本充满作者和读者之间的互动。而这种互动在文本中主要通过词汇语法来体现。在词汇方面，通过大量运用肯定鉴别评价资源和强语势级差资源，感染、影响读者，并且围绕读者需求设计评价内容。在语法方面，通过选择估价能愿动词、第一人称代词、口语性表达来操控人际意义，拉近与读者的距离，实现交际目的。词汇语法是关于人类经验的理论，我们通过词汇语法来定义现实，词汇语法将现实转换为意义。前言语类中的词汇语法呈现出互动的模式，作者与读者之间的互动模式使文本的人际意义转向人际化、团结和亲近，使结果成为语言表达的目的。词汇语法的互动模式是文本实现交际目的的重要手段，也是商品化语类的重要特征之一。

（3）修辞资源的选择：是指通过选择修辞手段，如利用隐喻、对比、并列递进式表达等，增强表达效果，或者通过选择表述的视角、突出着重强调的信息等实现促销的意义潜势。

（4）模态的选择：是指文本借助多种模态（multimodal）来实现劝说、促销的功能。文本可利用语言和视觉图像相混合的多种模态形式，如利用文字、图片、图表、颜色、编排等多种符号编码来实现意义。这些模态与文字一起构成合力，为描述对象构建良好形象，感染读者，实施语篇的功能。这种语言与视觉元素相结合的方式具有典型促销特征（Fairclough，1992b）。在语篇的生产过程中，选择那些模态以及如何组织、设计这些模态使它们成为一个有机的整体为语篇的效果服务是实施语篇促销功能的一个策略。

语篇的促销功能是社会实践者通过话语的选择来进行，在这个意义上，语类商品化的促销策略潜势应随着研究的深入不断被总结出来。但需要指出的是，语言形式和语用效果之间的关系不是机械的、也不是固定不变的，而是依赖于语境和意义。正如 Bakhtin 所说，如果我们从语篇中抽出单个的句子或单词，脱离了语境，它们便失去了意义，"作为语言单位的句子，同单词一样是没有作者的。它像单词一样是无主的；只是在成为完整的表述时，它才在言语交际的具体情景中表现说者个人的立场"（巴赫金，1998，第 2 卷：168）。因此，语言形式的因果关系必须同时考虑语境和意义。

## 5.6　本章小结

本章通过对跨越不同时期的三组样本的历时定量分析描述了前言语类商品化的动态发展过程。历时定量分析表明，前言的语类结构在时代的发展过程中呈现出明显的历时变化。与其他两个时期相比，1996—2009 年段的前言语类出现了新的具有广告和促销语类结构特征的语步，一些语步的步骤结构也发生了变化，并且倾向于运用较多的肯定鉴别资源和强语势级差资源，评价的范畴也体现了对读者心理需求的深入研究。此外，1996—2009 年段的前言还出现积极运用多种模态的符号资源表达意义、增强文本语用效果的现象。与之相比，1965—1979 年段的前言语类整体表现为客观、传统、保守的特征，1980—1995 年段的前言也出现商品化的特征，但这种变化的缓慢的，具有过渡性的特征。这些历时定量的分析结果表明了前言语类作为话语实践的变化：由传统的前言语类转变成了新的、混合的、促销性的语类。前言文本不只是介绍、描述，而是转向积极地构建，语言表达意义有意识地从属于效果。用哈贝马斯的话语来说，出现了从交际性话语转向策略性话语的倾向。分析的结果同时表明前言语类商品化是一个渐进发展的过程。在现阶段，前言语类商品化已成为较显著的趋势。这种语类的杂合方式不是前言语类传统的、常规性的互文方式，而是创造性地越界征用语类资源的现象，具有鲜明的时代特征。本章最后，在共时定性分析和历时定量分析的基础上结合三组样本的所有语料，归纳总结了前言语类商品化的策略潜势，为提高前言这一专门用途语篇的写作、更好地实现语篇的语用效果提供借鉴。

# 第 6 章

# 前言语类商品化的社会分析

话语分析不等同于语言学分析，话语也不等同于语言。话语分析不是去解释说明哪些句子是符合语法或可用的，而是要从社会历史的角度具体说明变化的话语形态（福柯，1972）。对语类的变化同样也需要从社会文化的角度做出解释。

## 6.1　社会分析的必要性

共时定性和历时定量的分析结果表明，教材前言语类在不同的历史时期呈现出不同的特征。六七十年代的前言语类传统、客观、保守，属于典型的学术介绍类语类；而在八九十年代之后，呈现出语类商品化的特征，从交际性地运用话语逐步转向策略性地运用话语。这一特征在始于九十年代中后期的现阶段表现尤为明显。

从表面上看，语类商品化是语类变化的一种典型形式，是语类变异的表现。我们可以从很多角度解释语类的变化：

首先，语类是动态的，是随着时空的变化而不断变化的动态修辞形式。语类经过一个时期之后通常会经历一些变化和发展，这是语类自身的特点所使然（Swales，1990；Bhatia，1993、1995；Berkenkotter & Huckin，1995）。

其次，语类的变化会受到写作者文化素质的影响。不同的写作者对语类运用的变化能力不同。一般来说，作者的语类知识和文化素养较高，语类变异能力往往较强。语言大师都是语类要素变异的巨匠（袁晖，1990）。他们谙熟多种语类的语言特点和知识，能够熟练地进行变异和创造，对语类之间科学的交叉和渗透，以及语类的发展起到促进作用（Bhatia, 2004）。相反，文化素养和语类知识较低的，这种变异能力就会弱得多。

再次，语类知识是主体在社团文化语境中的情境化认知（Berkenkotter & Huckin, 1995：6），会根据使用者自身和受众需要的变化而变化的修辞形式。"语类作为社会认知性行为，行为主体遵循社团性语类范式同时要实现其个体交际意图，期待语类行为受众的'言后行为'，因此语类行为的个体性成为必然。当这种'个体性'语类资源在社团中得到累积，就有可能出现新的社团性语类范式"（张滟，2008：20）。语类的个体性表现为编码者跨语类征用语类资源以实现自己的个人意图，劝说受众接受其研究和作为研究者的有效性和权威性，同时也会根据受众改变语类，迎合受众的需要。

作为语类杂合表现形式的语类商品化一方面体现了语类的多变性，另一方面体现了人类利用语类规约混合语类创造新的话语形式以应对修辞语境变化的能力。但仅从以上几点不能完全有信服力地解释一向被认为理性、客观的学术介绍类语类在较大范围内被同一种语类殖民的现象。教材前言语类的这种变化在学术行业和专业语境中重复出现、不断得到累积，并呈现一定的规模还需要更深层次的解释。我国著名修辞学家陈望道（2006：5）指出，文本"到了写说发表的时候，便成为与政治立场、世界观、与社会实践的经验、自然社会的知识与见解、识力、逻辑、因明，与语言文字的习惯及语类形式的遗产等无不有关的条件复杂的景象。而语辞形成的过程，始终离不开一定社会实际生活的需要"。同样，语类商品化现象也具有特殊的、重要的社会文化意义。

第4、5章中我们从语类的外在形式特征、互文性的内在生成机制体现方面详细描述和阐释了教材前言语类商品化的特征。基于我们在第2章论述的理论基础，语类商品化这一语言现象，既属于巴赫金所说的"杂语"，又属于Fairclough论及的"话语类型互文性"，同时也是本论文所研究的"语类互文性"的一种。按照巴赫金的社会杂语理论，语类互文性是用词语将外部世界概念化的形式和特定的世界观的体现形式（Bakhtin, 1981），它们体现了过去和现在的社会意识冲突的并存。每一个言语语类都代表着人们对现实世界的一种视角、一种思考方式，隐含着根据语境而选用语类的价值评判。每一种杂合的语言都代表着具体经验的体验。进入同一文本中的不同语类都携带着自身所固有的价值取向和基调。不同语类之间的交融和竞争实际是世界观之间的对话，是不同社会性观点的对话，是深层次上的不同思想的对话。语类的商品化是传统的学术态度和市场经济观念的对话，是信息传递意图和促销意图在语篇中的"有序"交融。这体现了市场经济的外部环境对语言的内部环境的影响。根据 Fairclough 的批评话语分析思想，语类互文性本质上是一种语类殖民现象，是商业话语秩序越界进入学术话语秩序的领域之中，是商业话语对学术话语的侵殖和渗透。为什么商业思想会在语篇中与学术思想形成竞争和对话？或者说，为什么商业话语会对前言话语进行侵殖和渗透？如何对语类商品化的现象进行解释是本章的主要内容。

话语的生成离不开语境，不考虑语境就无法理解话语，"只有我们考虑到话语使用的具体情景，只有了解了其背后的惯例和规则，只有认识到它们内嵌于特定的文化和意识形态里，而且最重要的是只有我们知道话语与过去的什么相联系，话语才有意义"（Fairclough & Wodak，1997：276）。巴赫金也同样认为，社会语境决定话语的形式，在社会语境之外，语言交际都是不可理解与说清的。语言中的一切要素都会对社会语境做出反应，语类也不例外。对语类商品化的分析同样必须将其置于社会文化的大环境中，才能做出恰当的解释。作为一种变化的话语实践，语类互文性是社会文化矛盾敏感的指示器，也是社会文化变化的标记。变化的话语实践是更广泛的社会和文化变化的一部分，不考虑社会文化的变化便不可能正确地理解话语实践的变化（Fairclough，1995a）。

根据我们构建的语类互文性的批评分析模式，对作为社会实践的语类的社会分析要关注导致具体语类出现和持续存在的权力关系（出现的原因）；语类的出现和存在所产生的意识形态效果（社会效果）（Fairclough，1992b，1995b）。对语类商品化的社会分析要将语类置于意识形态关系之中，分析话语实践是否再生产或重新建构已有的话语秩序，以及其对于社会实践产生了什么后果，揭示意识形态以各种方式对话语的介入和话语对意识形态的维护和重构作用。

## 6.2　语类商品化产生的因由

系统功能语法认为，文本是从可选择的体系（潜势）中选择的结果，这种语言观使人们关注不同语类的选择及其背后的社会意义。选择即是意义，特定社会时期带有普遍性的选择的状态归根到底要从社会文化的角度来解释。Halliday and Hasan（1985）认为，对话语事件的社会文化分析要考虑社会组织的机构语境和更宽泛的社会文化语境。我们主要从社会意识形态、当今社会广告语类的广泛影响、激烈竞争的行业环境三个方面探讨语类商品化的成因。

### 6.2.1　社会意识形态对语类商品化的影响

语类与社会变化之间的关系已得到众多学者的认同。Cohen 明确指出"语类概念在理论和实践上会由于历史的原因而兴起、变化、衰落"，语类的丰富性、语类系统和它的层次及其语类的划分都会由于时代的变迁、情景的变化、不同社会的交际目的而发生变化（引自 Devitt, 2000）。Beebee（1994）则说过，"语类变化源于社会和政治的变化"，社会的变迁是语类变迁的根源。"语类是动态的，会对社会制度的其他部分的动态变化做出反应。所以语类有历史的变化；所以语类随着时间而出现"（Kress, 1987：42）。Fairclough（2003a：78）进一步指出，"语类变化是社会变化的一个标记，语类的分析对于研究技术变化、媒介、经济变化和更广泛的社会变化之间的关系具有非常重要的意义。社会实践的变化不仅被显示于语言层面上语类体系的变化，而且又部分地被这些变化所导致"。社会变化可体现在方方面面，而这其中文化和意识形态的变化是社会变化最重要的内容。

#### 6.2.1.1　意识形态与语类互文性

意识形态是一个争议颇多的概念。马克思把意识形态看作是一个贬义的概念，认为意识形态是统治阶级强加给被统治阶级的价值观和思想体系，本质上是掩蔽现实关系，是对社会现实的颠倒的、神秘的反映（俞金吾，引自辛斌，2005：9）。马克思对意识形态的理解强调的是经济、政治统治的决定作用。随着社会发展，当代社会已经在很大程度上淡化了经济、政治、阶级的决定作用，而越来越发展了文化所具有的重要作用。人们对意识形态的理解也产生不同。法兰克福学派的代表人物 Althusser 提出，"意识形态是个体与其实际生存状态的想象性关系的表征"（引自郑崇选，2006：14），也就是说，意识形态是帮助个人成为主体，使自己融入社会并能自由地感受自我存在的丰富的"表征"或"表现体系"，是确定自我与社会间参数关系的一套庞大的信仰与习俗，它蕴含观念但不限于观念（同上）。Althusser 对意识形态的理解得到许多学者的认同。批评语言学家 Fowler、Kress、Hodge 进一步指出，意识形态代表的是一种世界观和思想体系，是一种能在社会生活的方方面面含蓄地显露出来的价值观。综合以上观点，我们认为以下阐释更适合本研究对意识形态的理解："意识形态在最终意义上是整个文化的支撑体系，它属于广义文化概念的一部分，这里是指在人们的生活过程中为他们提供据以理解自身活动的意义以及他们与现实的关系的观念系统。它是支撑并论证现存的社会利益关系格局的观念系统"（陈昕，2003：10）。作为一种观念系统的意识形态支配人们社会行为，反映社会结构的状况。每个社会、每个时期都有其占支配地位的意识形态。

语类与意识形态有着密切的联系。语类在社会中演变，通过制度化与社会相联系。每个时代都有自己的语类系统，后者同占支配地位的意识形态相关联。与任何制度一样，语类也展现其所属社会的构成特征（托德洛夫，2001：29），"一个社会选择和表达那些最符合其意识形态的言语行为；这就是为什么一些语类在一个社会里的存在和它们在另一个社会里的不存在显示一种主要的意识形态，并使我们能够相当肯定地确定这种意识形态。史诗能够存在于一个时代，而小说存在于另一个时代（……），这并不是偶然的；每一种这样的选择都取决于它所处的意识形态结构"（Todorov，1976：164）。意识形态对语类的选择具有制约作用，决定谁能得到权势语类，谁又有权力来重新分布社会秩序中的权力。正如 Martin（1992）所说，在语类之上决定语类的是社会意识形态，也就是整个社会的文化背景和文化氛围。意识形态会随着时代的发展而发生变化，并影响人的认知和表达方式。"每一个时期都有不同的世界观或观念结构，它决定该时期"知识"的本质。每一个时代的视象都是独特的，与其他时代的视象不相容。这使得一个时代的人们不可能用另一个时代人们的思想去思考。认识或思想方法不是由人而是由当时占主导地位的推理结构决定"（庄琴芳，2007：95）。文化决定所使用的交际符号以及交际的类型，并在语类上得到体现。受意识形态制约的语类必然会随着时代的变化而发生改变。

语类互文性与意识形态之间的关系更为密切。Pecheux（1982）论述了语类互文性与意识形态之间的关系。他用"互文话语"（interdiscourse）来指代语类互文性，并指出，"每一种话语形态（discursive formation）都处在相互关联的话语形态场中，这种场便是'互文话语'。在一个互文话语里，一种话语形态所包含的那些具体意义由它与其他话语形态之间的关系来决定，而特定时期的某一特定互文话语的状态，即它包括哪些话语形态以及这些话语形态之间存在什么样的关系，则取决于当时'意识形态国家机器'（ideological state apparatus）中的意识形态斗争状况"（Pecheux，1982）。Pecheux 认为主体一般不会意识到话语形态的外部决定因素，而是错误地把自己当作是话语形态意义的来源，而实际上主体是话语形态意义的结果。Pecheux 把话语形态中的"预先构建体"（preconstruct）看作是已有的或普遍共知的元素，它们实际来自互文话语中的外部主体，即意识形态。互文性是社会意识形态的产物，是意识形态的物质形式。任何话语都是社会历史发展运动的潜在标记，同时也构建了这种变化的结果（同上）。因此，语类的变化在不同历史阶段与当时的社会意识形态之间有着密切的关系。一个社会中某种语类的有或无，产生或消亡以及语类互文的状态必须从社会中各种意识形态和权力斗争的角度加以分析和解释。对语类商品化的现象的解释也应该从社会意识形态的角度寻求原因。前言语类的商品化现象归根到底是由社会文化的大环境所决定的，而这个大环境便是当代中国以经济为中心的社会状况和消费文化盛行的社会语境。

### 6.2.1.2 消费文化与语类商品化

消费文化（consumer culture）一词于 20 世纪前半叶出现于后马克思主义理论家对当代社会及其文化艺术进行的批判性研究中。所谓"消费文化"是指在一定的历史阶段中，人类物质与精神生产、消费过程中所体现出来的消费理念、消费方式和消费行为的总和。它是现代资本主义进入到消费社会，社会重心从生产转向消费的产物。消费社会是"进行消费培训、进行面向消费社会驯化的社会—是与新型生产力的出现以及一种生产力高度发达的经济体系的垄断性调整相适应的一种新的特定的社会化模式"（波德里亚，2000：73）。它以大规模的商品消费为特征，将消费和消费行为置于主导地位。

消费文化是与消费社会相呼应的文化形态，是为消费行为寻找意义和依据的文化，同时也是刺激或制造消费欲望的文化。在消费文化的形态里，消费往往不是为了满足实际的需要，而是在为了满足被制造和刺激出来的欲望。也就是说，人们所消费的不是商品的使用价值，而是它的符号象征意义。费瑟斯通对消费文化的解释更能帮助我们理解这一点，他指出，消费文化意味着"商品世界及其结构化原则对理解当代社会来说具有核心地位。这里有双层的含义：首先，就经济的文化纬度而言，符号化过程与物质产品的使用，体现的不仅是使用价值，而其扮演着'沟通者'的角色；其次，在文化产品的经济方面，文化产品与商品的供给、需求、资本积累、竞争及垄断等市场原则一起，运作于生活方式的领域之中"（费瑟斯通，2000：123）。消费文化在今天已经成为西方国家占支配地位的意识形态生产模式。在全球化浪潮的推动下，"消费文化被推销到世界各地，即使我们今天置身于世界上最偏僻的角落，也能呼吸到它的气息，蒙受到它的影响"（罗刚，王中忱，2003：2）。

消费文化在中国是伴随着经济的迅猛发展和全球化的浪潮逐渐漫延、渗透而来的。在六七十年代的中国，在计划经济体制的控制之下，商业发展缓慢，整个社会处于自给自足、相对闭塞的状态。进入80年代，中国打开了封闭已久的国门，实行改革开放政策，推行市场经济体制。随着经济发展的加快，国际交流日趋频繁，中国社会开始受到西方消费文化的影响。90年代，中国采取一系列措施大力发展国民经济。邓小平南巡讲话之后，市场经济体制进一步确立，经济发展成为中国社会发展的重心。1997年第十五次全国人民代表大会召开，确立私有制的合法地位。2002年十六大召开，提出全面建设小康社会的指导方针，经济制度发生了彻底变化。在这些政策方针的指导下，进入90年代的中国，经济进入高速发展的轨道，整个社会发生了翻天覆地的变化。这些巨变不仅表现在人们的物质生活的日趋丰富，而且引发了政治、文化及社会心理的急促变迁。90年代后期，在经济全球化浪潮的进一步推动下，中国社会进入大规模的消费时代，消费文化开始渗透到中国社会生活的方方面面，改变了人们的价值观念，"并以'准意识形态'的形式支配着整个文化，改变着人们的思维和世界观，同时也确立了一种新的话语霸权，使得几乎所有人都必须通过它去完成即便是最简单的表达和交流。消费文化成为人们认识自身和现实生活的意义体系，也是构造自身以及现实生活的力量"（郑崇选，2006：16）。

在消费文化的影响下，商品的销售在中国引起了前所未有的关注，商品已经从可触摸的产品延伸到各种各样的不可触摸物。商品不仅是一种外在的物质的形式，而更多地意味着是内在的认识和观念。教育课程、假期、健康、保险都像普通商品一样通过包装在市场上进行推销。文化作品也纷纷被包装成商品，按照市场模式进行销售。1998年科利华公司在中国出版的《学习的革命》，在中央电视台《新闻联播》之后的黄金时间做广告，与洗发水一样成为推销的商品。商品几乎成了这个时代所有事物（无论是精神还是物质）的共同名称。

在消费文化的影响下，商品的文化逻辑得到普及。商品生产不再局限于经济领域，而且向新的社会生活领域（教育、医疗、文化等）不断延伸和渗透，导致这些领域都普遍根据商品的生产和营销来重新组织和阐释它们的活动。"产业化"开始成为许多非经济领域的"热门词汇"。产业是指按照工业标准生产、再生产、储存以及分配文化产品和服务的一系列活动（陈培爱，引自许培莲，2008）。教育产业化、文化产业化、报纸产业化已成为当今社会人们普遍接受的现实。这些领域不再只注重生产的过程，它们引入市场运行的种种规则，采纳私营企业的理念和运行方式，开始关注分配和消费的过程。例如，高校的性质和目标发生了历史性的变化，许多高校裁减学生不感兴趣或吸引不到研究资金的专业和研究领域，大力扶持能获得高利润的专业和项目；推行人员培训、评价等商业管理手段；将更多的精力投向招生、宣传。又如，许多机构运用商业话语和市场话语来重新命名人员和事物：病人成为医院的"客户"，学生成为教育系统的"产品"，人员甚至整个地球被称作"资源"。文学也受到消费文化的影响。由于商业原则的凸显，文学的生产、传播和阅读方式发生了深刻变革，文学本身被迫或不自觉地纳入到商业原则主导下的文化生产体系之中，逐渐从具有相对独立性的艺术创造、精神建构和审美欣赏行为，转化为一种复杂的大众化、世俗化的社会文化活动（管宁，2005）。可以说，在现代社会，"商品化的逻辑已经影响到人们的思维"（詹姆逊，1987：148）。

在消费文化的模式下，商品逻辑得到普及的另一表现便是促销文化（pro-

motional culture）的盛行。为了揭示商品化和市场化对文化所产生的影响，Wer-
nick（1991）将现代文化归结为促销文化。促销文化是消费文化如影随形的产
物，也是商品市场进入新的领域，社会生活在市场基础上重新构建的结果。"促
销"是指任何为赢利和非营利目的进行的宣传，包括思想、服务和产品。作为
渗透特定文化当中的特殊实践，促销"不仅影响着该文化的象征内涵和意识形
态，而且还影响着它的整体精神特质和构造特征"（Wernick，1991：vii）。在促
销文化的影响下，广告和促销宣传活动成为任何机构和个人生存不可缺少的手
段。医疗机构、教育机构、甚至政府机关都开始推行自我宣传的模式。人们不
再含蓄客观地表达自己，而是毫不保留地、进行自我宣传、自我推销。如何宣
传推销自己已经成为现代社会个人能力和素质的一种表现。

　　社会语境和社会结构中的意识形态状况会对话语实践的运用产生影响，决
定话语实践的具体状态。当代社会中促销文化和促销活动的盛行对语言产生了
深远的影响。Fairclough 指出，促销导致话语的意指方式（mode of signification）
发生变化，也就是能指、所指和指示物之间的关系发生改变。这种变化的一个
方面表现为不同符号模态的格局发生变化，视觉符号在文本中出现越来越多，
而文字符号相对减少。另一方面，这种变化表现在无所指物的意指方式增多。
符号（能指、所指）和指示物之间的关系分为两种情况：一方面，能指、所指
与所指的真实物体相对应；另一方面，许多能指没有对应的真实所指物，只对
应在话语中建构的事物或物体。而促销对语言产生的影响便导致后一种情况在
当代社会中越来越突出（Fairclough，1993：141 – 142）。更为重要的是，促销文
化使"促销成为交际的普遍功能"（Wernick，1991：181），传递信息的同时进
行劝诱已经自然而然地成为语言的一种趋势。人们普遍按照商品的逻辑来处理、
运用语言（Lyotard，1984；Jameson，1991；Fairclough，1992b，1995b），例如，
"设计"这一在现代商品领域普遍盛行的概念也已经被运用到符号和语言之上，
文本像商品一样被设计以供销售，它们在实现其原本功能的同时，又是促销的。
Wernick（1991）总结性地指出，在当代社会的语境下，传递促销信息的文化现
象与我们所生产的符号世界变得同样广泛。话语实践正日益变得工具化，话语
成为销售货物、服务、组织、思想或人员的工具。话语的意义越来越多地倾向
于服务策略性、工具性的目的。

社会语境和话语实践发生的这些变化必然会对语类产生影响。从社会实践的角度讲，抽象的社会实践的变化不可能直接在语篇本身得到体现，而必须通过语类系统这个中间层次。语类作为人类社会活动的体现形式，作为社会历史的驱动带，必然会留下社会文化的痕迹。当代促销文化推行的是深刻的自我推销式的实践感受，它体现为一种自我推销、自我展示的精神。这种精神不仅影响语类的内容，而且影响语类的形式，从而导致语类的变化甚至是新语类的产生。语类商品化正是在社会意识形态的影响下语类发生变化的一种体现。

### 6.2.2 广告和促销话语的广泛影响

从历时的角度讲，在不同的历史时期，语类的地位不尽相同。某一特定时期一些语类会处于强势地位，这些语类的特征在其鼎盛时期倾向于渗透到其他语类中，从而产生混合语类，甚至新语类（Opacki，引自张德禄，2002：19）。语类商品化的趋势与广告话语在当代社会中的强势地位及其对其他领域的广泛渗透和影响也有着密切的关系。Gramsci 的霸权理论可以帮助我们更好地理解广告的这种影响力。借鉴 Gramsci 的霸权理论，话语秩序可以理解成处于霸权地位的"不稳定的平衡"（unstable equilibrium）的话语层面，话语秩序的表述和再表述则是霸权斗争的标杆（Fairclough，1992b）。互文性的过程和对抗、重组话语秩序的过程是话语领域霸权斗争的过程，这些过程受到社会领域霸权斗争的影响，同时也会对霸权斗争产生影响。广告对其他语类的影响实际是一种争夺霸权的斗争。在当代社会，经济处于社会发展的中心，在市场供大于求的情况下，经济重心从生产转向消费，促销、宣传成为发展生存的必要手段。这种现状造成当代社会广告业的全球性的飞速发展和扩张。以我国为例，中央电视台市场研究股份有限公司 CTR 研究数据表明：从 2000 年开始，我国广告市场每年的平均增长率达 14.8%，2008 年更是比 2007 年增长 21%，投资达 3000 多亿元人民币。广告业的飞速扩张直接导致广告话语在很短时间内成为今天最强势和最具普遍性的话语形式（Fairclough，1989，1992b，1995b；Bhatia，2004）。现实生活中我们每一个人都能深刻地感受到当今世界广告的无处不在和巨大影响力。我们每天随时随地都能通过电视、收音机、报纸、杂志看到、听到无数的广告。在公共汽车、学校、商场、行政机关大楼，生活当中到处可见广告的存在，甚至春晚小品节目中也屡屡植入广告。正如詹姆斯·特威切尔所说，"当二十世纪的历史学家完成了他的讲述，要寻找一个能最恰当地表达这一时期的精神的副标题时，我们认为很有可能他会选择'广告的时代'"（引自许培莲，2008）。广告铺天盖地的漫延导致广告语类成为 Fairclough 所说的统治性语类（genre of governance）。统治性语类是在特定社会中处于强势地位的语类。统治性语类具有扩张性和普遍性，会跨越不同的领域对其他领域的语类产生影响。作为统治性语类，原本属于经济领域的广告语类在当今社会已进入到传媒、机构、各种各样的行业、公共话语以及教育话语当中，我们很难发现当今社会哪一种公共领域的语类不受到广告语类的影响或渗透。Bhatia（2004：88）列举了受到广告语类影响的多种话语：

Academic Discourse

    Academic Course Description

    Job Description

    Academic Introductions：Book Introduction/Preface/Foreward

  Corporate Discourse

    Annual Reports

    Company Brochures

    Financial Statements

Media Discourse

    News reports /News Stories

    Editorials v News Analysis

Political Discourse

    Joint Declarations

    Memorandum of Understanding /Diplomatic Communiqués

Kress（1985：7）形象地解释了语类的这种特性："我用来解释话语①作用的一个比喻就是一支军事力量，它以占领相邻地带来对边界冲突做出反应。随着冲突的持续，更多的区域被占领，然后被定居和殖民。从一个机构的角度看，一种话语就像帝国主义一样对社会领域进行殖民"。

广告话语的强势地位及其扩张性对当代话语秩序产生了深远的影响：商业话语逐步渗透到这些非经济领域的话语之中，非经济领域的机构话语开始借鉴和采纳商业领域的话语组织和表达方式，话语秩序之间和话语实践之间的界限开始断裂、重建。这种变化表现在语类上便是广告和促销语类影响到学术、行业和机构等其他领域语类形式的构建、阐释和应用，侵殖了这些语类的整体性，导致它们的语言在不同程度上带有这样或那样的广告语类的特征，产生了许多新的、带有促销性的杂合语类（Bhatia，2005：225）。教材前言语类的商品化是广告和促销语类渗透进入学术话语领域话语秩序的结果。

值得说明的是，广告话语的这种强势地位与上文谈到的社会文化语境的状况是分不开的。话语秩序内部和话语秩序之间界限是矛盾和竞争的场所，它们之间的界限被加强，被削弱都是更广意义上的社会矛盾和斗争的一部分（Fairclough，1993）。广告话语的这种渗透和扩张从更深的意义上来说是消费文化向政治、文化领域渗透，导致社会、文化、政治领域发生变化的表现。

### 6.2.3 竞争激烈的行业环境

行业环境的激烈竞争也是导致前言语类商品化的主要原因之一。历时分析的样本跨越的三个时期（1965—1979，1980—1995，1996—2009）可代表我国发展历史上重要的三个阶段：改革开放前、八十年代至九十年代中期、九十年代中后期迄今。教材前言语类这三个不同时期表现出来的历时差异与这三个时期行业环境的变化有着直接、密切的联系。1965—1979年段正是我国改革开放前计划经济主导一切的时期。全国一切工作的指导方针都是为政治目标服务，

---

① Kress 的"话语"基本与"语类"同义，指的是"关于某一特定领域的一组可能的陈述，组织和安排谈论具体话题、事物和过程的方式，为社会和个人做出描述、规则、许可和禁止。"（Kress，1985：7）

出版权由政府机关掌握，出版社以服务政治为唯一目的，基本上不考虑利润和经营状况（这一背景也解释了为什么第1组样本中许多前言出现毛主席语录等政治话语）。这一时期教材出版经营方式也是典型的计划经济模式，由国家投资、下达计划和任务，出版社之间不存在竞争，对出版教材在新颖性要求不是很高。此外，这一阶段我国正经历文革十年混乱时期，高校正常教学工作受到极大干扰，几度处于停滞状态，教材的需求也受到很大影响。在这种环境下，教材的出版根本谈不上什么竞争，几乎不需要任何的促销和宣传。80年代到九十年代中期，我国开始实行改革开放政策，推行市场经济体制，经济开始有了较快发展。在经济发展的刺激和要求下，国家有关部门开始对出版业实行自主开发、自主经营、自负盈亏的政策，要求"出版社必须由生产型向生产经营型转变"，"出版社既是图书出版者，又是图书经营者"，而政府只对出版业在政策上进行宏观指导。在这样的政策环境下，出版社获得快速发展，出版社的数量也大幅增加，1978年全国仅有出版社105家，而1988年已发展到502家，1997年则发展到566家。各出版社引入了市场经济理念，开始有了商业和自主意识，出版业市场出现了竞争。90年代中后期到进入新世纪，我国出版业进一步繁荣，2007年全国出版社发展到579家。出版社实行企业化经营，市场竞争机制日趋成熟。此外，近年来，由于高校扩招，教材的需求量大幅增加，教辅材料在图书市场占据的份额也急剧增加，许多出版社都加入到教材的出版队伍中来。每年教材出版的品种达几万种，一种教材出现多个甚至几十个版本。教材的选择余地很大，出版社之间的竞争也越来越激烈。出版业的激烈竞争促使出版社对教材的质量、特色、创新性、受欢迎程度提出了较高要求。这些要求不可避免地要转嫁到编写者的身上。虽然编写者并不直接面对市场，但编写的教材必须首先赢得出版社的认可才能出版，而且市场销售和受欢迎程度会影响编写者再次获取出版机会、同时也会影响编写者的学术地位和研究基金等的获得。话语是现实的反映。这些现实的影响不可避免地对编写者的话语生成产生影响，促使编写者不得不花费精力吸引受众注意力，通过各种语言手段推销自己的作品。前言是教材内容的缩影，在教材中处于重要的地位，起到提纲挈领的作用。受众在接触教材时往往会首先阅读书的前言，并以此作为判断教材质量的重要依据之一。出色的前言能在介绍教材相关内容的同时起到吸引潜在读者的重要作用，有效地实现劝说、促销的功能。因此，编写者会充分利用前言这一工具有意识地突出教材的特色，体现教材的与众不同和高质量，积极宣传、推销自己的成果。这主要表现在：前言的内容和形式都建立在市场调研的基础之上，关注读者最关心和最想了解的内容。在内容上，充分考虑潜在读者群的心理需求和喜好；在形式安排上充分考虑潜在读者群的阅读习惯。这些变化体现在文本特征上便是前言语类借鉴采纳与广告和促销活动相关的语类，导致前言语类出现商品化的互文特征。

## 6.3　前言语类商品化的社会效果

　　语言不仅仅是社会变化的映射系统，语言与社会变化之间还存在着建构和被建构的关系。批评话语分析家认为："特定的话语和情境、机构以及社会结构之间是辩证的关系。辩证关系是一种双向关系：话语实践受到情境、机构和社会结构的影响或塑造，但话语同时又具有构建性，它构建情境、知识、社会身份和关系。话语的构建性既意味着话语有助于维护和再生产社会情形，同时有助于改变社会情形"（Fairclough & Wodak，1997：259）。建构论认为，社会世界和个体都是由言语实践不断建构的。语言不仅是客观实在的反映，而且是建构的积极媒介。对话语的关注不仅要从话语中透视出某种客观实体的存在，而且要分析话语如何不断建构社会世界。在建构的过程中，语言实现着各种各样的功能，产生着各种各样的影响。

　　Fairclough 认为，"由语言建构的文本会导致社会的变化"（Fairclough，2003a：8），产生社会效果。语言的建构作用不仅仅表现在对社会现实和社会现状的表征和折射，而且表现在对知识体系、社会关系、社会身份所产生的变革。具体说来，文本最直接的影响便是改变我们的知识、信仰、态度和价值观。文本还会产生更长期的效果，即改变人们的身份或认同感。换言之，文本可改变或有助于改变人（信仰、态度）、行为、社会关系、身份以及我们的物质世界。当然，文本与变化之间的这种因果关系都是以意义生成为媒介的。

　　福柯曾利用话语技术探讨过话语的建构作用。他认为现代话语技术的概念与社会组织的方式和文化价值密切相关，在运用的过程中实施着权力，塑造着各种各样的社会关系、影响着人们的价值观。话语技术在关于话语和语言的知识和权力之间建立了紧密的联系，并在对语言细节的预期效果的基础上通过有意识的设计和修改导致话语变化的产生。Van Dijk（1997）进一步指出，把语篇作为社会活动来研究不仅要对文本和言语进行具体的语言学研究，而且要注重研究语篇在机构、社会团体以及社会文化中的社会功能。

综上所述，话语分析不仅要研究发生了哪些变化，也要涉及话语的建构层面。话语的建构性应该成为话语研究的核心主题（波特，维斯雷尔，2006），不考虑文本的社会建构效果的语言研究是不完全的。我们从前言语类的共时和历时分析中总结出前言语类的商品化趋势。在现实生活中我们也发现学术、行业、机构领域越来越多地出现了语类商品化的现象。作为一种新的语言现象，商品化的文本在实现再现和表征社会现实的同时、还发挥着建构的功能，产生着一定的社会效果。广告和促销语类在当代社会属于福柯所说的现代话语技术。这种话语技术会在运用的过程中实施着权力，塑造、影响着人们的价值观。商业在当代社会中的主导地位造就了广告和促销话语的强势地位（Gramsci，1971；引自 Fairclough，1992b，1995b），并导致了语类商品化的现象。语类商品化作为社会实践的一种形式不仅表征、再现了这种社会现实，而且反过来又会促进、巩固商业思想以及其导致的社会变化。商品化的文本作为知识的形式会进一步强化以促销、宣传为代表的促销文化逻辑，加深商业逻辑对人的思维模式和行为方式的影响。话语实践对社会的这种反作用也就是话语实践对社会产生的影响之一。

话语实践对社会产生的效果不仅表现在商品化文本对商业思想的巩固和强化，而且还表现在对主体社会身份的重新建构。这是商品化的文本对社会产生的又一影响。语言对身份的建构已成为普遍共识。我们在这里强调的是语言对社会群体的社会身份的建构，是商品化的文本产生的一种长期的社会效果。批评话语分析认为，话语具有关系功能和身份功能，能够构建主体的社会身份和社会关系（Fairclough，1992b）。身份的概念涉及到人们在话语中对自己个人或集体身份的构建。我们这里探讨的是主体集体的社会身份，是一种语类为其使用的社会群体建构的社会身份。正如 Gee（1990）所说，"每一种话语都用语言为它的成员提供'配套身份'，将他们表征为特定类型的人物"。Pavlenko（2004：19）对身份的阐述能更具体地解释我们对身份的理解："身份是特定时间和特定空间给一个特定的社会集团提供的社会的、话语的、叙事方面的选项，个体和群体诉诸于它，以自我命名、自我定性，并以此争取社会空间和社会特权"（引自李战子，2005：235）。

　　身份具有历史性和非确定性的特点。人类在共同的交际过程中构建社会现实，也就是人类在彼此交往的过程中不断对自己、他人及社会进行定义和解读，并与此同时构建并创造自身及外部的生活世界，达到认知上的和谐统一。Giddens 在其关于后现代社会的论述中指出，人的社会身份和社会关系不是根基于稳定的社会位置之上，而是通过日常交际中的协商而创造。身份会因社会语境发生变化，并且具有多重性。当人们改变交际方式时，便改变了他们表征的自我身份。"话语批评有如考古学，其任务在于从断裂的地层中寻找分散的意义以及这些意义的多重来源。从历时的观点来看，传统阅读/写作理论所强调的语篇的'一致性'将不复存在。我们看到的是'断裂的作者'、'断裂的语篇'。表面上天衣无缝的语篇实际上是杂声的、复调的。在索然寡味的'作者'的标签下隐含着完全异质的作者身份"（丁建新，2007：131 - 132）。统一不变的身份原则上是不存在的。文本的表达方式发生变化，建构的身份也必然发生变化。商品化的文本改变了表征方式和表征的内容，同时使话语主体的社会身份也发生变化，构建起新的身份认同。概括地说，商品化的前言语类在保持编写者或作者权威的专家学者形象的同时，还构建了一种勇于自我展示、自我推销的社会形象。清高、低调、甘于沉默不再是学术专业人士的一贯特质，注重突出个人成果、素质和能力，宣传自我，积极适应社会环境的变化成为这一群体新的特点。正如 Fairclough 所说，"快速、高效行事的修辞技巧或言辞成为一个人专业身份的一部分。自我推销可能正成为各种学术活动和学术身份例行的、自然化的一个方面或部分"（Fairclough，1993：153）。需要指出的是，正如文本的商品化是一个历时、渐进的过程，话语建构的这种身份的变化同样也是渐进的、潜移默化的过程。

　　商品化的文本在构建话语主体新的身份认同的同时，也赋予了阅读主体新的身份。正如 Beebee（1994）指出，"语篇、作者、语境以及作为读者的批评家都离不开语类对他们的塑造"。在商品化的前言语类中，阅读主体既是读者，同时又是消费者。商品化的话语实践构建了消费主义的世界观，同时构建了持有这种观点的消费者社团（Fairclough，1995a：290）。文本中混合的广告话语将读者置于消费者的位置，这样的话语实践同时制造了一个消费主义的社会和与消费主义观念相关的消费者群体。正如 Maingurneat（1987）所说，"话语的意识形态作用在于产生表征的同时将人们组织进社团"（引自 Fairclough，1992b：134）。商品化的文本为主体构建了新的身份认同，同时也改变了二者之间的社会关系。作者与读者之间的权力关系发生变化，读者作为消费者群体的地位拥有了较多的权力关系。二者之间的社会关系是多元的：既是作者与读者之间的关系，同时又是生产者与消费者之间的关系。

文本内化了外部社会语境和实践，同时又能生成行动和意义，使人们形成一种社会实践的惯习（habitus）。商品化的文本通过文本的建构功能参与社会实践、改变着主体的社会身份以及他们之间的社会关系，以其独特的方式产生着社会效果，促进和巩固着社会的变化。这是我们在话语的建构论和批评话语分析辩证建构的话语观的基础上阐发的结论。在这里需要指出的是，文本对社会的影响不是自动和机械的。我们不能简单地认为特定的文本特征会自然而然地导致人们的知识或行为发生变化。此外，文本与社会之间的因果关系同样也不是有规律的。特定的文本形式与社会效果之间不存在固定的联系，因为文本的建构效果还受到语境中许多其他因素的影响，并且会导致特定的文本产生不同的效果。例如，不同的阐释者会对文本的建构效果产生不同的解释。Fairclough指出，在很多情况下，社会实践的变化首先是由话语实践的再语境化引发的（Fairclough，2006）。话语一旦被成功地再语境化，便会与社会实践的其他要素发生作用：建立新的社会身份，形成新的行为和交际方式，对社会变化产生一定程度的影响。但是，社会变化不是由单一的因素造成的，而是一个复杂的过程。话语对社会变化的影响效果同样也取决于很多因素：征用的策略是否成功；已有社会实践和话语秩序根深蒂固的程度；与社会生活中人们的实际经验共鸣的程度；是否事先存在一定的政治、经济和文化条件（Fairclough，2006：34）。

最后需要说明的是，我们的分析结果只是表明现阶段的教材前言语类出现了语类商品化的特征，这种现象会产生一定的社会影响。但这并不意味着商品化是现阶段前言语类绝对意义上的普遍特征。正如上文所言，商品化的过程犹如一场争夺霸权的过程。霸权是一种不稳定的平衡。霸权在建立的过程中总是会受到抵制和对抗，在建立霸权之后，旧的霸权也可能会被打破，出现新的霸权。教材前言语类的商品化是广告和促销话语在学术话语领域争夺霸权的斗争。从样本的分析来看，对写作主体来说，并不是所有的样本都带有广告语类的语言特征，一些样本仍完完全全保持着传统前言语类的特征。对阅读主体来说，一些读者在阅读阐释语篇时会利用自己的知识和资源将互文的语篇理解为衔接、连贯的语篇从而将自己置入作者为其设置的位置。但是并不是所有的读者都是"顺从"的，一些读者会对其中的互文因素产生抵制，对作者"推销"的意图产生抵触、排斥的情绪。因此霸权的斗争不是一蹴而就，新的话语的产生和接受也不是畅通无阻的。社会建构论的缺陷之一便是忽略社会实体的相对稳定性和持久性，以及他们对变化的抵制。新话语的产生会受到社会实体的抵制，一些使用者会排斥新的话语，维护传统的话语。因此新话语的产生和普及是一个长期的过程，新的霸权的建立也需要经过长期的斗争获得。从这个意义上来说，教材前言语类出现了商品化的特征，但这种商品化是否已具有或将具有绝对普遍性或取得霸权，并对社会产生绝对性的影响还不能妄下结论，还有待于更系统、更广泛、长期的研究去确立。

## 6.4 对语类商品化现象的思考

话语研究的目的之一是以具体的语言现象为切入点，去揭示与语言生活相关的社会文化现实。除此之外，话语研究还应关注由语言所产生的或与语言活动有关的语言问题和社会文化问题（施旭，2008）。因此我们有必要对语类商品化这一现象做进一步的思考。

Fairclough（1992b）、Wernick（1991）早在20世纪90年代就断言话语商品化已成为当今社会话语的主要特征之一。虽然他们不是从语类的视角来观察这一现象，但异曲同工，都明确指明语类商品化在当代社会已不是个别现象。随着消费文化和促销文化的进一步发展，语类商品化的现象将会变得越来越普遍。

这一现状促使我们应该、认真地、多角度地审视这一现象。

语类商品化是社会经济文化发展不可避免的产物，是社会文化发展的标记。语类资源的混合使话语形式纷繁复杂，使语类在复杂中保持活力与动态。作为一种语言现象，语类商品化所代表的这种语类的交叉使用给语言的运用带来了积极的影响，既发挥了个体手段更大的潜能，也扩大了语言运用能力和交际功能。社会的不断变革和发展向人们的语言交际提出了挑战。科技化、商品化、信息化的现代社会需要与之相适应的语言交际形式的变化。在日常的话语实践中，出于不断发展的、日益复杂和深入的交际语境的需要，人们利用各种现有语言材料构成话语的同时，必须不断地发掘语言的潜力，追求更为理想的语言表达形式，寻求语言的扩展。语类之间的互相征用可有效地增强表达效果，满足不断变化的交际语境的需要，并通过借鉴的创新成分补充原有语类相对静态的表达体系，促进语类的发展。

然而在现实生活中我们不断发现过度征用广告和促销语类资源的现象。我们经常发现一些面目全非、不伦不类，无法判断语类类别的文本。下面的一则招生简章便是这样一个典型的例子（例中的图片因篇幅限制在文中省略）：

### 北京吉利大学 2006 年招生简章

★ 教育部备案，纳入全国统一招生计划，具有独立颁发国家承认文凭资格；
★ 国际化、新型的综合性大学，下设18个学院，在校生25000余人，中远期规划在校生达到30000人；
★ 占地3000亩，投资8亿元，产、学、研完美结合的生态公园式的常绿校园；
★ 实施"大师工程"、"大楼工程"、"大思想工程"，全力打造中国高校新生代的著名品牌；
★ 依托中国吉利集团，搭建四大就业平台，实施"订单教育"，学生入学就意味着就业；
★ 中国十大优秀高校，中国十佳高校，中国高中生最向往的高校，21世纪就业明星院校，首都十大著名品牌实力高校，北京市无投诉高校。

以上是北京吉利大学 2006 年在互联网上发布的招生简章，意在向潜在的学生介绍学校的相关情况。该简章提供的信息充斥着促销、劝说的语篇功能。简章没有采用传统以介绍概况和具体描述为主的语类结构，而是使用广告的常用格式：色彩绚丽的图片；清单式的文字说明。文字说明中关于学校声望的描述，充满着"十大""十佳""最""明星"等高强度评价性语言。而"投资""订单""投诉""品牌"等都是典型的商业话语。位于网页最下端的简短说明："CCTV 黄金时段重点推荐品牌高校"，也是广告用语。无论从形式还是内容，该则招生简章都与广告语类十分相似，很难判断其语类类别的归属。很显然，该文本过度征用了广告促销语类的资源。过度的商品化会破坏语类的整体性。从语用效果来说，过度的商品化会导致交际目的的失败。促销的成功都是来自于隐性的劝说，而劝说自身的本质要求劝说的形式是隐含的。此外，无选择性地、过度地征用促销话语的资源有可能会破坏或减少话语的实际价值或作用，例如，在慈善筹款声明的语篇中过度使用促销话语资源会减弱语篇的真实性，降低可信度，导致语篇的交际失败。

　　Bakhtin 这位哲人的话语为我们提供了解决上述问题的原则。他说过，"统一的语言又是克服杂语现象的力量，是限定其范围的力量，是保证起码的相互理解的力量"（巴赫金，1998，第 2 卷：49）。Bakhtin 说的"统一的语言"实际是"语言的组合和集中的历史过程在理论上的表现；是语言的向心力的表现（巴赫金，1998，第 2 卷：48）。这种统一的语言体现在语篇的语类上便是语类的整体性，而杂语现象便是语类杂合的现象（语类互文性）。Bakhtin 的观点指出了语类的再语境化或语类的征用应把握的原则。在征用语类资源的过程中，保持原语类的语类整体性非常重要。语类资源的征用所导致的语类的革新性、创造性不是一种任意的行为，必须是在语类界限的范围之内实现。对语类规约的严重忽略会导致脱离原语类，并显得异常，成为失败的语类。Bhatia 明确强调，规约化的语类结构是充分理解行业和学术语境下语类的建构和阐释的必要前提。创新、利用或操控语类资源和规约的自由不可避免地要限制在具体语类界限的一般（broad）框架之内，"任何明目张胆地违犯语类规约都会导致语类显得十分怪异，也会被专家社团认定为不可取的交际错乱（communicative aberration）"（Bhatia，1995：15）。因此语类商品化不应突破语类整体性的基本界限，应把握好促销意图和语类的主要交际目的之间的关系，在单个语类的语类规约的背景下对促销话语资源进行征用，只有这样才会最大限度地传达语篇的信息，保证起码的相互理解和交际意图的顺利实现。

　　过度的商品化会产生负面作用，而语类商品化现象过多出现也会产生不良影响。虽然我们对促销话语在当代社会是否过度泛滥不能妄下结论，但促销话语越来越多地出现在当代社会已是不争的事实。我们认为，从长远的观点来看，语类商品化现象过多出现会导致对主体产生病态的后果，引起语言伦理问题。上文中我们曾提到 Habermas（1984）对交际性行为和策略性行为的区分。社会生活的现代化导致社会体系的工具理性不断增强，策略性的交际其目的是为了有效地产生结果。交际性行为和策略性行为都会存在于人们的交际活动中。但是过多的工具理性是病态的（Habermas，1984），会对社会产生负面的影响。人们在生活中不断地面对促销宣传，社会环境到处充斥着带有明显促销意图的话语，便会出现信任危机。人们会怀疑、迷茫、并最终丧失对话语的信任，不知道如何判断哪些话语是真实、纯粹的，哪些是虚饰、夸大的。人们甚至会怀疑友好轻松的会话式交谈也可能是出于某种策略性的目的。现代社会人们越来越难以摆脱促销，这是由于促销一方面是许多人本职工作的一部分，另一方面，在当代社会自我推销（self‐promotion）已经成为自我身份非常重要的一部分。在这种情况下我们应该理性地思考促销话语的殖民趋势给我们带来的语言和话语的伦理问题。

　　语类商品化已出现（过度商品化）和可能会出现的问题（过多商品化）为我们提出了如何利用"话语技术"的问题。广告和促销话语资源所代表的促销策略是现代社会的话语技术。话语技术的运用会产生多种可能的效果。合理的运用会产生积极的影响，滥用则产生负面影响。批评话语分析所提倡的批评语言意识（critical language awareness）为我们如何合理运用话语技术提供了途径。批评语言意识是 Fairclough（1989）所提出的培养人们运用、识别、判断语言（社会性和思想性）的能力。批评语言意识是一种指导性的视角（instructional approach）。首先，它能提供给人们利用话语技术改变自己和自己所属社团话语实践的知识，帮助人们利用话语研究的成果重新设计话语实践，教会他们通过改变或运用新的话语实践来实现一定的目的，从这个角度上来讲，批评语言意识是一种知识的管理使用，目的是为了施加变化。其次，批评语言意识能帮助人们利用自己的语言和话语经验更多地意识到自己生产和消费的话语实践，意识到影响和塑造语言的社会力量和利益；意识到蕴含其中的权力关系和意识形态；意识到语言对社会身份、社会关系、知识和信仰的影响以及语言在文化和社会变化过程中的角色和作用（Fairclough，1992b：239）。也就是说，批评语言意识能帮助人们洞察话语实践和社会结构之间的关系，清楚地意识到话语实践发生变化、被控制和产生社会功能的可能性。因此，在当今竞争激烈和日趋复杂的社会语境中，人们应该越来越多地对语言和话语具有批评意识，如何提高批评语言意识也应成为现代语言教育的一个重要课题。而这一任务是一个有目的、有意识地、循序渐进地培养学习者批评性阅读能力的过程。Fairclough（1989）提出的培养批评语言意识的两条指导原则可为我们提供一点借鉴：原则之一：批评语言意识的培养需要将"意识与实践相结合"，也就是说，发展学习者潜在的语言能力需在有目的的语言实践和批评语言意识结合的基础上进行。原则之二：批评语言意识的培养应建立在学习者已有的语言能力和经验之上。

## 6.5　本章小结

从语类作为社会实践的角度出发，将语类的变化置于社会文化变化的大语境中，是解释语类变化根源的最终归属。本章首先从社会意识形态、广告话语的广泛影响、激烈竞争的行业环境三个角度对语类商品化现象产生的因由进行了解释。然后从建构观出发探讨了教材前言的语类商品化产生的社会效果，分析了商品化的文本对商业思想、主体社会身份产生的影响。本章最后对语类商品化这一现象进行了思考，指出语类商品化在增强语言表达效果、促进语类发展的同时，也会产生负面作用。过度商品化会破坏语类的整体性、损害话语的实际价值或作用、导致语言交际的失败；过多的商品化则容易使人们丧失对话语的信任，引起语言和话语的伦理问题。

# 第 7 章

# 总　结

话语实践和社会实践之间的因果关系不是透明的，而是隐含的。话语分析的重要任务之一便是揭示话语实践、文本与更广意义上的社会和文化结构之间隐含的因果关系和决定与被决定的关系。语类的研究可以帮助我们透视社会文化，提供从语言学的视角解析社会的方法和途径。要认识了解某个社会、某种文化，只要看看这个社会、这种文化中有什么样的语类以及这些语类的特征就一目了然了（方琰，2002）。

## 7.1　研究内容回顾

本研究是从批评的视角对语类商品化这一语类互文现象进行的系统考察，主要研究工作包括：

（1）论述了 Bakhtin 的社会杂语理论、Fairclough 的批评话语分析思想和 Foucault 的话语观，为语类互文性的研究提供理论阐释。

（2）归纳、并补充了语类的多面观，尝试性提出以交际目的、话语、活动类型、人际风格和主体位置作为界定语类的五个范畴；整合 Fairclough 的批评话语分析理论，语类的多面观、Swales 学派的语类分析观、Hasan 的语类结构潜势理论构建了共时和历时相结合的三维语类互文性批评分析模式，为从语类入手分析语篇的结构，考察语篇的生成机制和内在本质，揭示语篇中不同语类的混合及其背后的动机和原因提供了可资借鉴的范式。

（3）对当代中国学术语境中教材前言这一学术介绍类语类从共时定性和历

时定量进行了系统分析。共时定性分析详细描述了教材前言语类商品化的语言学实现形式和互文生成机制，表明教材前言出现了语类商品化的特征。历时定量分析剖析了前言语类在三个不同历史时期的变化特征，验证了共时分析的结果。三个时期的对比分析结果同时表明：前言语类商品化是一个渐进的过程，在现阶段已呈现出较明显的趋势；这种语类互文形式并不是传统的、常规性的，而是创造性的语类结合形式。

（4）从社会文化的角度对教材前言的语类商品化现象进行了社会学的解释，分析了社会意识形态、广告话语、行业环境对语类商品化造成的影响以及语类商品化产生的社会效果，并对语类商品化这一语言现象从积极和消极两方面进行了评价，指出语类商品化在增强语言表达效果、促进语类发展的同时，也会产生负面作用：过度商品化会破坏语类的整体性、损害话语的实际价值或作用、导致语言交际的失败；过多的商品化则容易使人们丧失对话语的信任，引起语言和话语的伦理问题。

## 7.2　研究的主要贡献

从整体上来看，本研究在理论上深化了对语类互文性和语类商品化现象的理解和阐释。在实践上对前言语类商品化现象进行了系统的实证分析。研究的主要贡献和创新之处在于：

（1）本研究的创新之处在于提出了语类互文性的批评分析模式。语类的分析往往从单一的视角进行，本研究提出从话语、活动类型、交际目的、人际风格、主体位置5个范畴来界定语类，从历时、共时两个维度，文本、话语实践、社会实践三个层面来考察语类互文性。这一模式有助于对语类互文性现象进行系统的描述、分析和解释，为语类互文性的研究提供了可资借鉴的范式。

（2）在研究方法上，本研究没有仅仅局限于目前语类互文性研究普遍采用的个案定性分析，而是利用定性和定量、共时和历时、宏观和微观相结合的方法，全方位地对教材前言语类商品化现象进行系统考察。这一研究路径有助于我们深入了解语类商品化现象的本质和特征，并对其做出更准确的评价；有助于我们对语类的动态性、语类与社会、语类与意识形态之间的关系有着更清楚的了解。

（3）本研究借鉴、应用并发展了批评话语分析的理论。批评话语分析源于其倡导者对西方社会中的不公平、歧视等现象的不满，最终目标是改变这些社会现象，导致社会变革，其政治锋芒尖锐、突出。本研究没有照搬批评话语分析一贯的研究视角，而是吸取了其合理的批评内核，将批评的内涵用于揭示、探究语篇和社会之间的关系，为批评话语分析的应用拓展了新的广阔天地。这种研究路向既秉承了批评话语分析批评、揭示的内涵，又避免了其强烈的政治倾向性。此外，批评话语分析大多关注政治语篇和新闻语篇，本研究将批评话语分析应用于学术话语领域，是批评话语分析应用的新尝试。更值得说明的是，本研究的研究路向为批评话语分析在中国的本土化和再语境化研究提供了借鉴和启示。"批评话语分析的主体主要局限在英国和欧洲大陆，涉及的也主要是世界体系的核心问题。没有理由将语篇的批评分析限制在高度集中、后现代、后工业化、高度符号化的第一世界社会。更没有理由认为对这样社会的描述可以当做模式被有效地用于理解当今世界的语篇，因为这个世界上社会与社会之间存在本质的区别"（Blommaert，2005：35 – 36）。在当代中国，改革开放的30年带来了巨大的变化，新的社会现象、思想观念、行为方式不断出现。这些变化不可避免地在汉语语篇层面留下痕迹，造成新的词汇和新的意义表达方式不断进入我们的语言生活，并在一定程度上影响和建构着我们的行为和思想方式。这些变化和现象为话语研究提供了丰富的素材，也为话语研究提供了潜在的需求。本研究从语类互文性的视角出发，结合中国社会的实际，以中国社会发展过程中出现的具体语篇为分析对象，通过对话语参与社会实践、再现社会事实和构建社会关系等话语社会功能的研究，探索话语在社会生活中的作用，揭示话语的社会意义。这种研究路径将微观的语言分析和宏观的社会分析有机结合，为研究当代中国的社会现象提供了语言学的分析手段和理论支持，昭示了当代中国出现的话语变化和现象都可成为批评话语分析的课题，充分表明批评话语分析在中国同样可以大有所为。同时，在一定程度上对改变批评话语分析引入中国十多年评介和综述多、实质性研究少的现状做出了努力。

（4）本研究对语类理论和语类教学具有一定的启示意义。本研究的分析结果表明现实世界中的语类是复杂的、动态的、多样的，并经常表现出杂乱和令人困惑的特性。但语类理论和实践的主流研究都致力于语类整体性的研究，对真实世界中语类的上述特性往往轻描淡写或语焉不详。分析者在语类实际分析的过程中往往能发现主流语类理论所强调的语类整体性和纯粹性与现实世界复杂和动态的杂合语类的多样性之间存在着巨大的鸿沟，本研究的结果同样也表明语类的杂合在当代社会已越来越普遍。因此，语类的整体性与复杂性之间的矛盾应该成为语类理论领域新的研究课题。语类理论一方面须保持对语类整体性的研究，另一方面必须能够对现实世界中语类的复杂性和动态性做出解释，"一个比较完善的语类理论不仅应当充分认识语类的多样性和复杂性，而且应当充分估计它的变异性、不稳定性和灵活性"（方琰，2002：20）。

　　本书的研究结果对语类教学也具有一定的启示意义。在语类教学领域，语类的写作和书本知识之间存在着差异，关于语类写作的教科书中往往以语类固有的结构和特征为主要目标知识，没有体现语类的动态性和变化。语类商品化现象使我们意识到语类的复杂性和多变性。因此我们在语类的教学中，应选取现实生活世界中的样本，展现真实语境中的语类的多样性。语类的研究者也应该研究语类的发展，在教科书中体现语类的变化，而不仅仅是制定规则。此外，语类教学应注重语类能力（generic competence）的培养。语类能力是指识别、构建、阐释、以及运用具体的行业或学科语类知识参与日常活动，实现具体行业社团的目标的能力。语类能力能帮助学习者有效参与专业实践，在具体的行业、学科或工作语境中选择恰当的语类来适应具体的修辞目的，如，恰当地运用语类资源和语类知识创造新的形式实现个体交际意图或隐含意图。本论文的研究表明语类能力应成为语类教学的重要目标之一。

　　（5）本研究的另一贡献在于，为前言这一专门用途语篇的教学与写作提供指导和参考。前言具有非常重要的作用，对教材的内容可起到"一斑而窥全豹"的作用。我国各大型出版社每年出版大量的教材，教材市场竞争激烈。如何清楚地介绍教材的内容，更好地吸引读者，前言的写作技巧十分重要。本研究对教材前言的语类特征进行了较全面的分析，提炼出的前言语类结构潜势可帮助学习者了解这一类语篇的语类结构特征和构建方式；总结、归纳的促销策略潜势可使我们认识到语类的复杂性、多样性和灵活性，有助于帮助写作者打破原始语类框架的束缚，拓展思维，开辟新的视角写出具有创造性的作品，同时帮助学习者充分利用话语策略，提高写作技巧，更好地实现交际意图。"语类结构潜势＋促销策略潜势"可为前言这一专门用途语篇的写作提供可资借鉴的语篇生成模式。使用者可根据自己的交际意图和修辞语境的需要有选择性地根据模式进行写作。

（6）本研究是以前言语类为语料进行的分析，该研究的成果为考察其他学术介绍类语类，以及其他行业语境下的语类商品化现象同样具有参考价值，同时也可为语类的其他变化趋势（技术化、民主化）提供借鉴。

## 7.3　研究不足与未来研究展望

### 7.3.1　研究的不足

本研究构建了语类互文性批评分析模式并将其应用于教材前言语类商品化的分析中。构建的模式还有待于从理论上进一步完善和从实践上获得更多的验证。社会分析中对商品化文本的社会功能即产生的社会效果方面的探讨也有待于进一步深化和提升。此外，定量分析的样本数量较少，缺乏较大范围样本分析的结果支撑，这也是今后研究应进一步完善的方面。

批评实在论（critical realism）认为文本和事件的性质和内容不是我们在某一特定时间，从某一特定视角进行分析所能穷尽的。任何的文本分析或视角都不是绝对客观的。任何理论和方法都只是接近真理，不可避免地具有局限性和不足。正如话语分析的任何结论一样，本研究的结论也是开放的。

### 7.3.2　未来研究展望

本研究从社会文化的角度，利用批评话语分析的理论解释话语实践与社会结构之间的关系。语言与社会实践之间的关系不是直接、机械的，而是通过中介体连接的。关于语言运用和社会结构之间的中介体是什么，不同的批评话语分析的流派①持有不同的认识观。Fairclough 的社会文化分析法认为话语秩序是二者之间的中介；Van Dijk 的社会认知分析法和 Ruth Wodak 的语篇—历史分析法则认为社会认知过程是语言与社会结构之间的中介，它们呈现为一种话语—认知—社会的三角关系。本研究从社会文化的角度对语言与社会结构之间的关系进行解释，对于社会认知在其中的作用没有涉及，而这也是未来值得研究的另一个课题。

此外，语类商品化不仅在学术话语领域、在其他学术、行业语境下的话语（如新闻话语、教育话语、甚至政治话语）中也存在这样的趋势，本论文的研究希望能推动更多的人关注这种现象，进行更加深入、系统、全面的研究。

---

① 批评话语分析研究领域目前主要包括八个流派：Roger Fowler 的批评语言学、Norman Fairclough 的社会文化分析法、Van Dijk 的社会认知分析法、Ruth Wodak 的语篇﹣历史法、Paul Chilton 的认知话语分析法、Ron Scollon 的媒介话语分析学说、Wetherell 的话语心理学和 Eric Johnson 的批评隐喻分析法。

# 附 录

## 历时定量分析语料列表

### 1996—2009 年段样本信息

| | | | |
|---|---|---|---|
| 1 经济法概论 | 华中理工大学出版社 | 1998 | 戚昌文 |
| 2 微生物学 | 高等教育出版社 | 2000 | 沈萍 |
| 3 线性代数与空间解析几何 | 哈尔滨工业大学出版社 | 2000 | 郑宝东 |
| 4 动物免疫学 | 中国农业大学出版社 | 1996 | 杨汉春 |
| 5 工科大学化学 | 高等教育出版社 | 2003 | 许崇泉 强亮生 |
| 6 有机化学 | 高等教育出版社 | 2005 | 汪小兰 |
| 7 体育人文社会学导论 | 人民体育出版社 | 2008 | 李宗浩 毛振明 周爱光 |
| 8 新编现代西方经济学教程 | 上海财经大学出版社 | 1996 | 郭羽诞 陈必大 |
| 9C 语言程序设计基础 | 高等教育出版社 | 2005 | 廖雷 |
| 10 大学物理学 | 同济大学出版社 | 2006 | 毛俊建 顾牡 |
| 11 西方经济学导论 | 北京大学出版社 | 1999 | 盛小白 |
| 12 大学语文 | 武汉大学出版社 | 2007 | 贺严 |
| 13 英国文学与文化 | 中国人民大学出版社 | 2009 | 李成坚 |
| 14 经济地理学 | 高等教育出版社 | 1999 | 李小建 |
| 15 新编计算机应用基础 | 清华大学出版社 | 2002 | 王军 韩伟峰 |
| 16 大学英语语法标准教程 | 北方交通大学出版社 | 2002 | 李京平 周红红 |
| 17 热工基础 | 高等教育出版社 | 2001 | 张学 李桂馥 |
| 18 材料力学 | 高等教育出版社 | 2007 | 王世斌 |

| 19 大学基础物理学 | 高等教育出版社 | 2000 | 王海婴 |
| 20 公共经济学 | 高等教育出版社 | 2007 | 王雍君 |

## 1980—1995 年段样本信息

| 1 机械设计 | 人民教育出版社 | 1980 | 华中农学院 |
| 2 兽医微生物学 | 农业出版社 | 1980 | 甘肃农业大学 |
| 3 西方哲学史 | 上海人民出版社 | 1983 | 全增嘏 |
| 4 经济统计学概论 | 中国财政经济出版社 | 1985 | 钱伯海 |
| 5 概率论与数理统计 | 高等教育出版社 | 1984 | 周概容 |
| 6 机械零件课程设计指导书 | 人民教育出版社 | 1982 | 哈尔滨工业大学 |
| 7 电子技术 | 高等教育出版社 | 1989 | 杨福尘 |
| 8 生物物理学 | 人民教育出版社 | 1981 | 程极济　林克椿 |
| 9 水环境化学 | 高等教育出版社 | 1987 | 陈静生等 |
| 10 基础量子化学原理 | 高等教育出版社 | 1987 | 封继康 |
| 11 西方经济学导论 | 北京大学出版社 | 1993 | 梁小民 |
| 12 模拟电子技术基本教程 | 高等教育出版社 | 1986 | 浙江大学电子学教研室 |
| 13 材料力学 | 同济大学出版社 | 1989 | 同济大学材料力学教研室 |
| 14 计算机应用基础 | 高等教育出版社 | 1987 | 程光铆　陈赓华 |
| 15 土木工程英语 | 科学技术文献出版社 | 1994 | 姚仰平　惠宽堂 |
| 16 高级英语阅读教程 | 高等教育出版社 | 1988 | 汪士彬 |
| 17 市场经济学教程 | 湖北人民出版社 | 1995 | 辜胜阻　简新华 |
| 18 管理心理学 | 中国物资出版社 | 1990 | 乐国安 |
| 19 法学概论 | 北京大学出版社 | 1995 | 张云秀 |
| 20 新编教育学教程 | 华东师范大学出版社 | 1991 | 叶澜 |

## 1965—1979 年段样本信息

| 1 分析化学 | 高等教育出版社 | 1965 | 汪葆浚 |

| | | | |
|---|---|---|---|
| 2 生物统计学 | 江苏人民出版社 | 1966 | 范福仁 |
| 3 兽医基础教材 | 解放军兽医大学出版社 | 1970 | 中国人民解放军兽医大学 |
| 4 普通化学 | 人民教育出版社 | 1974 | 东北工学院化学教研室 |
| 5 英语 | 人民教育出版社 | 1975 | 上海大学英语教材编写组 |
| 6 金属矿地球物理勘探 | 地质出版社 | 1975 | 成都地质学院物探系 |
| 7 基本有机化学工程 | 人民教育出版社 | 1976 | 天津大学有机化工教研室 |
| 8 微生物工程 | 上海人民出版社 | 1976 | 微生物工程编写组 |
| 9 电子技术基础 | 山东科学技术出版社 | 1976 | 山东省科学技术宣传馆<br>电子技术基础编写组 |
| 10 预算会计 | 天津人民出版社 | 1977 | 天津财经学院财经金融系 |
| 11 有机化学 | 人民教育出版社 | 1978 | 天津大学有机化学教研室 |
| 12 大学英语 | 商务印书馆 | 1978 | 鞍山钢铁公司七二一工人<br>大学外语教研室 |
| 13 高等数学 | 人民教育出版社 | 1978 | 同济大学数学教研室 |
| 14 无机化学 | 人民教育出版社 | 1977 | 无机化学编写组 |
| 15 马克思主义哲学原理 | 吉林人民出版社 | 1979 | 吉林省《马克思主义哲学<br>原理》编写组 |
| 16 果树修剪学 | 上海科学技术出版社 | 1979 | 吴耕民 |
| 17 植物系统学 | 人民教育出版社 | 1965 | 张景抒 梁家骥 |
| 18 电磁学 | 人民教育出版社 | 1979 | 赵凯华 陈熙谋 |
| 19 复变函数论 | 人民教育出版社 | 1978 | 四川大学数学系 |
| 20 古代汉语 | 天津人民出版社 | 1978 | 朱星 |

# 参考文献

［1］ Alcoff, L. Foucault as epistemologist. *The Philosophical Forum*, 1993, 25.

［2］ Askehave, I. The impact of marketization on higher education genres – the international student prospectus as a case in point. *Discourse Studies*, 2007, 9.

［3］ Bawarshi, A. The genre function. *College English*, 2000, 2 (3) .

［4］ Bakhtin, M. M. *The Dialogic Imagination.* Caryl Emerson & Michael Holquist. ( eds. ) and ( trans. ), Texas: University of Texas Press, 1981.

［5］ Bakhtin, M. M. The problem of speech genres. In M. M. Bakhtin. *Speech Genres and Other Late Essays.* Austin: University of Texas Press, 1986.

［6］ Barthes, R. *From Work to Text.* Excerpts in J. V. Harri ( ed. ), 1979.

［7］ Batstone, K. One' s terms of defy one' s argument: The metaphoric framing of 'University as Community' and 'University as Business' in the second report of the task force on strategic planning at the University of Manitoba. *Metaphor and Symbol*, 2000, 15 (4) .

［8］ Beebee, T. O. *The Ideology of Genre: a Comparative Study of Generic Instability.* University Park, Pa: Pennsylvania State University Press, 1994.

［9］ Berkenkotter, C. & T. Huchin. *Genre Knowledge in Disciplinary Communication: Cognition/Culture/Power.* New Jersey: Lawrence Erlbaum Associates Publishers, 1995.

［10］ Bhatia, V. K. *Analyzing Genre – language Use in Professional Settings.* London: Longman, 1993.

［11］ Bhatia, V. K. Genre – mixing in professional communication: the case of 'private intentions' v 'socially recognized purpose' in P. Bruthiaux, T. Boswood and B. Bertha ( eds. ), *Explorations in English for Professional Communication.* Hong Kong: City University Press of Hong

Kong, 1995.

［12］ Bhatia, V. K. Genre – mixing in academic introductions. *English for Specific Purposes*, 1997, 16 (3) .

［13］ Bhatia, V. K. Genres in conflict. In A. Trosborg ( ed. ), *Analysing Professional Genres*. Amsterdam/Philadelphia: John Benjamins Publishing Company, 2000.

［14］ Bhatia, V. K. Generic view of academic discourse. In J. Flowerdew ( ed. ), *Academic Discourse*. London: Pearson Education, 2002.

［15］ Bhatia, V. K. *Worlds of Written Discourse*. London, New York: Continuum, 2004.

［16］ Bhatia, V. K. Generic patterns in promotional discourse. In H. Halmari and T. Virtamen ( eds. ), *Persuasion across Genres: a Linguistic Approach*. Amsterdam: John Benjamins, 2005.

［17］ Bhatia, V. K. Towards critical genre analysis. In V. K. Bhatia, John Flowderdew and Rodney H. Jones ( eds. ), *Advances in Discourse Studies*. London and New York: Routledge, 2008.

［18］ Biber, D. *Variations across Speech Writing*. Cambridge: Cambridge University Press, 1988.

［19］ Blommaert, J. *Discourse: a Critical Introduction*. Cambridge: Cambridge University Press, 2005.

［20］ Brown, G & G. Yule. *Discourse Analysis*. Cambridge: Cambridge University Press, 1983.

［21］ Bruthiaux, P. *The Discourse of Advertising: Exploring the Nature of Linguistic Simplicity*. New York: OUP, 1996.

［22］ Candlin, C. N. & G. A. Plum. Intertextuality and interdiscursivity in the discourse of alternative dispute resolution. In B. L. Gunnarsson, P. Lineel and B. Nordberg ( eds. ), *The Construction of Professional Discourse*. London: Longman, 1997: 193 – 217.

［23］ Chilton, P. *Orwellan Language and the Media*. London: Pluto Press, 1988.

［24］ Christie, F. & J. R. Martin. *Genre and Institutions: Social Processes in the Workplace and School*. London: Cassell, 1997.

［25］ Chouliaraki, L. & N. Fairclough. *Discourse in Late Modernity – Rethinking Critical Discourse Analysis*. Edinburgh: Edinburgh University Press, 1999.

[26] Connor, U. & A. A Mauranen. Linguistic analysis of grant proposals: European Union research grants. *English for Specific Purposes*, 1999, 18 (1) .

[27] *Collins Cobuild English Language Dictionary*. London: Harper Collins, 1987.

[28] Devitt, A, J. Integrating rhetorical and literacy theories of genre. *College English*, 2000, 62 (6) .

[29] Dusak, A. Academic discourse and intellectual styles. *Journal of Pragmatics*, 1994, 21.

[30] Erjavec, K. Beyond advertising and journalism: hybrid promotional news discourse. *Discourse and Society*, 2004, 15 (5) .

[31] Fairclough, N. *Language and Power*. London: Longman, 1989.

[32] Fairclough, N. What might we mean by 'enterprise discourse'? In R. Keat and N. Abercrombe (eds. ), *Enterprise Culture*. London: Routledge, 1990.

[33] Fairclough, N. Intertextuality in critical discourse analysis. *Linguistics and Education*, 1992a, 4.

[34] Fairclough, N. *Language and Social Change*. Cambridge: Polity Press, 1992b.

[35] Fairclough, N. Discourse and text: linguistics and intertextual analysis within discourse analysis. In Michael Toolan (eds. ), *Critical Discourse Analysis: Critical Concepts in Linguistics*. London and New York, 2002.

[36] Fairclough, N. Critical discourse analysis and the marketization of public discourse: the universities. *Discourse and Society*, 1993, 4 (2) .

[37] Fairclough, N. *CDA: the Critical Study of Language*. Longman, 1995a.

[38] Fairclough, N. *Media Discourse*. London: Edward Arnold, 1995b.

[39] Fairclough, N. & R. Wodak. Critical discourse analysis. in Van Dijk (ed. ), *Discourse as Social Interaction*, London: Sage, 1997.

[40] Fairclough, N. Discourse, social theory and social research: the discourse of welfare reform. *Journal of Sociolinguistics*, 2000a, 4 (2) .

[41] Fairclough, N. *New Labor, New Language*. London: Routledge, 2000b.

[42] Fairclough, N. The dialectics of discourse. *Textus*, 2001, 14.

[43] Fairclough, N. *Analysizing Discourse*. London: Routledge, 2003a.

[44] Fairclough, N. Critical discourse analysis in researching language in the new capital-

ism: overdetermination, transdisciplinarity and textual analysis. In Young, L. X. Harrison (eds.), *Systemic Linguistics and Critical Discourse Analysis.* London: Continuum, 2003b.

[45] Fairclough, N. *Language and Globalization.* London: Routledge, 2006.

[46] Fairclough, N. *Discourse in Contemporary Social Change.* London: Peter Lang Publishing Group, 2007.

[47] Featherstone, M. *Consumer Culture and Postmodernism.* London: Sage, 1991.

[48] Flowerdew, J. The discursive construction of a world city. *Discourse and Society,* 2004, 5.

[49] Flowerdew, J. *Academic Discourse.* London: Longman, 2002.

[50] Flowerdew, J. Globalization discourse: a view from the east. *Discourse and Society,* 2002, 13 (2).

[51] Foucault, M. *The Archaeology of Knowledge.* London: Tavistock Publications, 1972.

[52] Foucault, M. *Discipline and Punsih: the Birth of the Prison.* New York: Pantheon Books, 1977.

[53] Foucault, M. The order of discourse. In M. J. Shapiro (ed.), *Language and Politics.* Oxford: Blackwell, 1984.

[54] Fowler, A. *Kinds of Literature: an Introduction to the Theory of Genres and Modes.* Oxford: Clarendon Press, 1982.

[55] Fowler, R. *Linguistic Criticism.* Oxford: Oxford University Press, 1986.

[56] Garfinkel, H. *Studies in Ethno Methodology.* Englewood Cliffs, New Jersey: Prentice Hall, 1967.

[57] Gee, J. P. *Social Linguistics and Literacies: Ideology in Discourses.* Bristol, PA: The Falmer Press, 1990.

[58] Gee, J. P. *An Introduction to Discourse Analysis: Theory and Method.* London: Routledge, 1999.

[59] Gunnarsson, B. L. & P. Lineel, B. Nordberg. *The Construction of Professional Discourse.* London: Longman, 1997.

[60] Goatly, A. Conflicting metaphors in the Hong Kong Special Administrative Region educational reform proposals. *Metaphor and Symbol,* 2002, 17 (4).

[61] Habermas, J. *Theory of Communicative Action.* vol 2 trans. T. McCarthu. London:

Macmillan, 1984.

　　[62] Halliday, M. A. K. & R. Hasan. *Cohesion in English*. London: Longman, 1976.

　　[63] Halliday, M. A. K. *Language as Social Semiotic: the Social Interpretation of Language and Meaning*. London: Edward Arnold, 1978.

　　[64] Halliday, M. A. K. & R. Hasan, *Language, Context and Text: Aspects of Language in a Social – semiotic Perspective*. Oxford: Oxford University Press, 1985.

　　[65] Halliday, M. A. K. *An Introduction to Functional Grammar*. London: Edward Arnold, 1994.

　　[66] Halmari, H & T. Virtanen. *Persuasion across Genres: a Linguistic Approach*. Amsterdam: Benjamins, 2005.

　　[67] Hawthorn, J. *Propaganda, Persuasion and Polemic*. London: Edward Arnold, 1987.

　　[68] Henry, A & R. L. Roseberry. An investigation of the functions, strategies and linguistic features of the introductions and conclusions of essays. *System*, 1997, 25 (4).

　　[69] Jones, P. E. Discourse and the materialist conception of history: critical comments on critical discourse analysis. *Historical Materialism*, 2004, 12.

　　[70] Jorgensen, M. & L. Phillips. *Discourse Analysis as Theory and Method*. London: Sage, 2002.

　　[71] Kenway, J. & D. Epstein. Introduction: the marketisation of school education: feminist studies and perspectives. *Discourse: Studies in the Cultural Politics of Education*, 1996, 17.

　　[72] Kress, G. *Linguistic Process in Sociocultural Practices*. Oxford: OUP, 1985.

　　[73] Kress, G. Language in the media: the construction of the domains of public and private. *Media, Culture and Society*, 1986, 8.

　　[74] Kress, G. History and language: towards a social account of linguistic change. *Journal of Pragmatics*, 1989, 13.

　　[75] Kress, G. Genre in a social theory of language: a reply to John Dixon. In I. Reid (ed.), *The Place of Genre in Learning: Current Debates*. Victoria (Australia): Deakin University Press, 1987.

　　[76] Kress, G & T. Threadgold. Towards a social theory of genre. *Southern Review*, 1988, 21.

　　[77] Kress, G & R. Hodge. *Language as Ideology*. London: Routledge & Kegan

Paul, 1979.

[78] Kress, G & T. Van Leeuwen. *Multimodal Discourse*. London: Arnold, 2001.

[79] Kristeva, J. Word, dialogue and novel. In T. Moi (ed.), *The Kristeva Reader*, Oxford: Blackwell, 1986.

[80] Kong, K. C. Property transaction report: news, advertisement or a new genre? *Discourse Studies*, 2006, 8.

[81] Kong, K. C. Marketing of belief: intertextual construction of network marketer's identity. *Discourse & Society*, 2001, 12 (4).

[82] Lassen, I. S. & T. Vestergaard. *Mediating Ideology in Text and Image*. Benjamin: Benjamin's Publishing Company, 2006.

[83] Leech, G. N. *English in Advertising*. London: Longman, 1966.

[84] Leiss, W. & J. Kline, S. Jhally. *Social Communication in Advertising*. London: Methuen, 1986.

[85] Leitch, S & J. Roper. Genre colonization as a strategy: a framework for research and practice. *Public Relations Review*, 1998, 24 (2).

[86] Lemke, J. L. Intertextuality and education discourse. *Linguistic and Education*, 1992, 4.

[87] Luzon, M. J. An interactive genre within the university textbook: the preface. *Technical Writing and Communication*, 1999, 29 (4).

[88] Mary, O. *Intertextuality: Debates and Contexts*. Cambridge: Polity Press, 2003.

[89] Martin, J. *English Text: System and Structure*. Amsterdam: Benjamins, 1992.

[90] Martin, J. Language, register and genre. In F. Christie (eds.), *Children Writing: Reader*. Geelong, Victoria: Deakin University, 1985: 21-29.

[91] Martin, J. & D. Rose. *Working with Discourse*. London, New York: Continuum, 2003.

[92] Martin, J. *English Text*. Beijing: Beijing University Press, 2004

[93] Martin, J. *Genre Relations: Mapping Culture*. London: Equinox, 2006.

[94] Mayes, P. *Language, Social Structure and Culture*. Amsterdam: John Benjamins Publishing Press, 2003.

[95] Medway, P. Fuzzy genres and community identities: the case of architecture students'

sketchbooks. In Richard Coe, Lorelei Lingard and Tatiana Teslenko. (ed.), *The Rhetoric and Ideology of Genre: Strategies for Stability and Change.* Cresskill, NJ: Hampton P, Inc., 2002: 123 – 53.

[96] Mey, J. L. *Pragmatics: an Introduction.* Beijing: Foreign Languages Teaching and Research Press, 2001.

[97] Miller, C. Genre as social action. *Journal of Speech*, 1984, 70.

[98] Miller, C. Theoretical community: the cultural basis of genre. In A. Freedman, and P. Medway (eds.), *Genre and New Rhetoric.* London: Taylor and Francis, 1994.

[99] Mulderrig, J. Consuming education: a critical discourse analysis of social actors in New Labors education policy. *The Journal of Critical Education Policy Studies*, 2003, 1 (1).

[100] Musson, G. & L. Cohen. The enterprise discourse: an empirical analysis of its effects. Paper Presented at the Conference 'Communication and Culture: China and the World Entering the 21st Century, Beijing University, 1996.

[101] Osman, H. Rebranding academic institutions with corporate advertising: a genre perspective. *Discourse and Communication*, 2008, 2 (1).

[102] Paltridge, B. *Genre, Frames and Writing in Research Settings.* Amsterdam: John Benjamins Publishing Company, 1997.

[103] Pappas, C. & B. S. Pettigrew. The role of genre in the psycholinguistic guessing game of reading. *Language Arts*, 1998, 75 (1).

[104] Percheux, M. *Language, Semantics and Ideology: Stating the Obvious.* London and Basingstoke: Macmillan, 1982.

[105] Pearce, M. The marketization of discourse about education in UK general election manifestos. *Text*, 2004, 24 (2).

[106] Phillips, N & C. Hardy. *Discourse Analysis: Investigating Process of Social Construction.* Cambridge: Sage, 2002.

[107] Sarangi, S. Activity types, discourse types and international hybridity: the case of generic counseling. In S. Sarangi & M. Coulthard (eds.), *Discourse and Social Life.* London: Pearson Education Limited, 2000.

[108] Sarangi, S. & S. Slembrouck. *Language, Bureaucracy and Social Control.* London: Longman, 1996.

[109] Sayer, A. *Realism and Social Science.* London: Sage, 2000.

[110] Scollon, R. *Mediated Discourse as Social Interaction: A Study of News Discourse.* London: Longman, 1998.

[111] Scollon, R. Methodological interdiscursivity: an ethnographic understanding of unfinalisability. In Sarangi, S & M. Coulthard (eds.), *Discourse and Social Life.* London: Pearson Education Limited, 2000a.

[112] Scollon, R. Generic variation in news stories in Chinese and English: a contrastive study of five days' newspapers. *Journal of Pragmatics*, 2000b, 32.

[113] Scollon, R. Interdiscursivity and identity. In M. Toolan (eds.), *Critical Discourse Analysis: Critical Concepts in Linguistics.* London: Rutledge, 2002, vol 4, 79 – 94.

[114] Scollon, R. & V. Bhatia, D. Li, V. Yung. Blurred genres and fuzzy identities in Hong Kong public discourse: foundational ethnographical issues in the study of reading. *Applied Linguistics*, 1999, 20 (1).

[115] Sinclare, J. M. & R. M. Coulthard. *Towards an Analysis of Discourse: the English Used by Teachers and Pupils.* London: Oxford University Press, 1975.

[116] Smith, E. L. Jr. Achieving impact through the interpersonal component. 1n B. Couture (ed.), *Functional Approaches to Writing: Research Perspective.* London: Frances Pinter, 1986.

[117] Stainton, F. What is this thing called genre? Working Paper of Nottingham. Nottingham: University of Nottingham, 1996.

[118] Stubbs, M. W. "Whorf' s children: critical comments on critical discourse analysis", in A. Ryan & A. Wray (eds.), *Evolving Models of Language. British Studies in Applied Linguistics* 12. Clevedon: BAAL/Multilingual Matters, 1998.

[119] Swales, J. M. *Genre Analysis: English in Academic and Research Settings.* Cambridge: Cambridge University Press, 1990.

[120] Swales, J. M. *Research Genres: Exploration and Application.* Cambridge: CUP. 2004.

[121] Titscher, S. & M. Meyer. *Methods of Text and Discourse Analysis.* London: Sage, 2000.

[122] Todorov, T. The origin of genres. *New Literary History*, 1976, 8.

[123] Toolan, M. *Critical Discourse Analysis: Critical Concepts in Linguistics*. London and New York: Routledge, 2002.

[124] Van, Dijk, T. A. *Text and Context: Explorations in the Semantics and Pragmatics of Discourse*. London: Longman, 1977.

[125] Van Dijk, T. A. Princples of critical discourse analysis. In M. Wetherell et al. (eds.), *Methods of Critical Discourse Analysis*. London: Sage Publications, 2001.

[126] Van Leeuwen, T. Genre and field in critical discourse analysis. *Discourse and Society*, 1993, 4 (2).

[127] Van Leeuwen, T. Generic strategies in press journalism. *Australian Review of Applied Linguistics*, 1987, 10 (2).

[128] Vestergaard, T & K. Schroder. *The Language of Advertising*. Oxford: Blackwell, 1985.

[129] Voloshinov, V. N. Bakhtinian thought – an introductory reader. In S. Dentith, L. Matejka & I. R. Titunik (trans), *Marixism and the Philosophy of Language*. London: Routledge, 1995.

[130] Wernick, A. *Promotional Culture*. London: Sage, 1991.

[131] Wodak, R. The Discourse – historical approach. In Wodak, R. & M. Meyer (eds.), *Methods of Critical Discourse Analysis*. London: Sage. 2001.

[132] Wodak, R. & M. Meyer. *Methods of Critical Discourse Analysis*. London: Sage, 2001.

[133] Wodak, R & P. Chilton. *A New Agenda in Critical Discourse Analysis*. Amsterdam: John Benjamins Publishing Company, 2005.

[134] Wodak, R. Mediation between discourse and society: assessing cognitive approaches in CDA. *Discourse Studies*, 2006, 8 (1).

[135] Zhu, Yunxia. Genre dynamics exhibited in the development of sales *tongzhi* 'circulars'. *Text*, 1999, 19 (2).

[136] 巴赫金. 巴赫金全集（1－6卷）. 钱中文主编. 石家庄：河北教育出版社, 1998.

[137] 白春仁. 边缘上的话语—巴赫金话语理论辨析. 外语教学与研究, 2005 (5).

[138] 波德里亚. 消费社会. 南京：南京大学出版社, 2000.

[139] 波特，维斯雷尔．话语和社会心理学．肖文明等译，北京：中国人民大学出版社，2006.

[140] 陈新仁．批评语用学：目标、对象和方法．外语与外语教学，2009（12）.

[141] 陈昕．救赎与消费．南京：江苏人民出版社，2003.

[142] 陈望道．修辞学发凡（第四版）．上海：上海教育出版社，2006.

[143] 陈卫星．传播的观念．北京：人民出版社，2004.

[144] 陈明瑶．语类视角下的网络时评修辞潜势研究．北京：国防教育出版社，2008.

[145] 陈亚萍．体裁互文性研究．上海外国语大学，2008.

[146] 程晓堂．基于功能语言学的语篇连贯研究．北京：外语教学与研究出版社，2005.

[147] 程正民．巴赫金的体裁诗学．清华大学学报（哲学社会科学版），2009（2）.

[148] 丁建新．体裁分析的传统与前沿．外语研究，2007（6）.

[149] 丁建新，彭晓丹．话语商品化：名人博客的批评话语分析．第十一届语篇分析研讨会论文，2008.

[150] 丁建新．童话叙事中互为话语性的批评性分析—以《爱丽斯漫游记》为例．深圳大学学报（人文社会科学版），2007（6）.

[151] 丁建新．叙事的批评话语分析：社会符号学模式．重庆：重庆大学出版社，2007.

[152] 丁言仁．语篇分析．南京：南京师范大学出版社，2000.

[153] 方琰．语篇语类研究．清华大学学报（哲学社会科学版），2002（17）.

[154] 福柯．知识考古学．谢强，马月译．北京：三联书店，2007.

[155] 费瑟斯通．消费文化与后现代主义．南京：译林出版社，2000.

[156] 郭鸿．语篇分析符号学分析．外语研究，2007（4）.

[157] 管宁．消费文化语境下的文学叙事．福建师范大学，2005.

[158] 哈贝马斯．交往行动理论（第二卷）．重庆：重庆出版社，1994.

[159] 汉语大词典．上海：汉语大词典出版社，1997.

[160] 何修猛．现代广告学．上海：复旦大学出版社，2001.

[161] 黄大网、朱佳．后现代社会下的促销海报体裁——基于香港又一城购物中心的个案分析．宁波大学学报（人文社会科学版），2007（6）.

[162] 黄国文. 语篇分析中的语篇类型研究. 外语研究, 1998 (2).

[163] 黄国文. 语篇分析的理论与实践——广告语篇研究. 上海: 上海外语教育出版社, 2001.

[164] 黄莹. 对表征中国社会的话语研究: 基于《人民日报》元旦社论的历时分析. 广东外语外贸大学. 2007.

[165] 简明不列颠百科全书. 北京: 中国大百科全书出版社, 1985.

[166] 汉语大词典. 上海: 上海汉语大词典出版社, 1997.

[167] 朗文当代英语高级词典. 北京: 商务印书馆, 1998.

[168] 廖秋忠. 廖秋忠文集. 北京: 北京语言学院出版社, 1992.

[169] 李美霞. 话语类型研究. 北京: 科学出版社, 2007.

[170] 李战子. 话语的人际意义研究. 上海: 上海外语教育出版社, 2002.

[171] 李战子, 向平. 当代中国新话语之一——《一个馒头引发的血案》的巴赫金式解读. 四川外语学院学报, 2007 (6).

[172] 李战子. 身份理论与应用语言学研究. 外国语言文学, 2005 (4).

[173] 李战子. 多模式话语的社会符号学分析. 外语研究, 2003 (5).

[174] 李战子. 学术话语认知型情态的多重人际意义. 外语教学与研究, 2001 (9).

[175] 李桔元. 互文性的批评话语分析——以广告语篇为例. 外语与外语教学, 2008 (10).

[176] 李发根, 刘明. 互话语和学习过程 – 兼评《教育领域的批评话语分析引论》. 四川外语学院学报, 2008 (11).

[177] 凌建候. 话语的对话本质. 北京外国语大学, 1999.

[178] 凌建候. 巴赫金言语体裁理论评介. 中国俄语教学, 2000 (3).

[179] 凌建候. 巴赫金哲学思想与文本分析法. 北京: 北京大学出版社, 2007.

[180] 罗刚, 王中忱. 消费文化读本. 北京: 中国社会科学出版社, 2003.

[181] 胡壮麟, 朱永生, 张德禄, 李战子. 系统功能语言学概论. 北京: 北京大学出版社, 2005.

[182] 黎运汉, 盛永生. 汉语修辞学. 广州: 广东教育出版社, 2006.

[183] 苗兴伟. 语篇分析的进展与前沿. 外语学刊, 2006 (1).

[184] 苗兴伟. 语言的人文精神观照. 外语学刊, 2009 (5).

[185] 梅美莲. 中英文前言作者自称语语用对比研究. 西安外国语学院学报, 2002

（9）．

［186］宁一中．论巴赫金的言谈理论．外语教学与研究．2000（5）．

［187］彭晓丹．话语市场化——名人博客的批评话语分析．中山大学，2008.

［188］彭宣维．英汉语篇综合对比．上海：上海外语教育出版社，2000.

［189］彭宣维．与整合有关的三个基本要件．中国外语，2009（4）．

［190］秦秀白．体裁教学法述评．外语教学与研究，2000（1）．

［191］施旭．话语分析的文化转向：试论建立当代中国话语研究范式的动因、目标和策略．浙江大学学报（人文社会科学版），2008，38（1）．

［192］申小龙．语言与文化的现代思考．河南：河南人民出版社，2000.

［193］沈华柱．对话的妙悟：巴赫金语言哲学思想研究．上海：三联书店，2005.

［194］田海龙．语篇研究的批评视角．外语教学与研究，2008（5）．

［195］托多罗夫．巴赫金、对话理论及其他．蒋子华，张萍译．天津：百花文艺出版社，2001.

［196］唐丽萍．英语学术书评的评价策略——从对话视角的介入分析．外语学刊，2005（4）．

［197］王晓雯．售书广告对书籍序言的语类侵殖——语类的互文性视角．广东外语外贸大学，2006.

［198］王治河．福柯．长沙：湖南教育出版社，1999.

［199］王德春，陈瑞．语体学．南宁：广西教育出版社，2000.

［200］王振华，评价系统及其运作——系统功能语言学的新发展．外国语，2001（6）．

［201］武建国．篇际互文性的顺应性分析．外语学刊，2006（5）．

［202］武建国．当代汉语公共话语的篇际互文性研究．广东外语外贸大学，2006.

［203］项蕴华．简述 Fairclough 的语篇分析观．山东外语教学，2004（5）．

［204］辛斌．语言、权力与意识形态：批评语言学．现代外语，1996（1）．

［205］辛斌．英语语篇的批评性分析刍议．四川外语学院学报，1997（4）．

［206］辛斌．批评性语篇分析方法论．外国语，2002（6）．

［207］辛斌．语言 语篇 权力．外语学刊，2003（4）．

［208］辛斌．批评性语篇分析：问题与讨论．外国语，2004（5）．

［209］辛斌．语篇互文性的语用分析．外语研究．2000a（3）．

[210] 辛斌. 语篇互文性的批评性分析. 苏州：苏州大学出版社，2000b.

[211] 辛斌. 体裁互文性与主体位置的语用分析，外语教学与研究，2001（5）.

[212] 辛斌. 体裁互文性的社会语用学分析. 外语学刊，2002（2）.

[213] 辛斌. 互文性：非稳定意义和稳定意义. 南京师范大学学报（社会科学版），2006（5）.

[214] 辛斌. 福柯的权力论与批评性语篇分析. 外语学刊，2006（2）.

[215] 辛斌. 语篇研究中的互文性分析. 外语与外语教学，2008（1）.

[216] 辛斌. 批评语言学：理论及应用. 上海：上海外语教育出版社，2005.

[217] 辛斌. 巴赫金论语用：言语、对话、语境. 外语研究，2002（4）.

[218] 辛斌. 语篇的对话性分析初探. 外国语. 1999（5）.

[219] 萧净宇. 超越语言学——巴赫金语言哲学研究. 上海：上海人民出版社，2007.

[220] 夏美武，序跋类文体述评. 铜陵财经专科学校学报，1999（1）.

[221] 徐涛. 机构话语的越界. 外语教学，2006（5）.

[222] 徐涛. 语篇与语篇的"对话"——语篇互文性的理论探讨. 外语与外语教学，2006（6）.

[223] 徐玉臣. 科技语篇中的态度系统研究. 外语教学，2009（4）.

[224] 许培莲. 话语与社会变迁——《文汇报》文化短新闻的历时考察. 华东师范大学，2008.

[225] 杨雪燕. 篇类研究的理论视角及其层次性. 外语教学，2007（1）.

[226] 杨汝福. 互文性模式的功能语言学建构. 外语教学，2008（6）.

[227] 杨林秀. 英汉学术著作前言的语类结构对比研究. 甘肃联合大学学报（社会科学版），2007（3）.

[228] 袁晖，李熙宗. 汉语语体概论，北京：商务印书馆，2005.

[229] 詹姆逊. 后现代主义与文化理论. 西安：陕西师范大学出版社，1987.

[230] 张德明. 鲁迅小说的社会杂语分析. 浙江大学学报（人文社会科学版），2000（1）.

[231] 张辉，江龙. 试论认知语言学与批评话语分析的融合. 外语学刊，2008（5）.

[232] 张滟. 拓扑视角下的动态体裁研究. 修辞学习，2008（1）.

[233] 张滟. 超越结构：话语行为的社会符号性动机分析. 外语学刊，2006（2）.

［234］张德禄. 语类研究概览. 外国语, 2002a（4）.

［235］张德禄. 语类研究理论框架探索. 外语教学与研究, 2002b（5）.

［236］张会森. 作为语言学家的巴赫金. 外语学刊, 1999（1）.

［237］张延国, 郝树壮. 社会语言学研究方法的理论与实践. 北京：北京大学出版社, 2008.

［238］郑崇选. 镜中之舞：当代消费文化语境中文学叙事. 华东师范大学出版社, 2006.

［239］朱永生. 语境动态研究. 北京：北京大学出版社, 2005.

［240］钟虹. 话语对旅游资源的建构作用. 四川外语学院学报, 2007（5）.

［241］周流溪. 序. 话语样类及其整合分析模式. 李美霞（著）. 北京：中国社会科学出版社, 2004.

［242］庄琴芳. 福柯的后现代话语观与中国话语建构. 外语学刊, 2007（5）.

［243］现代汉语词典. 北京：商务印书馆, 2001.